정신의 위기

정신의 위기
폴 발레리 비평선-문명비평

폴 발레리 지음
임재철 옮김

이모션 북스

The Selected Critical Works Of Paul Valéry -Critiques of Civilization
Korean translations © Emotion Books

정신의 위기 폴 발레리 비평선-문명비평

지은이 폴 발레리
옮긴이 임재철

편집 최영권
제작 진행-기 플러스 발

표지 디자인 골든 트리

2021년 10월 29일 1판 1쇄 펴냄

펴낸곳 이모션 픽처스
등록 2010년 8월 20일 (제 313-2010-263호)
주소 서울시 마포구 공덕동 79-15 401호
전화 02-6382-6138
팩스 02-6455-6133
전자우편 emotionpic@naver.com

ISBN 979-11-87878-12-4

목차

9　　　서문(『현대 세계의 고찰』)
33　　 압록강
43　　 방법의 제패
71　　 정신의 위기
91　　 유럽인들("정신의 위기"의 노트)
113　　정신의 정치학
151　　아메리카-유럽 정신의 투사
157　　역사에 대하여
163　　진보에 대하여
173　　독재라는 관념
183　　독재에 대하여
191　　지성에 대하여
217　　지중해가 주는 영감
241　　파리의 존재
249　　대 동양
259　　외과 학회에서의 강연
285　　볼테르

307　　해제
313　　옮긴이 후기

정신의 위기

서문(『현대 세계의 고찰』)

 이 글 모음은 특별히 체계를 갖지 않으며 당파로부터도 떨어져 있는 사람들에게 바칠 생각이다. 이 사람들은 의심스러운 일은 의심하고, 의심스럽지 않은 일들은 굳이 거절하지 않는다는 자유를 아직 가진 사람들이다.

**

 우선 여기에 있는 실린 것은 글을 쓸 당시의 시의에 맞추어 쓴 글들이다. 1895년 것이 있고, 어제 것도 있으며, 최근의 것들도 있다. 그리고 말의 가장 진실된 의미에서 에세이라고 부를 수 있는 성격을 공통적으로 가지고 있다. 정신에 있어서 대단한 유혹과 자극을 미치는 '정치적'이라는 훌륭한 말이, 나의 정신 속에 큰 염려와 큰 혐오를 깨우지 않았다면, 본래 바로 정치적이라고 이름 지어야 할 몇 가지 관념을 명확하게 하려는 의도밖에 다른 의도는 여기서 찾지 못할 것이다. 나는 그냥 자신이 세상 일반으로부터 받았던 관념, 혹은 세상 일반과 마찬가지로 만들어 낸 관념, 거기에 사람들이 인간 집단에서 그들의 교차적 관계와 상호적 불편을 생각하는 데 도움이 되는 관념을 자신을 위해서 조금 명확히 해 보자고 바랐을 뿐이다.

 이런 일에 있어서 명확히 하려고 생각하는 것은, 확실히 이런 일에 정통한 인간이나 혹은 참여하고 있는 사람이 할 일이 아니다. 그러므로 여기서 이런 일은 아마추어(애호가)와 관계되게 마련이다.

✱✱

왜 그런지 모르겠지만 상당히 단기간에 잇따라 일어난 중국에 대한 일본의 군사행동과 스페인에 대한 미합중국의 군사행동은 그 당시 나에게 특별한 인상을 주었다.[옮긴이--앞의 것은 청일전쟁을 말하며 뒤의 것은 미서전쟁을 말한다] 그것은 별로 중요하지 않은 병력이 참가했을 뿐 아니라 한정적인 분쟁에 불과했고, 평소의 내 관심사나 배려에서는 이런 먼 곳의 일을 민감하게 느낄 소지를 부여할 만한 것은 하나도 없었으며, 그런 사건들에 흥미를 가질 동기도 전혀 없었다. 그렇긴 하지만, 나는, 이 두 개의 다른 사건을 우발적인 것이나 국한된 현상으로서가 아니라, 징후 혹은 전제로서 내재적 중요성이나 외견상 유효한 한도를 훨씬 넘어서는 의미를 갖는 사실로서 강하게 느꼈던 것이다. 전자는 유럽풍으로 개조되고 장비된 아시아 국가의 최초의 실력행위였고, 후자는 유럽에서 파생된 존재로서 말하자면 유럽식으로 발전한 국가가 유럽 국민에 대해 행한 최초의 실력행위였던 것이다.

✱✱

예견하지 않았던 방향에 있어서 우리를 덮치는 충격은 돌연 미지의 것으로서의 우리 육체의 존재에 대해 새로운 감각을 준다. 우리는 우리가 어떤 존재인지 그 모든 것을 알지 못한다. 그리고 이 거친 감각 그 자체가 우리를, 이차적 효과에 의해, 우리가 살고 있는 영역의 뜻밖의 크기와 규모에 민감하게 만드는 경우가 있다. 그리하여 극동에 있어서의 이 간접적인 습격 그리고 이 안틸레스 제도의 직접적인 습격은 이와 같은 사건에 의해 상처받고 불안을 느낄 수 있는 어떤 존재를 나로 하여금 막연히 깨닫게 했다. 이런 모든 정세는 당시까지 내가 내부에 품고 있는 줄 몰랐던 유럽이라는 일종의 잠재적 관념에 영향을 미쳤으며, 이것에 대해 내가 민감하게 생각하고 있다는 것을 발견하게 했던 것이다.

전에 **유럽**이라는 것이 정말로 존재한다는 것을 나는 한 번도 생각해 본 적이 없었다. 이 명칭은 그저 지리학적 표현에 지나지 않았다. 우리가 우리 삶의 항구 불변의 상황을 생각하는 것은 우연에 의해서일 뿐으로, 우리는 그것이 갑자기 변질되는 찰나에 이르러서야 비로소 이를 깨닫는다. 나는 나중에 우리의 생존 및 우리의 판단이 취해지는 가장 단순한, 가장 항상적인 조건에 관한 우리의 무지가 어떤 점에서 우리 역사학의 개념 형성을 이렇게 조잡하게 하고, 우리 정치학을 이렇게 공허하게 만들며, 또 때로는 그 계산에 있어서 우리 정치학을 이렇게 순진하게 만들고 있는지를 보여주는 기회를 갖게 될 것이다. 이것은 심지어 위대한 사람들로 하여금 여러 가지 의도를 갖게 하기에 이르지만, 그들은 이러한 의도를 모방과 그들의 눈에는 불충분함이 비치지 않는 여러 관습과의 관계로부터 평가한다.

나는 그때 내 정신의 빈틈을 비집고 들어갈 여유가 있었다. 나의 유럽이라는 의식 혹은 마음 안에 퍼지는 관념을 발전시켜 보려는 마음가짐에 들어갔다. 나는 내가 알고 있는 몇 안 되는 사항들을 소환하기도 했다. 나는 이것저것 자문하면서 여러 권의 책을 다시 펴보기도 하고 들여다보기도 했다.

　나는 바로 현재에 대해 내가 올바른 관념을 얻기 위해서는, 역사를 공부할 뿐만 아니라 그것을 심도 있게 탐구할 필요가 있다고 믿었다. 민중의 내일에 대해 고민하는 모든 이들은 역사에 의해 붙잡힌다는 것을 알고 있었다. 그런데 나는 거기에서 **끔찍한 혼합물**을 볼 뿐이었다. 유럽사라는 이름으로 나는 여기저기서 섞이기도 하는, 서로 평행하는 연대기를 볼 뿐이다. 어떤 방법도 사실의 선택에 앞서 있다고 볼 수 없었고, 사실의 중요성을 결정하여 추구의 대상을 선명히 확정하고 있다고 볼 수 없었다. 나는 믿을 수 없는 양에 달하는 암묵적인 가설과 제대로 정의되지 않은 실체들을 보았을 뿐이다.

　역사란 과거 어느 목격자의 감각에 들어온 일정량의 사건 혹은 상태를 재료로 하는 것이기 때문에 우리에게 보존되어 있는 사실의 선택, 분류, 표현은 사물의 본성에 의해 부과되는 것이 아니다. 그것들은 분석과 명시적 결정의 결과여야 한다. 하지만 우리들은 그것들에 대해 우발적이거나 자의적인 성격을 가지는 것은 아닌가 라는 의심을 하지 않고 있으며 이것들은 실제로는 사고방식, 말투 상으로 다양한 습관 및 전통적 양식에 맡겨지고 있는 것이다. 하지만 우리는 인식의 모든 여러 분야에 있어, 지식의 대상 그 자체의 명확한 고찰로부터 추출되고, 관찰을 생각의 작업으로, 생각의 작업을 우리의 행동능력에 직접적으로 연결시킬 수 있도록 정확하게 만들어진 특별한 지식이, 교육과 관용에 의해 우리에게 제공되는 것이며 최초의 근사치 추구 수단인 통상의 언어를 대신해서, 그 위치에 설 때 비로소 결정적 진보는 명백한 것이 될 거라는 걸 알고 있다. 막연한 통계적 기원에서 비롯된 여러 가지 의미 뒤에 선명하고 특별한 정의와 관습이 뒤따르는 이 긴요한 순간은 아직 역사를 방문하지 않은 것이다.

**

요컨대 몇몇 뉴스가 내 몸에 발생시킨 특이한 결과들을 음미하기 위해, 내가 필요로 하는 것을 찾기 위해 본 그 책들은, 나에게 내가 원하는 것은 연역할 수 있지만 내가 필요로 하는 것은 연역할 수 없는 착잡한 이미지와 상징과 주장을 제시할 뿐이었다. 나는 내 인상을 요약해서, 일부 역사학적인 책들은 우리에게 무언가 정경을 채색하는 데 주력하고 또 그것에 환원되는 것이라고 혼자 생각했다. 다만 이것도 그러한 이미지가 당연히 '과거'에 위치할 것이라는 합의가 있었을 경우의 이야기이다. 이 합의는 언제나 아주 그럴듯한 책을 만들어 냈다. 그런데 그 책들 사이에는 진정한 목격자가 쓴 책과 상상에 의한 증인의 책을 구별할 여지가 없다.(어쨌든 여기서 문제는 그것들이 제공하는 즐거움이거나 그렇지 않으면 흥분뿐이기 때문이다.) 이들 저작이 거짓 없는 **진실**에 속하는 경우도 때때로 있다. 모델이 수세기 전에 이미 뼈가 되어버렸지만, 너무도 비슷하다는 인상을 주어 우리로 하여금 절규하게 하는 그 초상화와 같은 것이다. 진정성이라는 점에서 타키투스, 미슐레, 셰익스피어, 생 시몽 혹은 발자크의 그림 사이에 차별을 두도록 우리에게 허용하는 것은, 그 독자들에 대해 갖는 찰나적 효과 중에는, 전혀 존재하지 않는다. 그들을 전부 **창작자**로 간주하는 것도, 아니면 모두 **보고자**로 간주하는 것도, 원하는 대로 할 수 있다. 글을 쓰는 기술에 존재하는 마술적인 힘은 그들의 입맛에 맞는 시대에 우리를 허구적으로 납치해 간다는 것이다. 그래서 순전한 이야기와 순수한 역사서 사이에 온갖 인쇄물, 온갖 여러 정도가 존재한다. 역사소설이라든가 소설체 전기라든가 등등이 그렇다. 뿐만 아니라 모두가 아는 대로, 역사 그 자체 속에서, 가끔 초자연적인 일이 나타난다. 그러한 경우에는 독자의 개인성이 직접 분쟁의 장에 서게 된다. 왜냐하면 이 독자는 그 감정에 의해 어떤 사실을 용인하거나 혹은 거절하며, 역사가 될 수 있는 것과 그렇지 않은 것을 결정하기에 이르기 때문이다.

다른 부류의 역사가들은 극히 훌륭하게 추론되고, 극히 사려가 깊고, 또 인간과 사건의 추이에 관한 심원한 판단을 극히 풍부하게 담은 논문을 구성하는 사람들로, 우리들은 이런 이들의 글을 읽으면 사물의 단서와 전개가 이와는 다른 형태를 취할 것이라고 전혀 생각할 수 없을 정도이다.

이런 작품들은 절묘한 정신의 작업이다. 문학과 철학 중에서 이에 견줄 수 있는 것이 하나도 없을 것 같다. 하지만 앞의 일파一派가 우리를 유혹하고 즐겁게 하려는 감정과 색채도, 뒤의 일파가 우리를 설득하기 위해 쓴 훌륭한 인과관계도 본질적으로는 저술가의 재능과 독자의 비평적 저항에 의해 좌우된다는 점에 주의해야 할 것이다.

**

만약 정치가 이들 역사학적 예술의 아름다운 성과에 전혀 영향을 받지 않는다면, 이 성과를 즐기기만 하면 될 것이고 또 그러한 성과의 사용에 대해 어떠한 불만도 제기하지 않을 것이다. 하지만 어쨌든 다소간 환상적인 것이거나 혹은 다소간 사후에 조직되는 과거가, 다름 아닌 현재의 힘에 비견할 만한 힘을 가지면서 미래에 작용할 수가 있다. 감정과 야심은 현재의 지각이나 소여의 결과로 생기는 것보다도 다분히 독서의 기억, 기억의 기억에 의해 자극된다. 역사의 현실적 성격은 바로 역사 자체에 참여할 수 있다는 데 있다. 과거에 대한 관념은 자기 자신 속에서 미래에 대한 열정을 찾는 인간에 대해서만 의미를 갖게 되고, 그 가치를 조성한다. 미래란 그 정의상 전혀 이미지를 가지지 않는다. 역사에 의해 그것에 대해 생각할 수 있는 수단이 주어지는 것이다. 역사는 상상력에 대해, 우리가 (미래를) 이룰 수 있도록 돕기 위해 상황과 파국의 표, 부조의 상이 나란히 선 회랑, 행위, 표현, 태도, 결단의 서식을 형성하면서, 이것들을 우리의 불안정성과 불확실성에 제공한다. 한 사람 혹은 한 모임이 급박한 사정이나 곤란한 사태에 시달려 어쩔 수 없이 행위해야 하는 지경에 이르게 되면, 그들의 토론은 **당시까지 한 번 나타난 적이 없는 상태로서의** 사태 자체를 고려하기보다는 그 상상 속의 기억을 훨씬 더 깊이 헤아리게 된다. 행동을 적게 하려는 일종의 법칙에 따르며, 창조하는 것을 꺼리고, 상황의 독특함에 창의적으로 응하지 않는 쪽을 주안으로 삼는 사고는 자동성自動性에 가까워지는 경향을 보인다. 생각은 전혀 새로운 사례를 목표로 해야 할 때에도, 선례를 언급하고, 먼저 **생각이 나도록 부추기는** 역사적 정신에 몸을 맡기게 된다. 역사가 역사를 먹여 살리는 셈이 되는 것이다.

**

찰스 1세의 예가 없었다면 루이 16세는 단두대 상에서 횡사하지 않았을 것이라는 것, 또 보나파르트가 군사력을 기초로 하는 제국에 대한 로마 공화국의 변화를 성찰하지 않았다면 스스로 황제가 되는 일은 없었을 것임은 분명하다. 그는 역사책 읽기의 열렬한 애호가였다. 평생 한니발, 카에사르, 알렉산더, 프리드리히에 대해 몽상했다. 그리고 창조하기를 위해 태어난 이 인물이--3세기에 걸친 여러 발견 후에, 확실히 혁명에 의한 붕괴를 탈피하려고 하는 사람들의 정신 상태였기 때문에 가능했던--정치적 유럽 재건의 권능을 부여받고도 과거의 원근법 속에서, 위인들의 위업의 환상 속에서, 길을 잃고 말았다. 그리고 사람을 놀라게 하는 일을 그만두자마자 바로 쇠락해버렸다. 그는 적수들과 비슷해지기 위해 그들의 우상에 예배를 했고, 그들의 약점이었던 것을 애써서 모방했으며, 나아가 사물에 대한 그의 고유한 직접적인 시각을 대신하는 것으로 역사적 정략의 무대 장치를 가져왔기 때문에 결국 몸을 망쳐버렸던 것이다.

베를린 회담 때의 비스마르크는 이 역사적 정신을 스스로는 현실주의적réaliste 정신이라고 생각하고, 그것에 지배되어 유럽만을 고려하며 아프리카에는 이해심을 품지 않았고, 그를 시대의 지배자로 만든 그 천재적인 현혹의 힘을 단지 열강을 서로 대립시키고, 서로 경쟁하고 질시 반목하는 분열 상태에 두는 데에만 썼다. 이를 식민지 관계의 이해에 말려들기 위해서만 사용했던 것이다. 그는 독일이 스스로 다른 여러 국민을 사주해서 상호간 분할하려고 했던 것을 치열하게 탐내게 되리라는 것 그리하여 그 결과 그들 라이벌들이 늦게나마 자국의 적이 될 수 있는 시간이 임박했음을 예견하지 못했다. 그는 내일의 일을 곰곰이 생각했지만, 일찍이 출현한 적이 없는 내일의 일은 전혀 생각하지 못했던 것이다.

**

이 반드시 부정확하지도 않고, 전혀 무의미하지도 않은 타인의 기억이 가진 역할을 과장하는 것에는 기록된 사물의 선택, 분류, 가치결정에 있어서의 방법의 결여, 혹은 부족함이란 것이 상응한다고 할 수 있다. 특히 역사는 그것이 재현하는 현상의 규모라는 것을 조금도 고려하지 않는 것처럼 보인다. 자신이 보고하는 사건 혹은 상황의 형태와 크기 사이에 반드시 존재해야 할 상관관계를 제대로 지적하지 못하는 것이다. 그런데 역시 수와 크기란 묘사의 본질적 구성요소인 것이다. 역사는 **유사성**의 문제에는 별로 개의치 않는다. 그것이 역사의 정치적 사용을 그토록 허위에 가득 찬 것으로 하는 데 있어 중요한 원인 중 하나다. 어떤 고대 도시의 규모에서는 가능했던 일이 일대 국가의 차원에 있어서는 더 이상 가능하지 않다. 1870년의 유럽에서의 참이었던 일이 이해관계와 제휴가 지구상 구석구석까지 확대된 오늘날 같은 경우에는 참이 아니다. 우리가 정치상의 사건들을 생각하고 그것에 대해 논술하기 위해 사용하는 관념 그 자체도, 상관관계의 크기와 수의 순서가 그 경탄할 만큼 변화했음에도 불구하고, 여전히 불변인 채로 남아있기 때문에, 나도 모르는 사이에 남을 속이거나 혹은 적용 불가능한 것으로 만들고 말았다. 가령 **민중**peuple이라는 단어는 한 도시의 **모든** 시민을 하나의 언덕 주변, 어떤 연병장 내에 모일 수 있었던 당시에는 명확한 의미를 지니고 있었다. 그렇지만 수의 증대, 그러니까 천의 단계에서 백만의 단계로의 이행은 이 말을 기괴한 말로 만들어 버렸으며, 그 의미를 그것이 들어간 문구에 따라 어떻게 되어도 상관없는 것으로 만들어버렸다. 그것은 언제 어떠한 곳에서도 결코 표면화되지 않는 불명확한 어떤 전체를 지시하는가 하면, 한정된 것으로, 보다 운이 좋고, 보다 교양이 높은 개인들에게 대립하는 최대 다수를 지시하기도 한다...

**

이와 같은 관찰은 지속에 대해서도 적용된다. 역사책에서 그 발생이 너무도 완만해서 그 결과가 지각되지 않았던 수많은 중대한 현상의 결여를 드러내는 것만큼 쉬운 일은 없다. 그런 현상은 역사가들이 놓치기 마련인데, 왜냐하면 어떤 기록도 이를 명확하게 서술하고 있지 않기 때문이다. 그것들은 오늘날까지 한 번 생각해본 적이 없는 것으로, 선행되어야 할 문제와 정의의 미리 수립된 체계의 힘에 기대서야 비로소 지각되며 추출될 수 있는 것이다. 어느 세기에 자연스럽게 윤곽이 드러나는 사건은, 어떠한 서류에서도, 어떠한 회고록에서도 모습을 드러내지 않는다. 예를 들어 대혁명 이후 프랑스의 생활에서 파리가 한 특이한 역할은 그러한 것이다. 또 전기電氣의 발견과 그 응용에 의한 지구의 정복도 그러한 것이다. 인류 역사에 비길 데 없는 이런 사건이 거기에서 제대로 나타나지 않고 있다. 나타난다고 해도 한층 더 **무대 위에서 주목을 받을 수 있고**, 또 특히 전통적 역사가 관습적으로 보고하길 원하는 것에 잘 어울리는 이런저런 큰 사건에 비하면, 확연하지 않은 모습으로밖에 나타나지 않는다. 전기는, 굳이 말한다면, 나폴레옹의 시대에서는 티베리우스 시대에 기독교에게 주어진 그런 중요성밖에 가지지 않았던 것이다. 세계 전반에 걸친 이 (전기의) 확산은 앙페르 이후 지금에 이르는 사이에 생겨난 모든 정치적 사건 이상으로 많은 귀결을 품고 있으며 또 차세대의 생활을 변용시킬 힘을 갖고 있다는 것은 서서히 명백해진 것이다.

이러한 고찰에 의해 우리의 역사적 사고가 어떤 점에서 전통과 무의식적 관습에 지배되고 있는지, 또 얼마나 현대에서 모든 지식의 영역에 생긴 재검토와 재조직의 전반적 영위의 영향을 적게 받았는지를 잘 알 수 있다. 분명히 역사학적 비평이 장족의 진보를 이룬 것은 틀림없다. 그러나 그 역할은 일반적으로 사실을 논구하고, 그 개연성을 정하는 것에 한정되어 있으며 사실의 질에 대해서는 크게 흥미를 갖지 않았다. 이것은 사실을 받아들이고 이번에는 자신이 그 사실을 전통적 용어들로 표현하였는 바, 이 용어 자체에, 원래 역사 속으로, 관점 혹은 관찰자가 너무 많아서 생기는 당초의 무질서가 유입되는 데 있어 매개가 되는 여러 개념의 역사적 형성이 들어오게 되는 것이다. 역사책의 모든 장에는 예외 없이 일정한 수의 주관적 재료와 '임의의 상수'가 들어오게 된다. 그 결과 역사가의 문제는 어떤 증인의 감각의 수중에 들어갔기 때문에 알 수 없는 사실의 존재의 입증이나 혹은 그에 대한 이론異論이 제대로 한정되지 않는다면, 금방 여전히 불확실해지는 것이 된다. 사건의 관념은 근본적인 관념이지만 적절하게 반복해서 다루어졌다고 보기는 어렵다. 이를 통해, 곧 다시 볼 것이지만, 제1급의 중요성을 갖는 여러 관계가 지적되지 않았던 점 혹은 강조되지 않았던 점이 설명이 될 것이다. 여러 자연과학에서 지난 3세기 이래 빈번하게 이루어지던 탐구가 우리에 대해 따로 일종의 새로운 시각을 만들어내고, 그 대상의 눈에 비치는 이미지와 소박한 분류 대신에 특별히 작성된 지식의 체계를 세운 것과는 달리, 역사 및 정치학 분야에서는 우리는 수동적 고찰과 무질서한 관찰의 상태에 머물러 있다. 물리학이나 생물학을 정밀 기계에 비할 수 있는 사고의 도구로 생각할 수 있는 동일한 개인이 정치를 생각할 때에는 불순한 용어, 변동하는 관념, 환상과 다름없는 메타포를 사용하고 있는 것이다. 그리하여 세계의 이미지는, 그러니까 그 종류가 잡다한데다 또 여러 가지 다른 정도에서 작동하는 정치적 두뇌 속에서 형성되어 움직이는 세계의 이미지라는 것은, 도저히 현 시점에서 만족할 수 있는 방법적 표상일 수는 없다.

**

나는 역사에 절망해서, 성의와 선의를 가진 한낱 개인에 지나지 않는 우리들이 서게 된 이 이상한 처지를 생각하기 시작했다. 우리는 태어나자마자, 알고 보니 풀기 어려운 하나의 정치 역사학적 드라마에 휘말려 있다는 것을 발견한 것이다. 우리들 중 어느 누구도 그 경험의 범위 내에서 관찰할 수 있는 힘을 빌려와서 자신이 서 있는 정치적 우주의 필연성을 통합하거나, 재구성할 수는 없다. 가장 사정에 정통하고 가장 좋은 입장에 있는 사람도, 자신들이 알고 있는 것을 상기하고 그것을 자신들이 보고 있는 것과 비교할 때, 이 지식은, 결국 **한 인간과 그 인간이 모르는 인간 대중과의 관계의 확정**이라고 하는 것을 골자로 하는 직접적인 정치적 문제를 애매하게 하는 것에 불과하다고 생각할 수도 있다. 자기 자신에 대해 성실하고 자신의 경험과 합리적으로 결합되지 않은 대상에 대해 사변하는 것을 꺼리는 누군가는 손에 든 신문을 펼치자마자 무질서한 형이상학적 세계에 발을 내딛는 그런 기분이 들 것이다. 그가 읽는 것, 그가 듣는 것은 그가 확인하는 것, 혹은 확인할 수 있는 것을 이상한 형태로 초월하고 있다. 가령 그가 그 인상을 스스로 요약해 본다면, 그는 다음과 같이 생각할 것이다. **신화 없이는 정치가 없다고...**

**

 그래서 나는 사용자에게조차 분명 불명확하게 보이는 규칙을 따르는 그런 언어를 사용하는 이 책들을 모두 덮어버린 다음, 한 권의 지도를 펼쳐, 이 세계의 도형을 한 장 한 장 멍한 기분으로 들쳐보았다. 이걸 쳐다보면서 이리저리 생각해보았다. 나는 처음에는 내 앞에 놓인 지도의 명확성의 정도에 대해 생각했다. 나는 거기에서 60년 전 사람들이 **진보**라고 이름 붙인 것 중 하나의 간단한 실례를 찾아냈다. 옛날의 항해 안내서, 16세기의 지도, 현대의 지도는 분명히 어떤 단계를 그리고 있다, 그렇게 나는 생각했다…

 아이의 눈은 먼저 빛과 그림자의 혼돈 속에서 열리며 시시각각 불균등한 빛이 서로 모여 있는 무리 속에서 회전하면서 방향을 정한다. 그러나 아직 이 약한 빛의 지대와 그의 몸의 다른 감각 사이에는 아무런 공통점이 없다. 그는 만지거나, 당기거나, 밀거나 한다. 이렇게 서서히 그의 존재 속에서 그 자신의 형태에 대한 전체적인 의식이 확실한 모습으로 나타난다. 이 인식은 개개의 분명하고 전진적인 계기를 거치면서 조직된다. 관계와 예견의 구축물이 대비와 순서에서 벗어난다. 눈과 촉각과 행위가 여러 가지 메인 코스 요리에 곁들여지고, 즉 감각의 세계 속에서 서로 질서지어지고 그리고 마지막으로--이것이야말로 **중요한** 사건이다--한 조응의 체계가 모든 색채의 감각과 피부 및 근육의 모든 감각을 획일적으로 조절하는데 필요하고 충분한 것이 되는 일이 일어난다. 그러는 동안에 아이의 체력이 증가하고, 인상의 다양성과 운동의 귀결의 합성을 내부에 성립시키는 하나의 균형이 잡힌 형상으로서 현실이 구성된다.

인류의 행동도 이 생명을 가진 존재가 어떤 환경 속에서 활기를 얻고 발달하며, 동시에 그 환경의 고유성 및 연장을 점진적으로 탐색하고, 잇따른 모색과 접합을 통해 성장할 때의 처신과 같다. 인류는 땅의 표면의 모양을 천천히 불규칙적으로 인지하고 그 각 부분을 점차 가까이 답사하고 표상하며, 그것이 닫혀진 볼록한 형태가 아닐까 짐작했다가 그것을 입증하고, 그 운동의 법칙을 찾아내 요약하고, 생명의 모든 것을 감싸며, 이런 표면의 얇은 층의 이용 가능한 자원과 저장물을 발견, 평가, 개발해 왔던 것이다...

선명성과 명확성의 증대, 역량의 증대, 이것은 현대사의 본질적 사실이다. 여기에서 이를 본질적으로 보는 이유는 이것이 인간 그 자체를 변용시키는 경향을 나타내기 때문이며, 또한 삶의 보존, 확산, 의사소통의 양식에서 삶 자체의 변용이 나에게는 기억하고 숙고해야 할 사실의 중요성에 대한 기준이라고 생각되기 때문이다. 이 고찰은 역사와 정치에 관한 판단을 변형하며, 거기에 있는 간격과 불균형, 자의에 바탕을 둔 편입과 생략을 드러낸다.

**

내 성찰의 이 지점에 이르렀을 때, 나는 지금까지 이루어진 인간의 모험은 모두 확실히 서로 다른 두 단계로 나누어져야 한다고 생각했다. 첫째는 형체가 분명치 않은 환경 속의 그 무질서한 모색, 그 돌출, 그 후퇴, 무한 속의 그 꿈틀거림과 그 충동의 시기, 즉 혼돈의 첫 경험 속에 있는 아이의 역사에 비교할 수 있는 국면이다. 하지만 어떤 질서가 세워지기는 하면서 새 세상이 시작되다. 유한하며, 뚜렷하게 한정되고 선명히 구분된, 풍부하고 힘차게 연결된 환경에서의 행동에는 형태가 정해지지 않은 미결정의 세계에서의 행동이 갖는 성격이나 결과와 같은 것을 가질 수는 없다.

**

그렇지만 이 두 시기가 사실에 있어서 선명하게 구별되는 일은 있을 수 없다는 것에 주목하자. 인류의 일부분은 이미 제2의 시기에 속하는 조건 속에서 살고 있는데, 나머지 사람들은 아직 제1의 시기 속에서 꿈틀거리고 있다. 현대의 갈등의 커다란 일부가 이 불균등에서 발생하고 있다.

**

따라서 이 시대의 총체를 고찰하고, 그와 함께 앞서 행한 관찰을 견지하면서, 나는 매우 단순하고 또한 극히 일반적이면서도 동시에 새로운 사태인 것만을 지각하려고 힘썼다.

나는 거의 즉시 하나의 중시해야 할 사건, 제1급의 중대성을 지닌 하나의 사실을 확인했지만, 그것은 그 중대함 그 자체, 그 명백함, 그 새로움, 혹은 오히려 그 본질적 특이함 때문에 우리 동시대인에게는 지각할 수 없는 것이 되어 버렸다.

우리 시대에 거주 가능한 모든 토지는 인지되고, 방위 측정이 행해졌으며, 수많은 국민 사이에 분할되어 버렸다. 이도 저도 아닌 땅, 자유로운 영토, 누구의 것도 아닌 장소의 시대, 그러니까 자유로운 팽창의 시대는 이미 닫혔다. 이제 어떤 바위 위에도 반드시 깃발이 서고, 지도 위에 공백이란 없고, 세관의 권한 외이거나 법률의 관할 외인 지역은 없으며, 어떤 종족에서도 그 사건은 어떠한 서류를 만들어내고, 또 문자의 주술에 의해서, 각각 먼 곳의 사무실에 있는 잡다한 일을 처리하는 관료가 그걸 좌우하게 된다. **유한한 세계의 시대가 시작된 것이다.** 자원의 전반적 조사, 인력의 통계, 상호관계를 위한 기관의 발달이 이어진다. 무엇이 도대체 지구 여러 부분의 이 목록, 이 분배, 이 연쇄 이상으로 주목할 만하고 중요한 것일 수 있을까? 그 결과는 이미 엄청난 것임이 드러났다. 여러 지역과 여러 사건 사이의 완전히 새로운, 극단적이면서도 순간적인 연관이야말로 이 거대한 사실의 귀결로서 이미 분명히 느껴진다. 우리는 이후 모든 정치적 현상을 이 최근의 전 세계적 조건과 관련시키지 않으면 안 된다. 그러한 현상 각각은 인류의 행동에 있어서의 이 결정적 한계 설정과 점차 긴밀해지는 이 의존관계의 결과에 대한 복종 혹은 반항을 나타내고 있기 때문이다. 이전의 역사가 경과하는 동안에 몸에 밴 습관, 야심, 심성은 물론 존재하기를 그친 것이 아니다--그러나 그것들은 알게 모르게 아주 다른 구조의 환경으로 옮겨지게 되고, 거기서 그것들의 의미를 상실하고, 결실을 맺지 못하는 노력과 과오의 원인이 된다.

✲✲

 인간 삶의 장場의 전체적 인지가 완료되면 답사의 시기에 이어 조정의 시기가 온다고 할 수 있다. 유한하며 이미 알려진 세계의 여러 부분이 필연적으로 서로 점점 더 연결의 정도를 늘려가게 된다.

 그런데 현재까지의 모든 정치는 **각 사건의 고립**을 판돈으로 삼아 이득을 보려고 했던 것이다. 역사도 **국지화할 수 있는** 몇 가지 사건으로 이루어진 것으로 생각되었다. 지구상의 어느 한 점에서 발생한 소요는 아마도 무제한적인 환경에 있는 것처럼 전개해 나간다. 그런데 충분히 큰 거리가 있는 곳에서는 그 결과는 무無나 다름없는 것으로 여겨졌다. 도쿄에서 모든 것들은, 마치 베를린이 무한에 있는 것처럼, 행해졌다. 그래서 예견하고 계산하고 기도하는 것은 가능한 일이었고 또 어느 정도 이치에 맞는 일로 보였다. 그리하여 세계 속에는 충분히 설계되었고, 충분히 고찰된 하나 혹은 몇 개의 거대 정책을 위한 자리가 있었다.

 그런 시대에도 이제 종말이 다가온다. 앞으로는 모든 행위가 도처에 수많은 뜻밖의 이해관계를 울려퍼지게 하며, 하나의 닫힌 분위기 속에서 일어나는 한 줄의 사건이 즉각적으로 무질서한 한 무리의 공명을 만들어 낸다. 옛날에는 한 인간의 수명의 길이에서나, 또 어떤 인간적 권능의 활동 범위와의 관련에서는, 감지 불능이거나 혹은 무시할 수도 있었던 **결과의 결과**가 거의 일순간에 모든 거리에서 느껴지게 되며, 곧바로 그 원인을 향해 돌아와, 예견하지 못했던 것에 도달해야만 비로소 진정된다. 예측가의 기대는 항상 깨지고 말며, 불과 몇 개월 혹은 몇 년 안에 이런 결과가 나오고 만다.

몇 주 안에 아주 먼 곳에서 일어난 사태가 친구를 적으로 바꾸고, 적을 동맹자로 바꾸며, 승리를 패배로 바꾼다. 경제적인 추론도 가능한 것은 하나도 없다. 최고로 숙달된 전문가도 오류를 범하며, 역설이 최고의 자리에 올라서게 된다.

어떤 주의력, 어떤 지혜, 어떤 천재도 이 복잡함에 맞서게 되면 잘못을 저지르고 만다. 왜냐하면 이 증가하는 상관관계와 접촉의 우주에는, 지속도, 연속도, 우리가 알아볼 수 있는 인과관계도 없어지기 때문이다. 신중, 지혜, 천재는 일종의 연속성을 나타내는 일련의 성공에 의하지 않는 한 정확히 그것을 확인할 방법이란 것이 없다. 우발적 일과 무질서가 지배하기 시작하자마자 지식이나 영감을 바탕으로 하는 방법으로 치고 나가려 해도, 그 승부의 수를 분간하기가 어려워진다. 아무리 훌륭한 천성이라도 그곳에서 길을 잃고 마는 것이다.

따라서 새 정치가 낡은 정치에 대해 갖는 관계는 투기꾼의 단기적인 계산, 시장의 울타리 안에서 하는 투기의 신경질적인 움직임, 그 갑작스러운 동요, 그 반전, 그 불안정한 이익 손실에 대해 가부장의 옛날 방식의 절약, 유산에 주의 깊고 완만하게 새로 무언가를 첨가하는 것 등이 갖는 관계와 같은 것이 된다... 마키아벨리나 리슐리외 같은 인물이 오랫동안 연구를 거듭한 계획이나 깊은 사고라고 해도 오늘날에는 '시장의 탐문' 수준의 견실함과 가치를 가질 뿐인 것이다.

**

이 한정된 세계, 그러니까 그 여러 부분을 연결하는 결합의 수가 끊임없이 증대되어 가고 있는 세계는 동시에 점차 장비가 갖추어져 가는 세계이기도 하다. 유럽은 과학의 토대를 마련했다. 이 과학은 삶을 변형하고 이를 소유하는 이의 역량을 증가시켰다. 그렇지만 과학은 바로 그 성질에 의해 본질적으로 전파 가능한 것이며 필연적으로 방법과 보편적인 처방으로 환원된다. 과학이 어떤 사람에게 부여하는 방법은 다른 이들도 이것을 얻을 수 있다.

그뿐만이 아니다. 이러한 수단은 생산을 증가시킨다. 게다가 단지 양만을 늘리는 것이 아니다. 기존 상품 위에 더 많은 새로운 물품이 찾아와 부가되며, 전염 혹은 모방을 통해 이들에 대한 욕망과 욕구가 생겨난다. 사람들은 얼마 후에는 진보에 뒤처진 민중에 대해서, 이런 새로운 물건들의 애호자가 되고 구매자가 되기 위해서는 그들에게 부족한 지식을 획득할 것을 요구하게 된다. 그 중에는 최신식 무기도 포함된다. 그들에 대해 이것이 이용되기 때문에 더욱 그들은 이것의 입수를 강요받는다. 그들은 그것에 아무런 곤란을 발견하지 않는다. 사람들은 그들에게 그것을 공급하려고 다투게 된다. 사람들은 그들로부터 나중에 받게 될 돈을 다른 곳에 앞서서 미리 그들에게 빌려주려고 서로 분규를 벌인다.

그리하여 최근 3세기 정도 유럽의 우위의 기초가 되었던 여러 힘의 인위적 불평등이 급속히 소멸해 가는 경향을 보인다. 조야한 통계적 성격에 기초를 둔 불평등이 다시 나타나는 경향을 보인다.

아시아는 유럽보다 약 4배 넓다. 아메리카 대륙의 표면적은 아시아의 그것에 비해 약간 뒤진다. 중국의 인구는 그것만으로도 적어도 유럽의 인구와 같다. 일본의 인구는 독일의 인구보다 많다.

그런데 국지적인 유럽의 정략의 취지는 세계화된(일반화된) 유럽의 정략을 지배하고 부조리한 것으로 만들면서, 상호 경쟁하는 유럽인들로 하여금 유럽을 세계의 지배자로 만들던 수단과 기계기구를 수출하기에 이르렀다. 유럽인들은 그 자신의 전통 속에서 꼼짝 못하면서 오직 그 상태에 머물러 있기만을 바라던 수많은 나라들의 민중을 몽매에서 벗어나게 하며, 그들에게 지식을 전수하고, 군비를 갖추게 하는 데 있어 서로 이익을 다투게 되었던 것이다.

어느 한 나라 민중에게서 문화의 보급이 서서히 그 신분사회의 보존을 불가능하게 만드는 것과 마찬가지로, 상공업에 의해 모든 사람이 빠르게 잘 살게 될 가능성이 모든 안전한 사회적 위계를 공허하고 환상적인 것으로 해버린다--기술적 우위 위에 세워진 불평등도 그렇게 될 것이다.

과학의 영역에서 유럽의 통일 및 연합과 비교하고, 배합하거나, 대결시켜 보았을 때 정치 및 경제의 영역에서의 유럽의 경쟁만큼 어리석은 것은 역사를 통틀어 없을 것이다. 유럽의 가장 뛰어난 두뇌의 노력이 이용 가능한 지식으로 막대한 자본을 조성하는 한편에는 탐욕과 속셈에서 출발한 역사적 정치학의 소박한 전통이 속행되고 있었고, 게다가 이 소小유럽인의 정신은, 일종의 배신을 통해, 힘을 발휘할 수 있는 방법과 도구를 원래 지배하려고 했던 상대에게 양보하는 셈이 되고 만 것이다. 이양이나 조차권을 위한 투쟁, 기계나 현장의 인간을 도입하기 위한 투쟁, 학교나 조병창을 신설하기 위한 투쟁 등은--서양의 불화와 갈등을 먼 곳으로 이송하는 것에 다름 아닌 투쟁인 것인데--유럽을 그 크기에 근거해 지정되는 제2급의 위치로 복귀하도록 하며, 모처럼 그 정신의 노고와 내적 교환에 의해서 빠져 나올 수 있었던 그 자리로 다시 돌아가게 하는 것이다. 유럽은 그 사유에 합당한 정치학을 갖고 있지 못하다는 것을 증명한 것이다.

**

이 아이 같고 무질서한 행동의 귀결로서 격렬한 사건, 거대한 전쟁, 테무진 방식의 간섭[옮긴이--테무진은 징기스칸의 어린 시절의 이름]을 떠올려보는 것은 무익한 일이다. 최악의 일을 상상하면 충분하다. 유럽의 진력으로 아시아에 크뢰조나 엣센, 혹은 맨체스터나 루베와 같은 도시가 2다스나 존재하게 되었을 경우 강철, 비단, 종이, 화학제품, 천이나 도자기 등등의 것이 전 세계에서 가장 검소하고 수가 많은 주민, 그리고 위생학의 실시 덕분에 더욱 증식이 확실해질 이 주민들에 의해, 매우 터무니없는 가격에다 압도적인 양으로, 아시아에서 생산할 수 있게 되었을 경우, 유럽에는 어떤 일이 일어날지, 조금만 생각해 보길 바란다.

**

이미 언급한 두 가지 분쟁에다 당시 독일의 방법적 발전에 관해 내가 작성해야 했던 작은 연구[옮긴이--발레리 자신의 "방법의 제패"를 말함]에 의해, 내가 이러한 문제들에 이끌려간 직후에, 지도를 앞에 둔 나의 성찰은 매우 간단하게 이러한 의문을 갖도록 했던 것이다.

그 무렵 이후 생겨난 중대한 사항들도 이렇게 상당히 용이하면서도 거의 순수하게 양적인 확인에 의거한 기본적인 아이디어를 변용할 것을 내게 강요하지는 않았다. 평화를 맞은 다음날 내가 쓴 "정신의 위기"는 20여 년 전에 내게 찾아온 이 생각들의 발전에 지나지 않는 것이었다. 대전의 직접적인 결과는 당연히 그래야만 했던 일이 일어났을 뿐이다. 그것은 단지 유럽의 퇴폐를 더욱 재촉했을 뿐이다. 그 최강의 국가들이 동시에 쇠약해졌다는 것, 그들의 근본원리의 내적 모순이 눈에 띄게 되었다는 것, 교전국 쌍방이 내전에서 볼 수 있는 외국에 대한 원조요청에 비견할 만한 원조요청을 비유럽인에 대해 절망적으로 하고 있다는 것, 프로파간다로 인해 서양 여러 나라의 위신이 서로 파괴되고 있다는 것, 그밖에 나는 군사적 방법과 수단의 점점 더 빠른 보급과 엘리트들의 대량의 소멸에 대해서는 아예 말하지도 않을 것이지만--세계에 있어서의 유럽의 조건을 생각해 볼 때, 그 오랜 시간에 걸치고 많은 환상에 의해 준비된 위기가 가져온 귀결은 이상과 같은 것이었다. 그 위기 뒤에는 그야말로 많은 문제, 수수께끼, 두려움만이 남게 되었다. 1913년의 상황에서의 사람들의 정신이나 미래에 비해 더욱 불확실한 상황, 혼탁한 정신, 암흑의 미래가 남겨진 것이다. 그 무렵의 유럽에는 아직 힘의 균형[세력균형]이란 것이 존재했지만, 오늘날의 평화는 필연적으로 불안정하기 이를 데 없는 일종의 허약함의 균형을 생각나게 할 뿐이다.

압록강

Civilisation, according to the interpretation of the Occident, serves only to satisfy men of large desires. (문명이란 서구의 해석에 따르면 커다란 욕망을 가진 사람을 만족시키는 데에만 도움을 주는 것이다.[옮긴이--원문도 영어임])
　　--토리오 백작Vicomte Torio

　1895년 9월, 중국, 하늘이 창백한 날이었다. 그 학자는 나를 해안 모래땅에 세워진 검은 나무로 만든 등대에 안내해 주었다. 우리들은 마지막 수풀을 떠났다. 녹을 듯한 진흙의, 축 처지는 느낌에 머리는 몽롱해져, 졸면서 걸어갔다. 발밑에 펼쳐진 그 진창 때문에 우리들의 노력은 다 수포로 돌아간 느낌이었다. 간신히 모래땅으로 나왔다. 안도감이 들어 나는 걸어온 길의 어슴푸레한 발자국이 해변에 구불구불 서서히 녹아가는 것을 바라보았다. 등대 아래쪽에서 물빛이 깜박이는 게 보였다. 한 단계 올라갈 때마다 우리 몸은 가벼워지고, 숨을 잘 쉴 수 있었고, 시야가 넓어져 갔다. 중간쯤에 오르니 다시 답답해졌다. 풍요롭고 팽팽한 바람이 다행스럽게도 불기 시작했다. 바람은 중국인의 부풀어 오른 옷자락을 빠져 나와 따뜻한 나무 울타리를 스쳐 지나갔다. 바다는 우리와 함께 올라간다. 신선한 음식처럼 풍경이 떠올랐다. 거기까지 올라가니 몹시 기분이 좋아서 잠시 후 볼일을 보고 싶어졌다. 얼마나 시간이 흘렀을까, 운동과 고요의 기분 좋은 균형이 우리를 붙잡았다. 바다에 조용히 흔들리다보니 마음이 편해진다. 바다가 내 삶의 모든 것을 위대한 인내심으로 채우는 것이 즐겁기 그지없었다. 바다는 나를 축 늘어지게 했고, 나는 내 자신이 규칙적으로 되어가는 것을 느꼈다. 힘들이지 않고 밀려오는 파도는 흡연을 충분히 한 후에도 담배를 피우고, 앞으로도 무한히 피워야 할 것 같은 느낌을 주는 것이었다. 그러자 여러 가지 중요한 일의 달콤한 추억이 쉽게 내 머릿속에 들어왔다. 그것을 아무렇지 않게 생각하는 것에서 커다란 쾌락을 느꼈다. 이러한 행복이 어떤 과오를 제거하고 나를 계발해 줄 것이라고 생각하니 미소가 떠올랐다. 그래서... 나는 눈을 가늘게 떴다. 찬란한 바다, 건너편 눈앞에 바쳐진 금빛 리큐르의 작은 컵 정도로만 보인다. 눈을 감는다. 움직이는 물소리가 내 마음을 가득 채웠다.

이 감미로운 기분, 망각을 깨뜨리면서 이야기를 나누려는 마음이 왜 나의 동반자에게 일어났는지 그건 알 수 없다. 분명치 않은 첫마디를 들으면서 나는 중얼거렸다, 무슨 말을 할 생각인 거지, 라고.

"일본이 우리에게 전쟁을 하려고 해요"라고 그는 말했다. "일본의 큰 흰 배는 우리의 악몽 속에서 연기를 내뿜고 있어요. 그 배가 중국의 하구를 습격하려고 옵니다. 조용한 밤에 불을 토할 것입니다."

"그들은 강해요"라고 나는 한숨을 내쉬며 중얼거렸다. "우리를 모방하고 있으니까."

"당신들은 그저 어린아이일 뿐이오"라고 중국인이 말했다. "나는 당신네 유럽을 알고 있어요."

"씩 웃는 걸 보니 간 적이 있군요."

"웃었는지 모르겠군요. 확실한 것은 남의 시선을 피할 수 있었다면, 웃었을 거라는 겁니다. 나만이 알고 있는 내 얼굴은 실컷 웃었을지도 모릅니다. 반면, 내 뒤를 따르고 손가락 끝으로 나를 가리키며 명랑하게 조롱하는 자들은 자기 자신의 웃음을 곰곰이 생각해 볼 수도 없었을 게 분명합니다. 그러나 나는 유럽의 미친 듯한 무질서를 바라보며 생각한 것이 있었어요. 나는 짧지만 그와 같은 혼란의 지속조차 이해할 수 없습니다. 당신들에게는, 오랜 생명이 만들어낸 감정의 연속성, 어떤 사물을 완벽한 장소에 놓는 감각, 통치의 지식, 이런 것이 없습니다. 첫째 날의 일을 끊임없이 다시 해나가며 당신들은 정력을 소모하고 있어요. 당신들 조상들은 이렇게 두 번 죽었고, 당신들은 죽음을 두려워하고 있어요.

당신네 나라에서는 권력이 아무 소용없어요. 당신네 정치학은 회한으로 이루어져 있는데, 거기서부터 전반적인 혁명이 일어나고, 마침내 혁명에 대한 반발이 생기는데, 이것도 또한 혁명입니다. 당신네 수령은 명령하지 않으며, 자유로운 사람들도 강제로 일해야 하며, 당신네들은 노예를 두려워하고, 당신네 위인들은 대중 앞에 무릎을 꿇고, 아이들을 숭상하며, 모든 사람들에 의존해야 합니다. 당신네들은 부와 여론의 잔혹함에 의해 좌지우지되지 않을 수 없습니다. 그러나 당신의 정신으로 당신의 과오 중에서 가장 미묘한 것을 관찰하도록 해보시오.

지성은, 당신들에게는, 다른 것과 다른 어떤 것입니다. 그것은 예견될 수도, 완화될 수도, 보호받거나, 억압받거나, 지도받지도 않습니다. 당신들은 그것을 우위에 선 짐승처럼 떠받듭니다. 지성은 나날이 존재하는 것을 망칩니다. 그것은 밤마다 사회의 새로운 상태를 정리하려고 합니다. 지성에 취한 한 개인은 자신의 생각을 법률이 정한 것, 사람들의 집단과 시간의 흐름에서 나온 사실 그 자체와 비교합니다. 그는 자신의 심정의 급속한 변화를 현실의 형태와 지속되는 실재의 눈에 보이지 않는 변형과 혼동합니다. (하나의 꽃이 저물 때까지는, 무수한 욕망이 존재했습니다. 몇 번이고 사람은 화관의 결점을 찾아내서 즐길 수 있었습니다... 더 아름답다고 생각되었던 몇 개의 화관은, 마음속에서 착색되어 사라져 버렸습니다...) 지성은 이 법칙에 의해 법률을 멸시합니다... 게다가 당신들은 그 폭력을 조장합니다! 당신들은 공포의 순간이 올 때까지 자신의 정신에 빠져 있습니다. 그 이유는 당신들의 관념이 끔찍한 것이고, 당신들의 심장이 취약하기 때문입니다. 당신의 연민과 잔악함은 어리석은 것이고, 침착하지 못하며, 저항하기 어려운 느낌이 듭니다. 요컨대, 당신들은 점점 더 피를 무서워합니다. 피와 시간을 두려워하는 것입니다.

사랑하는 야만인이여, 완벽할 수 없는 친구여, 나는 청해 주변에 사는 청국淸國의 학자입니다. 나는 글을 잘 알고 있고, 싸움을 지휘할 줄도 알며, 농업을 지도할 수도 있습니다. 나는 당신의 발명광發明狂이나 관념의 착란의 방탕을 알려고 생각하지 않습니다. 나는 훨씬 더 강력한 일을 알고 있습니다. 그렇소, 우리 여기 사는 인간은 수백만 명이 모여 지상에서 비교적 혜택이 많은 골짜기를 먹어 치우고 있습니다. 인간으로 채워진 거대한 이 하구의 깊이는, 태고시대부터 끊이지 않는 한 가족의 형태를 지니고 있습니다. 이곳에 사는 사람들은 수천수만 사이에서 서로를 자식이고 아버지라고 느끼고 있습니다. 그리고 마치 벽돌벽 속의 벽돌처럼 자기 주위에 있는 민족, 자기 밑에서 절멸한 민족, 다가올 민족 속에 붙잡혀 있다고 생각하는 것입니다. 각자가 그 자리를 지킵니다. 이곳에 사는 사람들은 이 부유한 땅을 잃고 선조들의 경탄할 만한 건설을 떠나서는 자신이 무력하다는 것을 압니다. 조상의 빛이 바래는 곳에서 신들의 군집이 시작됩니다. 깊이 생각하는 사람은 자신의 사상 속에서 우리들의 영원한 탑의 아름다운 형태와 견고함을 가늠할 수도 있을 것입니다.

우리들 종족의 구성에 생각이 미치기를 바랍니다. 나는 당신들에게 묻고자 합니다, 스스로 뿌리를 뽑고 자신들의 꽃을 시들게 하는 그대들은 어떻게 앞으로 생존할 것인가요? 어떻게 앞으로 길게 이어질 수 있을 것인가요?

우리 제국은 산자와 죽은 자와 자연으로 짜여져 있습니다. 그것이 존재할 수 있는 것은 모든 것을 조화시키기 때문입니다. 여기서는 모두가 역사와 연결돼 있습니다. 하나의 꽃, 지나가는 쾌활한 한때, 햇빛에 감춰지는 호수 속 부드러운 살결, 가슴 벅찬 일식……이런 것들 위에 선조의 마음과 우리의 마음이 만나는 것입니다. 그것들은 다시 태어나고, 우리는 조상이 이런 것들에 이름으로써 주었던 그 울림을 되풀이합니다, 그러면 추억이 우리를 조상에 연결시켜 우리에게 불멸의 삶을 줍니다.

그런데 우리는 이미 잠든 것처럼 보이고 경멸을 받게 되었습니다. 그러나 모든 것은 우리들의 거대한 양量 속에서 녹아 버립니다. 정복자들은 우리들의 노란 물 속에서 자신도 모르게 자신을 잃어버리게 됩니다. 외국 군대는 우리 세대의 바닷물에 빠지거나 아니면 우리 조상에게 짓눌리게 됩니다. 우리들 존재의 흐름의 장엄한 낙하와 조상의 힘, 아니 점점 커지는 하강이 그들을 이기는 것입니다.

따라서 우리에게 필요한 것은 시간의 양끝에 도달할 수 있는 정치, 수천수만 명의 인간을 선조에서 후손으로, 그 유대가 끊어지거나 꼬이지 않도록 이끄는 정치입니다. 거기에는 욕망이 없는 거대한 지배가 있습니다. 당신들은 우리를 무기력하다고 판단합니다. 우리는 단지 인류의 모든 힘을 넘어서서 끝없이 성장하기에 충분한 지혜를 보유하고 있을 뿐입니다. 그것만으로도 당신들이 가진 그 열광적인 과학에 얽매이지 않으면서, 청국의 평평한 물속으로 녹아드는 것을 보기에 충분합니다. 그렇게 많은 것을 알고 있는 당신네들은 가장 오래되고 가장 강한 것을 모릅니다. 당신들은 광기처럼 직접적인 것을 찾고, 동시에 당신네들 조상과 자손을 파괴합니다.

친절하고 잔혹하며, 섬세하고 야만스러운, 우리는 그때그때의 요구에 응해야 할 처지에 있습니다. 우리는 너무 많은 것을 알려고 하지 않습니다. 인간의 과학은 무한히 증대되어야 하는 것은 아닙니다. 만약 항상 확장될 수 있다면, 그것은 끊임없는 소요를 일으켜 스스로 절망해버릴 것입니다. 만약 정체한다면 퇴폐가 나타날 것입니다. 그러나 서구의 모든 힘보다 더 강력한 하나의 지속의 생각을 몰고가는 우리는 사람을 잡아먹는 지식에의 도취를 피합니다. 우리는 언제까지나 우리의 낡은 답변, 우리의 신들, 우리의 힘의 단계를 지켜나갈 것입니다. 만약, 연장자를 위해서, 정신의 불확실함이라는 마르지 않는 조력을 남겨두지 않는다면, 만약 인간의 단순함을 파괴하고, 그들 속에 욕망을 일으켜, 자기 자신에 대해 품고 있는 개념을 바꾼다면--만약 연장자들이 피지배자의 가공할 수와 욕망의 폭력에 맞서게 되어 악화된 세계에 홀로 남겨진다면-- 연장자도 끝내 쓰러지고 그들과 함께 나라 전체의 모든 힘이 상실될 것임에 틀림없습니다. 하지만 우리의 문자는 너무 어렵습니다. 거기에는 정치적 의미가 있습니다. 문자는 여러 가지 관념을 내장하고 있습니다. 이 나라에서는, 사고할 수 있기 위해서는, 무수한 기호를 알고 있어야만 합니다. 학자만이 많은 노력을 기울여 그 경지에 도달할 수 있습니다. 다른 사람들은 깊이 반성하지도 않으며, 불완전한 자신들의 계획을 정리하지도 못합니다. 그들은 느낄 뿐입니다, 그러나 감정은 항상 마음속에 숨겨져 있는 어떤 것입니다. 그러므로 지성 속에 담긴 모든 힘은 학자들의 손에 남겨지고 부동不動의 질서가 어려움과 정신 위에 구축되는 것입니다.

    그리고 이제 당신의 위대한 발명이란 것이 그 근원을 우리나라에 갖고 있다는 사실을 상기해 보았으면 합니다. 왜 그 발명을 계속 추구하는 방향으로 일하지 않았는지 이제야 알 수 있을 것입니다. 발명의 특수한 완성은 우리들의 유구하고 위대한 생존의 담담한 흐름의 형태를 휘젓고 그것을 덮어버렸을지 모릅니다. 이제 당신은 알 것입니다, 왜 우리를 경멸해서는 안 된다는 것을. 왜냐하면 우리는 저녁에 불꽃놀이를 하기 위해 화약을 발명했으니까 말입니다."

**

나는 바라본다. 중국인은 오지의 덤불을 향해 걸어가고 있고 그 모습은 모래 위에 조그맣게 보인다. 몇 개의 파도가 밀려온다. 뒤쪽, 멀리, 미풍 속, 그리고 관목의 안개 속에, 별의별 새가 우는 소리가 들려온다. 바다가 나를 지켜보고 있다.

무엇을 생각하는가? 나는 생각하고 있는 것일까? 파악해야 할 무엇이 남아있는 것일까? 만족하고, 단정하며, 마음 편한 이 나를 지금 애무하고 있는 것을, 어디로 밀어내고 있는 것일까? 많은 어려움을 겪으면서 저 멀리 하늘로 몸을 옮기려는 것인가? 자신을 그토록 높이 들어, 아주 작은 비약으로 갈라져서는 부서지는 파도마루 근처까지 가져간다는 생각, 혹은 그 자체가 즐겁고, 쉽고, 길고 긴 여정에 따라 아무런 노력 없이, 눈에 띄지 않는 시간에, 조금도 원하지 않았던 쪽에 갔다가는 돌아온다는 생각, 그렇게 생각하는 것만으로 나는 휴식을 느낀다. 내 마음은 매혹된다. 이 고요함은 나의 작은 신념으로, 모든 공간 안에 자신을 충족시키고, 완전한 수행과 관념을 종결시킬 수 있는 자기만족의 쾌락을 즉시 만들어 냄으로써 보정된다. 관념은 스스로의 손으로, 자기보다 앞선 전체를 재건하지만, 그때마다 죽는다. 하지만 다른 모든 것이 이를 본받으며, 마찬가지로 쾌락에 취해 힘을 잃는다. 왜냐하면, 이 순간에 나를 쌓아 올리고 있는 빛과 생각의 무리는, 아직도 동일한 것으로서 남아 있기 때문이다. 이리하여 변화는 무無가 되고, 시간은 더 이상 움직이지 않으며, 나의 생명은 멈추어 버린다.

거의 어떤 것도 그걸 나에게 느끼게 해 주지 않는다. 1분마다 나는 앞선 관념을 다시 붙잡기 때문이다. 그리고 나의 정신은 이곳의 모든 점을 발화시킨다. 가능한 모든 점들이 나를 찌르는 것 같다... 만약 이 장소의 공간의 모든 점이 차례차례로 교착한다면--만약 내가 이어져 나갈 것과 신속하게 손을 자를 수 있다면--만약 내 왼쪽 먼 곳에, 빛나는 나선처럼, 굽이치다가 가라앉는, 이 빛나는 물이--만약 바다 쪽에 정면에 걸린 금빛 눈[雪]의 낙하가...

이제 굴처럼 열린 바다가 그 기름지고 매끈한 살색으로 나를 태양 아래서 차갑게 할 것이다. 다시 물소리가 들리는 바로 근처에서, 나는 천천히 마시고, 혹은 또 등대의 나무속에서 밧줄에 치여 암탉과 같은 울림을 낸다.

더 똑똑히 알아들으려고 나는 눈을 감는다. 눈꺼풀을 내리자, 이윽고 빛으로 가득 찬, 귀중한, 작은 창이 두세 개 보인다. 수축하고 지각할 수 있는 주황색의 위성. 하나의 음영, 그 속에서 별은 반짝이고, 내 눈을 하얗게 빛낸다. 거기서 나는 지금 막 눈을 감아 보이지 않는 풍경을 원래대로 구성해 보려고 한다. 나는 무수한 감청색을, 흔들리는 것 위에 펼쳐진 홑겹의 옷감으로 닫힌 선을 환기한다. 나는 하나의 파도를 만들어내고, 부풀어 오르고, 나를 들어 올리는 하나의 파도를...

하지만 그것을 무한정 만들 수는 없다. 왜일까? 내가 만들고 있던 바다는 자취를 감춘다. 벌써, 나는 추리하고, 발견하고 있는 것이다.

다시 한 번 눈을 뜨자. 확고한 날[日] 아래로 돌아가자. 여기서는 되는 대로 맡겨두기로 하자.

자, 다 보인다. 파도는 넘실넘실, 나도 꿈틀거린다. 파도는 속삭이고 나는 말한다. 파도는 갈기갈기 부서지고 서로 핥고, 응수하고, 여전히 떠돌고, 거품이 일고, 입맞춤을 한 모래 위에 나를 숨도 쉴 새 없이 남기고 떠난다. 나는 다시 살아나고, 아득한 저 멀리, 외해로 들어가는 입구에서 나를 소생시키는 희미한 첫 번째 소리 속에 힘이 내게 되살아난다. 파도를 향해 헤엄친다--아니, 파도 위를 헤엄친다--그것은 같은 것이다. 물속에 내리면, 다리는 흐트러지고, 마음은 앞서가고, 눈은 무게도 없이 녹아버린다...

그 때, 한 개인은 자신과 눈 아래를 지나가는 그 물의 결합을, 그 깊은 결합을 강하게 느끼는 것이다.

방법의 제패

영국이 자신의 경제적 존재 및 제국의 중추적인 부분에 가해지는 독일의 압력에 대해서 더 이상 무관심할 수 없게 된 것은 1895년경이다.

영국은 지리적 이점도 없으며, 시간적으로도 늦게 온 경쟁상대에 의해 자신들의 삶의 근간에 관련된 기능이 위협받는 일이 있으리라고는 생각해보지도 않았다. 만약 영국이 무언가 혼잣말을 한다고 하면 그것은 Tarde venientibus ossa(늦게 온 자들)일 것이다.

그러나 섬나라라는 것에 더해 석탄을 보유하고 있고 정치적 전통 및 해양국으로서의 전통, 일관성 있는 의지, 직접간접으로 복종하고 있는 방대한 수의 고객, 욕망과 기획에 있어서의 흔들림 없는 자신 등이 있다고 해도 그것으로 모든 것이 해결되는 것은 아니다. 안정에는 일종의 관성이 따르는 법이다. 영국의 정신은 자신이 나쁘다고 생각되는 점을 수정하는 데 있어서는 결코 주저함이 없지만, 이제까지 좋았던 것이며 지금도 자신을 만족시켜 주고 있는 것을 변경하는 데 있어서는 줄곧 반대하는 쪽이었다. 이러한 영국적 기질의 원인은 아마도 바다라는 경계선에 둘러싸여 있고 그것을 함대가 감시하고 있는 덕에 가령 위험이 닥쳐온다고 해도 그것에 대처할 수 있는 충분한 시간이 있을 것이라는 확신이 있기 때문일 것이다. 게다가 이러한 확신은 지금까지 역사에 의해 올바른 것으로 입증되었던 것이다.

하지만 과학에 의해 단련되고 끊임없는 기술적 변화 속에 있는 시대, 무엇이든 혁신의 의지라든가 정밀도나 힘을 증대시키려고 하는 망상에서 벗어나는 것이 불가능하며 안정성이라는 지고의 가치가 이미

약체화된 국민에게서만 발견되는 시대에서 과거의 존재에 집착하는 것만으로는 충분하지 않다.

30년 전의 영국인들은 규율, 계산, 면밀하면서 끝이 없는 분석, 자신들의 에너지보다 적절하게 응용된 에너지가 그들에게 맞서기 위해 어떠한 준비를 모든 영역에서 시도하고 있는지를--그들이 잘 쓰는 말대로--이해realize하지 못하고 있었던 것이다.

이 계시가 그들에게 찾아온 계기가 된 것은 나이 많은 시인 윌리엄 헨리[옮긴이--영국의 시인이자 비평가]가 자신이 편집하던 《뉴 리뷰》(이후 폐간되었다)에 게재한 일련의 기사들이었다. 이들 기사는 윌리엄스 씨의 손에 의한 것이었지만 그가 기사 전체에 부여한 제목이 호평을 받았다. 어떤 유명한 법안이 그 제목인 '메이드 인 저머니' 라는 세 단어를 법률안에 집어넣었을 정도였다. 이들 세 단어는 동시에 영국인들의 머리에 강하게 각인되어 1918년 11월 11일[옮긴이--1차 세계대전의 휴전협정이 성립한 날]까지 어떤 효과를 가졌던 것이 사실이다.

윌리엄스 씨가 상공업의 여러 영역을 고찰하고 이들 영역 어디에서나 경쟁상대가 침입해서 놀랄만한 진보를 이룩하고 있다는 것을 면밀한 연구로 명확히 했을 때, 경악과 동요 그리고 일종의 분개심이 나타났던 것이다.

헨리는 윌리엄스 씨가 제출한 자신의 관찰 및 특징적인 여러 세부의 수집을 바탕으로 한 여러 기사에 대해 일종의 '철학적 결론' 을 당시 런던에 잠시 체재하고 있는, 그가 추천을 받은 한 젊은 프랑스인에게 맡긴다는 엉뚱한 생각을 했다. 그 프랑스인 청년은 그때까지 전혀 다른 것을 생각하고 있었기 때문에 이 일에 대해 크게 당황스러워 했다. 해도 괜찮을 것 같은 이유들raisons이 그가 이 일을 받아들이기를 권했지만 그의 이성raison은 그로 하여금 거부하도록 권했다. 결국에는 해도 괜찮을 것 같은 이유들이 더 많다는 근거에서 쓰게 되었다. 그는 급한 대로 자신에게 가능한 수준에서 즉흥적으로 써버렸다. 아래의 글은 그렇게 쓰여진 것이다.

지난 전쟁 도중에 이 에세이는 《메르퀴르 드 프랑스》에 재수록되었다.

우려할만한 게르마니아의 모습이 점차 명확해졌다. 영국인들은 윌리엄스 씨의 『메이드 인 저머니』를 읽어야 했고 프랑스인들은 모리스 쉬보브 씨의 『독일의 위험』을 읽어야만 했다.

독일은 지금까지 그저 요새나 학교였다. 이제는 거기서 거대한 공장이나 큰 규모의 독dock을 발견하게 된다. 여기서 이런 요새나 공장 그리고 학교는 서로 연관이 되어 있어서 견고한 독일의 다양한 측면 중의 하나를 구성하고 있는 것이 아닌가 하는 의심이 들게 된다. 사람들은 이 나라가 근거하고 있는 군사적 승리는 이 나라가 현재 거두고 있는 경제적 승리에 비하면 별것 아니라는 생각을 한다. 이미 세계의 많은 시장들이 독일에 의해 지배되고 있는 것이다. 그것은 이 나라가 군사력으로 얻은 영토보다 광대한 것이다.

이어서 사람들은 이 두 개의 정복이 같은 시스템에 속한다는 것을 깨닫게 된다. 소란스러운 정복과 침묵의 정복이 서로 중첩되어 있는 것이다. 독일이 군사국가가 된 것과 마찬가지로 산업국가 혹은 통상국가가 되었다는 것을 알게 된 것이다. 사람들은 독일이 노력을 게을리 하지 않았다는 것을 깨닫는다. 이러한 환상이라곤 없는 위대함을 이해하기 원한다면 일관된 근면성, 부의 원천에 대한 치밀한 분석을 상정하지 않을 수 없다. 그건 생산수단의 대담한 구축이고 선호하는 장소 및 선호하는 방법에 대한 엄격한 지형도이며 특히 단순하면서도 독점욕이 넘치고 대담한 개념에 대한--그 형식으로 보면 전략적이고 그 목적에서 보면 경제적이며 그 준비와 적용범위로 보면 과학적 개념이라 할 수 있는 그러한 개념--전면적 복종, 잠시라도 한눈을 팔지 않는 종속을 상상하게 되는 것이다. 이렇게 독일이 취한 전략은 우리에게 감명을 주기까지 한다. 우리가 눈에 보이는 것, 손에 닿을 수 있는 것에 되돌아간다면 그리고 서류, 외교관계, 공식 통계 등에 되돌아간다면 큰 틀의 장엄함 뒤에 있는 그 디테일의 완벽성을 칭찬하지 않을 수 없고--알 수 있는 모든 것이 알려지고 예측가능한 모든 것이 예측되고 번영의 메커니즘이 결정되었을 때--전체적으로 연속적인 활동이, 온건하기도 하다가 거칠어지기도 하는 이 활동이 어떻게 독일의 모든 지점을 통해 세계의 여러 지점으로 확산되고 세계의 모든 지점의 최대한의 풍요가 독일의 모든 지점으로 되돌아오게 되는지를 알게 되고 기뻐하게 될 것이다.

이 활동은 우리들의 활동처럼 항상 서로 떨어져 있고 곧잘 대립하는 것들, 즉 '국가'에 의한 맹목적인 보호를 받는 개별적인 활동의 총합이 아니다. 우리들의 '국가'는 그 영향력을 여러 활동에 분산시키기 때문에 어떤 활동을 지원하게 되면 아무래도 다른 활동이 약해지게 된다 --독일의 활동은 때로는 충격과 낙하에 의해, 때로는 저항하기 힘든 침투에 의해, 물처럼 압도적이고 활발한 힘이다. 타고난 규율이 독일인의 개인적인 활동과 나라 전체의 활동을 연결해서 각 개인의 이익에 질서를 잡아준다. 그렇기 때문에 이러한 이익이 전체로서 감소하거나 방해를 받는 대신에 서로 더해지면서 강고한 것이 된다. 독일인끼리의 모든 경쟁은 외국인--적--이 등장하자마자 바로 사라질 정도이다.

이렇게 되면 이건 공통의 승리를 위한 성실한 결합, 유용한 희생의 교환, 에너지와 치밀함의 협력이란 것이 된다. 이러한 것이 승리를 만들어낼 뿐 아니라 같은 적과 싸우고 있는 산업 사이에, 그리고 조국Vaterland의 경제적 군대를 구성하는 여러 '부대' 사이에 주목할 만한 관계를 만들어낸다. 우리는 이러한 군대와 싸우는 것이니 이것은 야만적인 한 무리가 잘 조직된 군대와 싸우는 것과 같다.

이 활동은 우리들의 활동처럼 어려운 것이 아니다. 오히려 공부하는 사람 같은 데가 있다. 모든 과학이 이 활동에 봉사하려고 한다. 이 활동은 면밀한 심리학에 의해 인도되는 것이어서 이후 그것은 자신에게 부과된 것보다 더 뛰어난 일을 한다. 즉, 이것은 자신을 사람들로부터 선망의 대상이 되는 존재로 만드는 것이다. 독일의 고객은 독일의 상인을 칭찬할 뿐 아니라 독일의 무역까지도 칭찬하지 않으면 안 된다고 생각한다. 나아가 이 고객은 친구가 되며 선전까지 하게 되는 것이다. 여기에는 깊고 빼어난 계산이 작동하고 있다. 게다가 이 고객은 이미 충분히 조사가 된 존재이다. 자신을 자유로운 존재라고 믿고 순진하게 살고 있는 이 고객은 누군가가 그에게 접촉하지도 않았음에도 이미 다 분석이 된 존재이다. 그는 자신이 살고 있는 도시 전체에서 자신의 지방 전체, 자신의 나라 전체와 함께 이미 분류되고 정의가 된 존재이다. 그가 무엇을 먹고 무엇을 마시며 무엇을 피고 어떻게 돈을 내는지도 이미 알려져 있다. 그의 욕망도 이미 잘 검토가 되었다. 함부르크 혹은 뉘른베르크에는 그의 사소한 버릇이나 약간의 요구에도 충분히 대응할 수 있도록 몇 개의 곡선을 그리면서 이를 고찰하는 인간이 아마도 있을 것이다. 고객은--그 자신은 아주 개인적이고 친근한 세계에서 산다고 느낄 것이지만--그와 같은 술과 옷을 애호하는 수천 명의 사람들과 함께 다수파의 한 명에 지나지 않는다는 것을 알게 될 것이다. 왜냐하면 저쪽에서는 고객의 나라에 대해 고객 이상으로 잘 알고 있을 것이니 말이다. 고객 자신의 생존의 메커니즘이나 고객이 살기 위해 필요로 하는 것이나 조금 인생을 즐기기 위해 필요로 하는 것을 고객 이상으로 알고 있는 것이다. 고객의 허영심도 잘 알고 있으며 고객이 고급스러운 물건을 꿈꾸면서 너무 비싸다고 생각한다는 것도 알고 있다. 거기에다 저쪽에서는 고객이 필요로 하는 사과의 샴페인이나 모든 입수 가능한 것에서 추출된 향수 등을 제조할 것이다. 고객은 자신을 생각해주는 화학자가 어느 정도 있는 것인지 전혀 알 수가 없다. 저쪽의 인간은 그의 지갑과 욕망과 습관을 동시에 만족시켜줄 것을 그를 위해 만들어줄 것이며, 충분히 완벽한 것을 그를 위해 실현시켜줄 것이다. 고객의 복잡한 욕망에 비굴할 정도로 복종함에 의해 저쪽의 인간은 고객을 지배한다.

이처럼 싸면서도 동시에 고급스럽고 입수하기 쉬우며 전통 혹은 유행에도 어울리는, 꿈과 같은 상품을 만들어내기 위해 학자들이 각종 산업의 세분화된 분야에서 개미처럼 몰려들어 일을 하고 있다. 그들은 어떠한 것에도 그것보다 싼 대용품을 찾아내는 것이다. 새로운 물질이 발견되면 그들은 반드시 그 사용법을 찾아내며 모든 학문에서 산업에의 응용방법을 발견해내는 것이다. 이처럼 독일은 짧은 기간에 공장과 철도와 운하에 의해 뒤덮이게 된 것이다. 필요한 것을 모두 갖춘 그 해군도 이미 세계 2위의 힘을 가지고 있다. 독일에는 멋진 선박, 항상 번잡한 조선소, 독, 거대한 국내항 등이 다 갖추어져 있다. 독일에는 놀라운 여행자들이 있어 그들이 가져오는 정보와 실적은 외교나 과학에 필적할 정도이다. 독일에는 모든 지방에 흥신소가 있고 이 흥신소를 지지하는 중개상의 연맹이 있으며 또 이 중개상의 교역을 지원하는 운수회사의 연맹이 있다는 식이다.

앞에서 말한 두 책에는 이러한 방대한 사업의 상세가 게재되어 있다. 이 두 책은 제작소와 시장으로 우리를 이끌고 간다. 놀랄 만한 숫자가 비교 대조되고 있다. 여기서는 해마다의 숫자가 연속적으로 전개되고 있어 숫자를 보면서 시간을 빨리 따라가다 보면 갑자기 독일의 존재가 엄청난 흐름으로 확대된 것을 알 수 있는 방식으로 되어 있다... 여기서 우리가 받는 인상이 너무나 강렬한 것이어서 앞으로의 추세를 짐작해보고 싶은 욕구를 느끼게 된다. 정신은 계산과 통계의 마지막 연도에서 그냥 멈추어서는 것이 가능하지 않기 때문이다. 정신은 기계적으로 보다 광범한 확대를 예견한다... 정신은 계속, 정지, 실추 그리고 쇠퇴를 상상한다... 계산과 통계로 나타나는 사실이 없는 지점에서도 정신은 지속되어 자신의 특수한 법칙 속에 있는 것을 따르게 된다.

**

여기서 순수하게 사변적인 탐색, 완전히 지적인 질문이 시작된다. 거기는 우리가 방금 상기시켰던 연구와 조사에 몰두했던 사람이 독일의 확장이라는 현상 속에 보다 일반적인 징후를 찾아내려 하지 않을 수 없는 장소이다. **관념들**과 비교와 이론의 소묘가 이루어져야 할 때인 것이다. 이처럼 모든 노력, 계략, 공공사업, 음모, 아주 참을성을 가지고 진행된 행위 내지 결과는 우리들 안에--우리들의 국민감정에 유래하는 씁쓸한 기분과는 별도로--유효한 메커니즘에다 이성에서 이성으로 보다 확실한 길을 통해 도달된 성공이라는 것이 어떤 때에도 우리들에게 안겨주지 않을 수 없는 특별한 상찬을 초래할 수밖에 없다고 내게는 생각된다. 어떤 결과를 확신하고 있다는 것은 어딘가 우리를 황홀하게 하는 것이 있다--그 확신이 잘 계산된 활동의 결과로 보일 때의 이야기이지만. 지금 문제가 되고 있는 케이스에 있어서 이 활동은 일반적인 것으로 항상 모든 특수한 우발적 사고, 예상의 어긋남 이상의 일반적인 결과를 규칙적으로 만들어낸다.

이러한 독일의 성공에서 나는 무엇보다도 어떤 **방법**의 성공을 본다. 내게 상찬을 불러일으키는 것은 방법이다. 흔히 보는 평범한 사람이 상당히 곤란한, 하지만 불가능하지는 않은 일을 계획한다고 치자. 그에게는 어떠한 천재도, 예상치 않은 이득도, 어떠한 영감도 주어지지 않는다고 하자. 그리고 단지 결코 줄어들지 않는 욕망, 일관된 욕망, 보통 수준의 이성만이--하지만 이성에 대한 무한의 신뢰를 가진 이성이--주어졌다고 하자. **이 인간은 필요한 절차를 취할 것이다.** 그는 열광하지 않으면서 심사숙고할 것이다. 그는 '아주 완전한 열거와 통람' [옮긴이--데카르트가 『방법서설』에서 든 네 개의 '방법의 규칙' 중 네 번째 것을 말함]을 행하는 것이어서 모든 대상과 사실이 그에게 도움이 되는 것이 될 것이고 최종적으로 그의 개인적 계산 속으로 들어오게 될 것이다. 그에게 있어 유리 혹은 불리를 따지는 것은 문제가 되지 않으며, 사용해서는 안 되는 것이나 무효로 해서는 안 되는 것도 없다. 어떻게 되어도 상관없다는 것은 없다. 이리하여 그는 일의 추이, 그 경향을 관찰한다. 그는 계산하고 분류할 것이며 그 후에 행동이 찾아올 것이다. 역시 신중함도 보여준다. 그 후에 오는 것은 승리일 것이다... 하지만 이 사람에게는 해야 할 일이 너무 많다. 그래서 국민 전체가 이 일을 받아들인다. 개개의 부문에는 수백인의 사람이 살고 있다. 개개의 시도는 대중 전체에 의해 지지된다--게다가 이 대중은 원래 규율이 바른 것으로 잘 알려져 있다. 여기서는 규율의 무시라고 하는 지성이 갖는 사회적 악덕은 사라지게 된다. 그리고 놀랄만한 하나의 도구가 남는다. 그것은 바로 규율 바른 지성이라는 도구이다. 그건 이미 하나의 도구 그 자체이다.

나는 흔히 볼 수 있는 평범한 사람의 예를 들었지만 그것은 방법적 행동의 거의 몰아적 힘을 명백히 하기 위한 것이고 또 지성이 가진, 드문 것이나 우발적인 일은 고찰하지 않는다고 하는 위대한 지혜를 보다 높이 평가하도록 하기 위한 것이다.

**

요컨대 경제부문에 있어 연속적인 이성의 실험을, 즉 방법의 실험을 행하는 나라가 현실적으로 존재하며 게다가 그 실험은 상당한 성과를 올리고 있다는 것이다. 이 실험이 보여주고 있는 것은 연속적인 결합을 해 가는데 있어 생활상의 중요한 현상의 많은 것들이 기초가 되거나 소재가 되는 것이 가능하다는 것이다. 이러한 현상은 인간의 계산이 미치지 않는 것이 결코 아니다. 인간의 손이 닿는 곳에 있다. 그럼에도 불구하고 이러한 방식을 개시한 것은 독일뿐이었다. 독일에게 있어 이 방식은 새로운 것도, 놀랄만한 것도 아니었고 그 체질에 맞는 것이었다. 그저 방식이 대상을 바꾸어버렸다는 얘기이다. 우선 프러시아가 방법적으로 만들어졌다. 그 후 프러시아가 현대 독일을 만들었다. 처음에 이 방식은 정치적인 혹은 군사적인 것이었으나 그 후 자신의 운명을 성취한 이 방식은 자신의 단순한 응용에 의해 어려움 없이 경제적 방식이 되었다. 이 방식에 의해 만들어진 현대 독일은 계속 이 방식을 속행하고 있으며 더욱 이를 심화시키고 있다.

만약 『독일의 위험』과 『메이드 인 저머니』를 읽은 사람이 그 흥분에서 아직 깨어나지 않은 상태에서 자신의 사고를 프리드리히 대왕에서 몰트케 원수[옮긴이-프러시아 육군의 근대적 편성에 성공을 거두면서 전과를 거둔 인물이다. 1871년에 육군 원수가 되었다]에까지 이르는 프러시아의 전쟁사로 몰고간다면 유사하다는 인상을,

즉 지금 내가 말한 방식의 관념을 갖지 않을 수 없을 것이다. 이리하여 내가 앞에서 제시한 여러 시사점들이 거의 과장이 없다는 것을 납득할 수 있을 것이다. 둘 모두에서 유사한 발전의 과정을 볼 수 있다. 완벽한 준비, 전체적으로 만족할만한 내용물--그리고 항상 몇 가지의 결과를 볼 수 있다. 그러한 결과 속에 있는 것은 그 자체로서는 대단한 것이 아니지만 최종적으로는 좋은 결과로 변했다고 쓰고 싶다, 왜냐하면 모든 결과는 그 후 세심한 주의를 가지고 이용되었기 때문이다--그리고 실패조차도 **최소한의 이득**으로서 경험이란 것을 주었던 것이다. 이러한 것이 정규적인 절차라는 것이 중요하다. 내가 여기서 그것을 기록하는 것도 그러한 이유 때문이다.

지금 여기서 프러시아의 군사적 방식의 세부적인 면까지 들어가 보면 '방법'의 주요한 성격을 보다 용이하게 인식할 수 있을 것이다. 방법은 바로 전략적인 배려에서 찾지 않으면 안 된다. 그것에 대신해 전술은 각 개인의 문제이다. 전술에는 전쟁의 모든 우발적인 일이 동반된다. 하지만 미래의 연구, 가능한 한 멀리 이루어진 예견, 꼼꼼하게 검토된 확률, 우연의 개입을 약화시킨다--의외의 사건을 배제하는데 필요한 모든 것으로, 이러한 것이 '독일제'라고 하는 군사적 방법이 갖는 주목할 만한 특질 중의 하나이다. 그리고 전쟁 자체도 이제는 단순한 사건이나 정념의 흐름에 밀려서 발생하거나 정지하거나 아니면 속행되거나 해서는 안 될 것이다. 전쟁은 이성에 따라 수행되어야 한다. 전쟁은 경쟁상대의 힘을 약하게 하기 위해서, 항구를 손에 넣기 위해서 수행될 것이다... 그것은 재정조직, 자본, 상환, 보험을--특히 주주들을--포함한 아주 고도의 수완을 필요로 하는 거래가 될 것이다, 그렇게 되어 배상금과 획득된 수십억의 큰 돈은 독일 국토 전체에 뿌려져서 새로운 운하, 터널, 대학 등을 위해 사용될 것이기 때문이다... 즉 자신을 새로 만들고 전보다 훨씬 확장하고 재출발 하는데 있어 필요한 것에 사용될 것이기 때문이다.

전쟁터에 있어서는, 그것이 경제적 전쟁이든 군사적 전쟁이든 상관없이, 일종의 일반 정리와 같은 것이 방법적 행동, 즉 독일의 행동을 지배하고 있다. 이 원칙은 아주 단순한 것이다. 그것은 논리적으로 연역된 것에 지나지 않는 것으로 사실상 없는 것이나 마찬가지다. 그 원칙이란 '결국 승자는 패자보다 강하다'는 것이다. 이러한 동어반복은 평등한 무기로 싸우는 것을 좋게 생각하는 사람들을 깊게 반성하게 할 것이다. 왜냐하면 이 원칙은 다음과 같이 표현하는 것이 가능하기 때문이다. '동등한 군사력 따위는 절대 존재하지 않는다.' 전투원이 동등할 수 있다는 것은 예전부터 **지배적인** 생각이긴 했지만 이해하기 어려운 미신에 지나지 않는다. 이 표명된 원칙에서 바로 모든 전투의 실천적인 규칙이 추출되게 된다. 즉 **불평등을 조직하지 않으면 안 된다**는 규칙 말이다. 군사적으로 말하면 가장 완벽한 무기, 가장 신속한 진군, 가장 유리한 지형 등--이러한 것이 추구되지만 이러한 모든 수단 중에서도 가장 확실하고 명백한 것은 수이다--즉 수학적으로 눈에 보이고 실제로 쳐부수기가 어려운 불평등 말이다. 이것은 여분의 것들이 충분히 있다고 했을 때 선두에 서있는 부대의 뒤에

예비군이나 후방부대landwehr나 국민군landstrum이 쭉 이어질 경우를 말한다. 상업적으로 본다면 이 불평등은 저렴한 가격이라는 것에 바탕을 둔다. 해결해야 할 문제는--그 문제는 대부분의 경우 실제로 해결된 것이지만--공격 대상의 상품보다도 싼 상품을 항상 제조할 수가 있느냐는 것이다. 과학, 여러 운송수단의 조합, 모든 종류의 위조가 이러한 목표달성을 위해 채택될 것이다. 전술이 군대를 결집시키고 큰 부대를 가지고 적을 압도하는 바로 그 지점에서 상업술은 가장 싼 가격이라는 무기를 사용할 것이다. 그렇게 되면 그것은 최대다수의 부대처럼 작용해서 저항을 배제하고 확실히 적들을 쫓아낼 것이다.

군사적인 우위를 조직하는 것은 참모본부의 일이다. 이 잘 알려진 기관이 내세우는 구상 속에 방법의 가장 혁혁한 사례를 볼 수가 있다. 이것은 문자 그대로 승리를 만들어내는 공장이다. 여기서 볼 수 있는 것은 지적인 노동의 가장 합리적인 분할, 이용 가능한 가장 작은 상황의 변화에도 끊임없이 향하는 전문가들의 주의, **처음에는 기술적인 연구에 무관하다고 생각되던 주제에까지 확장되는 탐구**, 정치 전반에--경제에까지-- 확대되는 병학[전술] 등이다. 이렇게 되는 것은 '전쟁은 도처에서 행해지는' 것이기 때문이다. 방법은 모든 나라에 엄밀하게 적용된다. 개개의 영토에 대해, 모든 학문의 전면적인 분석이 덧붙여진다. 토지의 성질, 그 풍부함, 경작지, 도로. 자연재해 등 정보를 제공하는 지질학에서, 심리학 내지 정치적 지식의 기본원리를 제공하고 국내에서의 항쟁이나 거기에 고유한 관념을 가르쳐주는 역사학까지 동원되는 것이다. 모든 나라는 이렇게 분류되고 정확하게 정의된다. 이들 여러 나라는 계산에 적합한 추상적인 그룹으로 환원된다. 그리고 이처럼 많은 개인이 움직이고 풍습도 간략화하기 어렵다고 생각되는, 아주 복잡한 몇 개의 전체를 구성하게 되는 거대한 땅의 한 묶음이 사고의 대상이나 취급 가능한 양이 되는 것이고 전쟁의 저울 안에서 보다 무겁다거나, 보다 가볍다거나 하는 것을 알 수가 있는 것이 된다. 즉 비교가 가능한 표식이 붙은 중량重量이 되는 것이다. 이렇게 되면 각 국가는 군사적인 에너지를 만들어내는 기계 같은 것으로 간주되어, 감정가의 기호에 맞추어서, 부가되는가 하면 감축되기도 하고 변화하기도 하는 것이다.

이처럼 포괄적인 관점은 상업의 참모본부에도 똑 같이 해당된다. 이러한 설명을 상업적 활동의 영역에서도 계속해보도록 하자. 병학[전술]과 상업의 평행 관계는 여전히 유지될 것이다.

같은 방법을 따라서, 비할 바 없이 강력하고 정밀한 도구가 여럿 만들어졌다. 만약 이것이 없다면 군대의 일도 별다른 성과를 거두지 못할 것이다. 그 한 예가 정보활동이다. 군사적인 자료도, 경제적인 자료와 마찬가지로, 이러한 정보활동에서 온 것이라 볼 수 있다. 방법의 동질성이 이것을 시사한다. 그것은, 참으로 방법이 있기 때문에, 경제적인 자료가 군인에게 아주 귀중한 것이 되기도 하며…때로는 군사적인 자료가 어떤 사업가들에게 유익한 것이 되기도 한다. 운수업도, 정보활동과 마찬가지로, 이중적인 중요성을 갖는다. 전쟁에서 유효한 수의 병사를 확보하기 위해 필요한 신속한 동원은 수송의 속도 및 분배를 조정하는 면밀한 연구를 필요로 한다. 안전 확보, 시간, 보급 등의 조건은 그 아주 세세한 점에 이르기까지 조정되고 논의되는 것이다. 바로 이러한 세밀한 부분 위에 미래의 전투의 귀추가 달려있는 것이다.

독일의 상업은 군과 마찬가지로 현명한 운송조직이라는 혜택을 누리고 있다. 군대가 가능한 한 큰 세력으로 도착해야 하는 것처럼, 제품도 가능한 한 적은 비용으로 도착해야만 한다. 그러므로 이러한 값싼 동원을 확실한 것으로 만드는 것은 여러 특수한 조건이나 모든 종류의 편의이며 상호의 희생인 것이다. 그리고 참모본부가 내세운 전략적인 시스템의 전체를 연구하면 할수록 우리는 독일 국민이 채용한 생산 및 교통의 방식 속에 같은 경향의 다른 형태를 볼 수 있는 것이며, 또 수단은 다양하고, 성공은 규칙적으로 얻어지며, 그 목적은 명쾌하고 단순한 것을 볼 때 거대한 그런 행위를 구상하고 싶은 기분이 드는 것이다. 거칠고 확실한 세력은 전진한다, 왜냐하면 그것은 어느 것도 소홀히 하지 않기 때문이며, 모든 어려움을 치밀하게 나누고 이렇게 해서 얻어진 개개의 작은 단편 위에 자신의 중량 전체를 받치도록 할 수 있기 때문이다. 이러한 세력은 전시보다는 평시에 더 가공할 만한 존재로 보인다.

몰트케 원수는 이러한 시스템을 체현한 인물이다. 그는 이 방식의 주도자이자 그 전범이다. 마음 깊숙한 곳에 숨겨진 그의 의도는 대체할 수 없는 인물로 죽지는 않겠다는 것이 아니었나 생각된다. 그를 그 이전의 위대한 장군들과 구별해주는 것은 바로 이 점이다. 바로 이것이 그가 발명한 유일한 것이다. 그는 무엇보다도 한 인간이었고, 신뢰할 수 있는 사람이었으며, 독일의 안전과 국력 증강을 시도한 기술자였다. 군사의 역사를 변모시키는 그런 기적적인 활약을 기대하는 어리석은 욕망은 그에게서 완전히 멈추게 된다. 그는 아주 특수한 열정을 불러일으키는 데 어울리는 사람이다. 그를 성공으로 이끌었던 여러 요소들은 프리드리히 대왕이나 나폴레옹이나 새로운 것들이 가득 찼던 남북전쟁 등에도 있었던 것들이다. 그는 도처에서 자신에게 도움이 되는 것을 찾아냈는데, 이것은 바로 그의 방법이며, 그는 승리가 규칙적인 결실인 것처럼 보이는 곳에서 이것을 찾아냈다. 그의 정신의 깊은 곳에는 거의 조잡하고 초월적이라고 해도 좋은 것 혹은 도덕적이거나 정치적이라고 할 수 있는 몇 개의 관념이 있었다. 그것은 그 소유자로 하여금 타인에게 두려움을 불러일으킬 수 있도록 하는 것이었으며, 전혀 타협의 여지가 없고, 자신을 특별히 새로운 것도, 숭고한 변화도 불가능한 인간으로 만드는 그런 종류의 것이었다. 하지만 그는 모든 정보를 입수했다. 그는 이 세기의 정치 전체를 주의 깊게 지켜본 후에, 유럽 전체를 지켜보고 각국의 군대를 판단했으며 동시대의 전쟁을 아마추어이지만 실제로 지휘했던 당사자 이상으로 깊게 연구한 후에, 거의 노인이 되어 그 자리에 앉았던 것이다. 이 사내는 전략가가 되었다. 그는 당시의 군사적인 관념을 백지로 돌려놓았다. 그는 그의 시대의 과학적 관념과 물질적 진보 외에는 어느 것도 이용하지 않았다. 그는 이들을 과거의 최고의 전력과--즉 전쟁에서 그것을 하는 것이 영원히 합리적일 수 있는 것들과-- 결합시켰다. 그는 철도의 이용에서 나폴레옹의 그 신속한 진군의 연장을 본다. 그는 침략한 나라의 모든 자원의 이용을 재개하고 완벽한 것으로 한다. 그는 필요한 곳에서 전쟁을 해서 주민들을 공포에 빠지게 하고 전체적인 사기를 떨어뜨리게 한다. 그는 첩보의 수단을 늘리며, 여론이나 재정적인 지표, 소문, 신문, 중립국의 감정 등에 귀를 기울인다... 그는 정열도 없고 천재도 없으며 그저 서류의 산더미에 갇혀 있을 뿐이다. 현실의 전쟁터는 그의 전쟁터가 아니다.

그에게 어울리는 이미지는 점령한 작은 마을의 어느 방에서 측근인 참모와 함께 작업하는 모습이다. 그가 애쓰는 것은 돌발적인 사건들의 원상회복과 **타인들의 불행을 위로해주는 것**이었다. 그는 별로 말이 없는 사내였고 마치 요새 같은 데가 있었다. 단 한번 1870년에 전보를 받은 다음에 가발을 공중에 던진 적이 있었다[옮긴이--1870년 7월 빌헬름 1세로부터 보불전쟁을 위한 동원령 결정의 통보를 받은 것을 말한다].

이 특별한 삶에서 하나의 그럴듯한 교훈을 끌어낼 수 있다. 이 삶은 우리가 독일에 대해 알고 있는 것과 완전히 일치한다. 이 정신에서 그 개인적인 특징은--말하자면 체계적인 그것은--심지어 사회주의적인 조직에까지도 등장한다. 이 냉정한 영웅에게 있어 **진정한 적은 바로 우연이다**. 그는 이 적을 쫓아내려 하며 그의 힘은 오직 방법에 존재한다. 바로 여기에서 하나의 기묘한 관념이 나온다. 방법은 진정으로 개인의 평범함을 요구하며 혹은 오히려 가장 기초적인 자질, 그러니까 인내심, 전체적인 주의력, 선택에서 까다롭지 않을 것, 열정의 부재 등에서 뛰어날 것을 요구한다. 결국 마지막에 남는 것은 지치지 않고 일하는 힘뿐이다. 이것만 확실히 확보된다면 우리들은 대단히 걸출한 인물도 능가할 수 있는 개인을 얻을 수 있는 것이다. 걸출한 인물들은 처음에는 자신의 아이디어가 뛰어나다고 생각할 것이다. 하지만 얼마 지나지 않아 아이러니한 확실성과 함께 그 한계가 보인다. 이 아이디어들은 그 적용의 과정을 통해 점차 수정되고 완전한 것이 되면서 올바른 논리를 획득하게 된다. 2류의 인물은 나폴레옹, 리 장군, 셔먼 장군 등의 경험에서 가장 확실한 교훈을 끌어낸다. 그는 그들의 행위에 냉정한 과학적 비판을 가하는 것이다. 그는 자기 자신에 의존하려고 하지 않는다. 그가 위대한 발명가들보다 강한 것은 바로 그런 이유 때문이다. 그는 방법적으로 첩경이 되는 것이나 우연한 성공 같은 것들을 배척한다. 모든 가능성을 음미하며, 급작스러운 성공을 기대하지 않고, 시간을 들여 준비하는 것을 중요하게 여긴다. 마지막으로 중요한 것은 그가 죽지 않는다는 것이다. 요컨대 그의 뒤에는 다른 2류의 인물이 있어 그가 하던 것을 이어받는다. 그가 하던 방식은 그를 계승하는 사람들에게 가장 어울리는 것이며 가장 큰 성과를 얻을 수 있는 것이다. 그가 사라지더라도 모든 것이 남는다. 이것은 국가를 위해서도 커다란 힘이 된다.

**

이러한 점들은 현대의 국가에서 인간의 위치와 그 가치에 대해 잘 설명을 해준다. 현실의 독일은 그 실천적인 결과와 그 행동 전반에 있어 타국에 대해 우월성을 보여준다. 하지만 이 우월성을 가져오는 개인들의 특질은 평범하고 일정하다. 전반적인 (능력의) 증강에는 이런 식이 가장 좋은 것이다. 독일에서 영웅의 시대는 이미 과거의 것이다. 의도적으로 그런 시대의 종지부를 찍었던 것이다. 영웅의 시대는 때로는 홍보에 도움이 되고, 어떤 어구들은 유용하게 사용될 수 있지만, 바로 이런 이유로 점점 더 과거의 것이 되어버렸다. 대철학자들은 이미 죽었으며 대학자들도 더 이상 나오지 않게 되었다.원주1) 그들은 자신의 자리를 익명의 과학, 성급한 과학, 비판적 의식도 없으며 새로운 이론도 없는 과학, 특허에만 매달리는 과학에 넘겨주었다. 그리하여 과거의 탁월한 사람들이 발견한 여러 사상事象에서 모방할 수 있는 것--모방함에 의해 후대의 평범한 사람들이 **부를 배가시킬 수 있는** 것만을 유지하게 되었다.

그런데 바로 여기에 새로움이 있는 것이다. 사회 전체가 하나가 되어 움직이는 것이다. 경합하는 에너지들이 정리가 되면서 외부로 향하게 되었다. 기업이 차례차례 설립되면서 각자가 최대의 힘을 발휘한다. 사회의 계급과 다양한 직업은 순차적으로 최대의 중요성을 보여준다. 이리하여 금세기의 역사에서 독일은 면밀하게 조정된 거국적인 계획을 향하고 있는 것처럼 보인다. 그 한걸음 한걸음이 독일의 존재를 크게 하는 것이었다. 하나의 야심에서 다른 야심으로 옮겨가면서 독일이라는 나라가 만들어졌고, 상당히 균형이 잡힌 진보가 독일의 시도 하나 하나에 인공적인 외관을 주었다. 가령 독일은 목표가 명확한 전쟁을 통해 자신의 영토를 만들었다. 거기에다 다른 나라들이 다 비정상적이라고 생각하는 무장평화를 부과하려고 한다. 그리고 전쟁의 위협을 배경으로 자신의 공업과 상업을 번창하게 한다. 그리고 독일은 군함과 상선을 동시에 만드는 것이다. 거기에다 갑자기 식민지를 가지려한다... 유명한 카롤린 제도 사건[옮긴이--제정시대에 독일이 지배하고 있던 남태평양 여러 섬 중의 하나이다]은 독일이 관련된 다른 사건들과 마찬가지로 갑작스럽게 일어난 일이었다. 그런데 이것은 거창한 계획의 아주 작은 부분에 지나지 않는다. 황제가 크루거 대통령[옮긴이--트랜스바알공화국, 지금의 남아공의 초대 대통령]에게 보낸 전보도 같은 성질의 것이었다. 영국과 전 세계는 경악을 금할 수 없었다. 사람들이 그 시점에서 알게 된 것은 트랜스바알이 이미 심각할 정도로 독일화되었다는 것이다. 사람들은 여기에서 델라게아 만과 베이라에 대한 폰 마샬 남작의 견해를 상기하게 될 것이다. 공작의 전모가 다 드러나게 된 것이다.원주2) 그리고 앞에서 말한 책도, 마찬가지로, 전 세계의 부를 향해 시도된 전쟁의 초기의 과실이라고 할 수 있는 것, 그러니까 독일제국 전체의 집약적인 발전의 비밀을 일거에 드러냈던 것이다.

오래된 대국에게 있어 전쟁은 점차 어려운 것이 되었다는 것은 이제 숨길 수 없는 사실이다. 이들 나라의 힘을 만들어낸 자질이나 위대함을 만들어냈던 수단 자체가 이제는 그 조락의 동기가 되었다. 이리하여 제품의 완벽함을 요구하는 습관, 국내 경쟁력을 강화하려는 경향, 노동자의 생활개선 등은 모두 전쟁의 장애물이 되었다... 하지만 문제는 여기에 그치지 않는다.

독일은 모든 것을 단 하나에 빚지고 있다. 그 하나의 것은 어떤 기질에게는 가장 견디기 힘든 것이다--특히 영국인이나 프랑스인에게는. 그것은 바로 **규율**discipline이다. 이것은 가볍게 여겨서는 안 되는 것이다. 이것에는 다른 이름이 있다. 지적인 분야에서는 방법이라고 불리는 것이 바로 그것이다. 나는 그것을 이미 그 이름으로 불렀다. 영국인 혹은 프랑스인도 방법을 발명할 수는 있다. 그것은 이미 입증된 바 있다. 그들은 또 규율에 복종할 수 있다. 이것도 또한 입증된 바 있다. 하지만 이들이 좋아하는 것은 다른 것이다. 규율에 복종하는 것은, 이들에게는, 항상 차선책이거나 일시적 수단 혹은 자기희생이다. 하지만 독일인들에게 이것은 삶 그 자체이다. 거기에다 독일은 국가로서는 새로운 존재라는 점도 있다. 대국의 대열에 들어오려고 하는 나라, 보다 완전한 대국이 이미 존재하는 시대에 그 나라들 사이에 들어오려고 하는 나라는--예전부터의 대국이 몇 세기에 걸쳐 구축한 것을 빠르게 모방하고, 잘 연구된 방법에 따르며, 스스로를 조직하려고 한다--말하자면 인공적으로 만들어진 도시가 항상 기하학적인 구조 위에 건설된다고 하는 것과 비슷한 이치에 따른다. 독일, 이탈리아, 일본은 이리하여 이웃 나라의 번영이나 현대의 진보의 분석이 가져온 과학적 개념 위에 만들어진, 후발의 국가인 것이다. 만약 국토의 광대함이 전체적인 계획의 신속한 시행의 장애가 되지 않았다면 러시아도 위의 사례에 속하는 나라가 되었을 것이다.

독일은 조직화나 분업이 자신들에게 잘 맞는다는 국민적 성격 그리고 오래된 대국과 어깨를 나란히 하고 나아가서는 그 나라들을 추월하려고 하는 새로운 나라라는 두 개의 얼굴을 가지고 있다. 도처에서 독일이 나라를 건설하는 과정에서 심상치 않은 에너지와 성과를 보여주었다는 것을 우리는 인정하지 않을 수 없다.

나는 독일의 국가건설의 메커니즘을 명백히 하기 위해 독일의 군사력과 경제력의 형태에서의 유사성을 지적했다. 하지만 다른 분야의 예를 보아도 같은 결론에 도달하게 될 것이다. 독일의 학문에 대해서도 같은 말을 할 수 있다. 그 분야에서도 세분화, 범주화, 규율화로 이루어진 원칙이 지식의 대상에 부과되는 것이다. 거기에서도 훌륭한 도구가 효율을 증가시키고 있다. 차례차례 전문화가 이루어지는 연구소, 수많은 문헌자료, omni re scibilis(알 수 있는 것 모두)에 대해 강의를 하는 교육, 미묘한 문제에 도전해서 생애에 걸쳐 사색에 빠져 있는 학자, 이러한 것들이 풍부한 재원을 지원하는 국가와 손을 잡고 하나의 국민적인 학문을 구성하고 있는 것이다.

우리는 방법의 문제를 이러한 추상적인 형태로 생각할 수가 있다. 방법이란 말을 들으면 모두가 생각하는 것은 어떤 상태에서 다른 어떤 상태로 이행하기 위한 일종의 레시피, 실천적인 규칙이다. 모두들 거기에서 어떤 시도의 배제와 기본적으로 필요충분한 조건 속에서 선택된 처방전의 준수라는 것을 생각한다. 이러한 생각의 저력을 오판해서는 안 된다. 이러한 방법을 사용한다면 기업의 리스크를 최소한의 것으로 억제할 수 있다는 것은 명백하다. 예상외의 것들도 예측할 수가 있다. 좋은 방법이란 있을 수 있는 모든 케이스에 대한 대답을 갖고 있는 것이다. 그리고 이 답은 사건이나 문제의 돌발성에서 최소의 영향밖에 받지 않는다. 여기에서 가장 흥미로운 것은 잘 만들어진 방법은 발명을 위한 노력에서 많은 것을 생략할 수 있도록 해준다는 것이다. 방법에 따라서, 연구에 상승효과가 생기게 된다. 가령 어느 기업인이 어떤 제품을 공급한다고 하자. 제품의 형상을 **발명하는 대신**에 그는 조사를 할 것이다. 형상은 장래에 소비자의 선호에 따라 **주어지게 될 것이다**. 이어서 그는 고용한 학자에게 과학적으로 코스트를 낮추는 연구를 하게 할 것이다 등등... 그리고 최종적으로 제품이 만들어지고 운송되고 팔리게 될 것이지만, 거기까지 가기 위해서는 거의 모든 분야의 지식의 운용이 요구되며 각각의 분야에서 고객을 상대적으로 만족시키고 제조업자를 절대적으로 만족시키기 위해 필요한 것을 차용했다는 것을 알 수 있을 것이다. 이러한 프로세스는 누구나 이해할 수 있는 단순한 것이지만 실제로 그것이 완전하고 엄밀하게 적용되는 것은 독일을 제외한 다른 나라에서는 그 예를 별로 볼 수가 없다는 것이다. 문제는, 잘 알 수 있듯이, 어떤 문제의 본질에 잘 적응해서 어떤 일이라도 소홀히 하지 않는 것이다. 이것은 논리적 문제이다. 필요한 일은 하지 않으면 안 된다. 방법을 갖지 않은 제조업자는 나쁜 삼단논법을 가져와서, 예를 들면, '제품이 좋으면 어떤 것이라도 잘 팔릴 것이므로 따라서...' 라는 식으로 주장할지도 모르지만 보다 현명한 업자는 논리와 운이라는 두 가지를 양립시킬 것을 생각하며 우량품의 정의定義를 애매함과 우연에 맡겨두는 일은 결코 하지 않을 것이다. 그는 그 정의를 고객의 마음속에서 읽으려고 한다.

독일에서는 확실히 이러한 수법은 다른 어느 나라보다 적용하기 쉽다. 나는 규율이란 말을 했다. 그것은 독일에서는 자연스럽게 갖춰지는 자질이며 규율의 힘이 인간의 위치와 행동의 전 과정을 결정하게 된다. 군대에서도, 다른 분야에서도, 각자가 할 수 있는 일을 다 해낼 수 있느냐 하는 것이 문제가 된다. 이것에는 강제가 필요하다. 개인에게 사전에 부과된 극한치라는 것은 개인적인 효율의 최대치에 바탕한 것일 터이다. 어떤 군인이 대열에 머물러 있는 것은, 그가 그 대열을 떠나게 되면, 자신의 행동이 전체적인 힘을 감축시키게 되기 때문이다. 천 명으로 무리를 만들어도 5백 명의 부대에게 이기지 못하는 일이 생긴다. 말단에 이르기까지 규율이 잘 잡혀 있고 모든 상황에 대처할 수 있도록 정비된 독일의 군대에서, 가장 놀라운 점은 각 부서가 아주 한정된 사명을 수행하도록 교육을 받는다는 점이다. 병사든 대장이든 전투의 어떤 시점에서 다른 시점까지 자신들에게 있어 좋다고 하는 일을 **수행하지 않으면 안 된다**. 각 단계에서 허용된 자유재량은 서서히 감소하도록 되어 있다. 규율에 따른 행동의 결과는 방법에 의해 얻어지는 결과와 유사한 것이 된다. 규율에 의해 개인의 노력은 증대한다. 규율은 모든 개별적인 문제에 간단하고 확실한 답을 준다. 규율은 답을 찾아야할 모든 문제에 답을 제공한다. 규율이 요구하는 것은 복종뿐으로 결코 **특별한 것을 요구하지는 않는다**. 규율은 우연의 역할을 감소시킨다.

**

독자는 아마도 내가 과장하고 있다고 비난할지도 모른다. 나의 대답은 아래와 같다. 가령 현실은--심지어 독일에서도--내가 말한 그대로 전개되지 않는다고 해도 대략 그런 방향으로 움직일 것이다. 나로서는 사람들이 이미 다 알고 있는 것을 정면에서 포착해 결론을 끌어낸 것에 지나지 않는다. 독자는 어쩌면 환상을 전혀 허용하지 않는, 한마디로 말하면 미묘한 맛이 전혀 없는, 이러한 치명적인 방법의 우위를 강변하는 것을 보고 불편해하거나 혹은 불안을 느낄지도 모른다. 하지만 나는 내 의견을 숨길 생각은 전혀 없다. 우리들은 아직 방법의 초기단계에 도달한 것에 지나지 않는다고 말하고 싶다. 나는, 가설적인 것이라고 해도 좋으니까, 방법이 담당하게 될 역할을 명백히 하고 싶다. 우리는 방법이 정치, 군사, 경제, 과학... 여러 분야에서 커다란 성과를 거둔 것을 보았다. (불평을 말하는) 이 독자는 정신의 세계에 도피한 것이다. 독자의 생각은 다음과 같은 것일 게다. 형이상학, 예술, 문학, 과학의 최고의 위치는 쉽게 지배할 수 없으며 뛰어난 사람들, 스스로의 지혜에 취한 사람들이라는 예외적인 존재에 의해 지탱되고 있는 것이라고. 예를 들면 과학적인 방법은, 학자에게 있어, 이론의 발명이나 세계의 새로운 이미지의 상상을 보증하는 것은 아니다. 이것이 기회를 확대하는 경우는 있을 것이다. 이것은 **이미** 발견된 것을 관리하는 것만이 가능할 뿐이다. 그러나 아이디어가 떠오르는 것은 미지의 통로를 더듬거나, 경험하지 못한 사건을 만나서 가능해진다. 많은 현상에 대해 이론이 만들어졌지만 우리에게 결여된 것은 이론을 만들어내는 이론이다. 문학과 예술에 있어서는 우발성이나 기원의 불가해함이나 일반적인 수법의 부재 등이 도처에서 주장될 뿐이다. 선택, 치환, 연합이라는 현상에 대해서는 철저히 의식의 바깥에 둘 뿐이다. 하지만 무언가를 시작하고 추구하는 사람들의 내부에는 반드시 무언가 방법이 창출되고 성장해간다고 나는 확신한다. 관념이나 형태를 만들어내는 모든 위대한 발명가는 각각 특별한 방법을 엮어냈다고 생각된다. 내가 말하고 싶은 것은 이러한 발명가들의 힘과 기법은 어떤 습관, 그들의 사상 전체를 구획정리하는 어떤 개념의 행사 위에 성립한다고 하는 것이다. 기묘한 점은 우리가 이러한 내적 방법의 눈에 보이는 부분을 **개성**personnalité이라고 부르고 있다는 것이다. 어쨌든 이러한 방법이 의식되고 있는가 아닌가 하는 것은 그다지 중요한 것이 아니다... 이렇게 본다면 아직 연구된 적이 없는 커다란 테마, 아직 써지지 않은 책이라고 할 수 있는 것은 '생각하는 기술'에 대한 책일 것이다. 형식논리학의 창시자들의 목적은 아마 이런 것이었을 것이다. 그러나 그들은 하나의 멋진 분석의 도구를 발견한 것뿐이다--결정적인 것을 찾아내지는 못하고 있다.

위에서 말한 책이 써졌다고 생각해보자. 이런 책이 나오지 말라는 어떠한 이유도 없을 것이다. 거기에서 생각해보자. 내가 말했던 여러 걸출한 사람들이 각자의 내밀한 방법을 사용한 후에 그러한 방법의 존재를 깨닫고(현실에 있었던 이야기다) 그것을 언어로 표현해 세상에 내놓았다고 하자. 그렇게 되면 독일이 독일 사회에 적용한 것과 같은 수법이 지적 영역에도 확산되게 될 것이다. 문학의 세계에서도 방법론적인 공동작업이, 분업을 포함한 여러 수법과 함께, 행해지게 될 것이다. 발자크가 이러한 것을 시도했었다. 예술에 있어서도 오감 하나하나에 직접 호소하고 대중의 심리적 필요 하나하나에 대응하려 하며, 자신의 작품의 관객을 직접 타깃으로 하는 예술가가 출현하게 될 것이다. 바그너가 그것을 시도했다.

그러나 이런 작품들은 천재가... 타자를 위해 출현시키는 기묘한 법칙에 의해 최고도의 수준으로 높아지게 될 것이다. 사람들이 아름답다거나 천재적이라고 할 때 그것은 타인에 대해 그렇다는 것에 지나지 않는다. 이를테면 일본은 유럽이 자신을 위해 존재한다고 생각할 것임에 틀림없다. 그리고 독일 방식의 사고방식에 따른다면 우리는 지상의 모든 평범함이 승리로 의기양양해 하는 것을 보게 될 것이다. 모든 사상事象 속에 있는 방법은 걸출한 개인이 전혀 필요하지 않다는 식의 논의를 이끌어낼 것이다, 그리고 만약 이러한 새로운 수법의 성과가 어느 것이나 오늘날의 성과보다 더 완벽하고 강력하고 쾌적한 것이라면 이 얼마나 기묘한 결과일 것인가.

과연 그럴까--나도 모르겠다. 나는 있을 수 있는 결과를 기술할 뿐이다.

===

*원주 1) 이 구절은 지워야 할 것이라고 생각한다. 아인슈타인이나 (막스) 플랑크 같은 사람이 나왔기 때문에 그 타당성이 없어졌

다. 즉, 부당한 비판이 되었기 때문이다. (저자, 1925년)

*원주 2) 1896년 1월 케이프 타운에서는 다음과 같은 노래가 불려졌다고 한다.

> Strange German faces passing to and fro
>
> What have you come for, we should live to know?
>
> Looking mysterious as you join the train
>
> Say, now, you Uhlans, shall we meet again?
>
> (이상한 독일의 얼굴들이 왔다 갔다 한다,
>
> 당신들이 무엇 때문에 왔는지, 우리는 알아야 할까?
>
> 당신들이 기차를 탈 때에도 미심쩍어 보인다.
>
> 그런데, 당신네 창기병들을 다시 만나게 되는 것일까?)
>
> [옮긴이--uhlan은 1차대전 전 독일의 창기병을 말한다]

정신의 위기

<u>첫 번째 편지</u>

우리들 문명은 이제... 우리가 죽을 운명에 처해있다는 것을 안다.

우리는 오래전부터 흔적도 없이 사라져버린 세계들, 그 민중들과 기계와 함께 바다 밑으로 사라져버린 제국들에 대한 얘기를 많이 들었다. 그 문명들은 자신들의 신과 법칙들, 학자들과 순수과학 및 응용과학, 문법과 사전들, 고전들, 낭만주의자들, 상징주의자들, 비평가들, 비평가들의 비평가들과 함께 수세기에 걸치는 이제는 탐험이 불가능한 심연 너머로 사라져갔다. 우리는 우리 눈에 보이는 세계가 재로 이루어져있고 그 재들은 뭔가를 의미한다는 것을 알고 있다. 역사의 애매한 깊이를 통해 우리는 부와 지성을 담은 채 사라져버린 거대한 선박들의 윤곽을 그려볼 수 있다. 그 수까지 셀 수는 없지만 말이다. 그런데 그들을 사라지게 했던 그 재난들은 사실 우리가 관여할 일은 아니라고 생각했다.

엘람, 니느베, 바빌론은 아름답지만 모호한 인상을 주는 이름들이었고 이 세계들의 전적인 종말은 그들의 존재만큼이나 우리에게 그다지 중요한 일이 아닌 것으로 비친다. 하지만 프랑스, 영국, 러시아 같은 나라들의 경우는... 이것들은 아름다운 이름이다. 루지타니아 또한 아름다운 이름이다[옮긴이--루지타니아는 로마 시대의 지금 포르투갈의 명칭이면서 동시에 1차대전 때 독일의 공격으로 침몰한 영국의 여객선 이름이기도 하다]. 그리고 이제 역사의 심연이 우리 모두를 포함하고도 남을 정도로 깊다는 것을 이해한다. 우리는 문명이라는 것이 개인의 삶만큼 취약하다는 것도 이해한다. 메난드로스의 작품에 닥친 운명이 키츠나 보들레르의 작품에도 일어날 수 있다는 것은 이제 충분히 생각할 수 있는 일이 되었다. 그런 상황은 이미 신문에 실리고 있으니까 말이다.

**

이것뿐만이 아니다. 이 끔직한 교훈은 더 많은 것을 담고 있다. 우리 세대로서는 어떻게 가장 아름다운 것과 가장 고대적인 것이, 가장 강력한 것과 가장 질서 잡힌 것이 **사고로 인해** 소멸할 수 있다는 것을 우리 자신의 경험으로 배운 것만으로는 아직 충분한 것이 아니다. 사유, 상식, 감정의 영역에서 우리는 놀라운 현상을 목격했다. 역설이 갑자기 사실이 되고, 명백한 사실이 잔혹하게 거짓으로 드러나기도 한다.

그러한 사례를 하나만 들겠다. 독일 국민들의 위대한 미덕은 나태가 만들어낸 악덕보다 더 많은 악을 만들어냈다. 바로 우리 눈으로 우리는 양심적인 노동, 견실한 학식, 진지한 규율과 실천이 끔찍한 목적에 맞추어 변용되는 것을 보았다.

이처럼 많은 공포는 그와 같은 미덕이 없이는 불가능했을 것이다. 의문의 여지없이 그처럼 많은 사람들, 그처럼 많은 재산, 그처럼 많은 도시를 그처럼 짧은 시간 내에 파괴하려면 그에 상응하는 과학이 필요할 것이다. 하지만 그에 못지않은 **도**

덕적 속성 또한 필요할 것이다. 그렇다면 지식과 의무에도 혐의를 두지 않을 수 없게 된다.

**

그리하여 정신적인 페르세폴리스는 물질적인 수사만큼 황폐하게 되었다.[옮긴이--페르세폴리스는 고대 페르시아의 도시. 수사는 고대 엘람의 대도시] 모든 것을 잃어버린 건 아니지만 모든 것들은 자신들이 소멸될 수 있다는 것을 깨닫게 되었다.

전례 없는 전율이 유럽의 척수를 관통했다. 유럽은 자신의 사고 중추에 있어서 이미 자신이 예전의 유럽이 아니라는 것을, 자기 자신을 잃을 수 있다는 것을, 의식을 잃을 수 있다는 것을 느끼게 된 것이다. 수세기 동안의 재난을 통해, 수천 명의 일류급의 인사를 통해, 셀 수 없을 정도로 많은 지리적, 인종적, 역사적 행운을 통해 얻은 그 의식을 말이다.

그래서 자신의 생리학적 존재와 자산을 절망적으로 방어하려는 듯이 유럽의 모든 기억은 혼란스러운 채로 다시 돌아왔다. 유럽의 위인들과 위대한 책들이 혼잡스럽게 다시 부상해왔다. 지난 전쟁만큼 많은 책들이 그처럼 열정적으로 읽혀진 적이 없다. 서점주인들에게 물어보기 바란다... 그처럼 많은 사람들이 그처럼 절실하게 기도를 한 적도 없다. 사제들에게 물어보기 바란다. 모든 구원자들, 창시자들, 보호자들, 순교자들, 영웅들, 건국의 아버지들, 용감한 성녀들, 국민 시인들이 소환되었다...

이와 같은 정신적 혼란 속에서, 이와 같은 불안의 외침 속에서 교양 있는 유럽은 수많은 다양한 사고방식들이 급속하게 부활하는 것을 지켜보아야 했다. 도그마들, 철학들, 이질적인 이상들, 세계를 설명하는 3백 가지 방법이 출몰하였으며 천1개의 다양한 판본의 기독교, 두 다스 이상의 실증주의, 지적인 빛의 스펙트럼은 유럽적 영혼의 고뇌에 기이하면서도 모순된 빛을 비추어주고 있다. 발명가들은 자신의 상상력과 이번 전쟁의 기록을 토대로 철조망을 제거하고 잠수함을 무력화시키고 비행기를 마비시킬 방법이 있는지를 미친 듯이 탐색하고 있는 한편 유럽의 영혼은 자신이 알고 있는 모든 주문을 외우면서 아주 기괴한 예언까지도 심각하게 고려하는 지경이다. 그 영혼은 기억, 과거의 행위들, 선배들의 태도 등을 통해 도피, 안내, 위안 등을 얻어내려 하고 있는 것이다. 이것은 결국 불안이 만들어낸 것으로 마치 덫에 걸린 쥐처럼 현실에서 악몽으로 가는가하면 다시 현실로 돌아오는 등 무질서한 행동을 보여준다…

군사적 위기는 이미 끝났다고 해도 좋을 것이다. 경제적 위기는 아직도 그 위세는 거센 편이다. 하지만 지적 위기는 아주 미묘한 것이고 그 본성상 아주 기만적인 외양을 보이기 쉬운 것이어서(지적인 위기는 은폐된 곳에서 일어나는 일이므로) 이 위기는 그것의 실제 상황, 그리고 그것의 **위상**을 파악하기가 쉽지 않다.

문학과 철학과 미학에 있어서 무엇이 죽었고 무엇이 살아있는지를 아무도 말할 수가 없다. 어떤 관념이나 어떤 표현 양식이 분실물 리스트에 기재될 것인지, 그리고 어떤 새로운 것이 선포될 것인지 어느 누구도 알지 못한다.

하지만 희망은 아직 남아있어서 작은 소리로 노래를 부른다.

   그리고 정신이 탐욕의 욕망에 이긴다면
   정신은 개선장군으로서 넓게 개선식을 하고 도는 게 좋을 것이다
   Et cum vorandi vicerit libidinem
   Late triumphet imperalor spiritus.

하지만 희망이란, 존재가 자신의 정신이 내리는 정확한 예상에 대해 갖는 불신감에 다름 아니다. 존재에게 별로 좋지 않은 결론은 모두 정신의 오류가 **되지 않으면 안 된다**고 희망은 암시한다. 하지만 사실은 명백하면서도 잔혹하다. 수천 명에 이르는 젊은 작가들과 예술가들이 죽었다. 유럽문화의 환상이 상실되었으며 지식이 아무 것도 구할 수 없다는 것이 예시되었다. 과학은 그 도덕적인 야심에 있어서 치명적인 것이 되어 버렸으며 그것의 응용의 잔혹함으로 불명예를 짊어지게 되었다. 이상주의는 간신히 승리했지만 깊게 상처를 받았고 그것의 꿈에 대해 책임을 지지 않을 수밖에 없게 되었다. 현실주의는 실망을 얻었으며 두들겨 맞았고 범죄와 과오에 의해 짓눌림을 당했다. 탐욕성과 체념은 똑같이 조롱을 당했다. 신앙도 서로 다른 진영이 섞이면서 십자가와 십자가, 삼일월crescent과 삼일월이 싸움을 한다. 너무나 갑작스럽고 폭력적이고 마음을 혼란시키는 사건들 때문에, 고양이가 쥐를 데리고 장난치듯이 우리를 농락하는 이런 사건들 때문에,

회의주의자들이 오히려 당황해한다. 회의주의자들은 자신의 의심을 잃어버렸다가 다시 되찾았지만 다시 잃게 되면서 그들 자신의 정신의 운동을 어떻게 사용해야 좋을지 모르게 되어버렸다.

배의 흔들림이 하도 격렬하다보니 가장 잘 매단 램프조차도 결국 뒤집히고 만 것이다.

**

정신의 위기에 심각성과 중요성을 부여하는 것은 위기가 찾아왔을 때 환자가 처한 상태이다.

내게는 1914년의 유럽의 지적 상태를 정의할만한 시간도, 능력도 없다. 그리고 누가 그런 상태를 그려야겠다고 감히 생각할 수 있겠는가? 주제가 방대한 것이기 때문에 모든 영역에 대한 지식과 무한한 양의 정보가 요구된다. 이처럼 복잡한 전체가 문제가 될 경우에는 과거를 재구성하는 것의 어려움은, 심지어 아주 가까운 과거라도, 미래를 구성하는 것의 어려움에 필적하거나 아니면 같은 수준의 어려움이 따르게 된다. 예언가는 역사가와 같은 가방 속에 들어있다고 해도 과언이 아니다. 그들은 그대로 내버려두도록 하자.

하지만 지금 내게 필요한 것은 전쟁 직전에 생각하던 것들, 그때까지 연구하던 것들, 그 당시 출판되었던 것들에 대한 막연하지만 전체적인 인상이다.

그래서 내가 모든 세부를 추상화하고 즉각적으로 얻은 인상에 자신을 한정한다면, 즉 순간적 지각이 주는 **자연스러운** 전체에 한정한다면 나는 **아무 것**도 보지 못할 것이다. 그것이 무한하게 풍부한 것이라 하더라도 역시 아무 것도 보지 못한다는 것에는 변함이 없다.

물리학자들은 백열상태의 노爐에서는 우리의 눈이 제대로 활동하더라도 아무 것도 보지 못한다는 것을 알려준다. 빛의 불균등성이 있을 수 없기 때문에 공간속의 특정한 지점을 정하기가 불가능해지기 때문이라는 것이다. 이 갇혀있는 엄청난 에너지는 불가시성, 감지 불능한 균등성에 이르게 되는 것이다. 게다가 이러한 공간의 균등성은 완벽한 상태의 **무질서** 이외의 어떤 것도 아니다.

그리고 도대체 어떤 것이 이러한 유럽적 정신에 무질서를 가져온 것인가? --바로 서로 다른 관념들, 완전히 대립되는 삶과 지식의 원칙들에 의해 교화된 모든 정신들의 자유스러운 공존이다. 바로 그것이 **현대적인** 시대를 특징지우는 것이다.

나는 '현대적'이라는 말을 '동시대적인 것'의 순수한 동의어로서 쓰는 대신에, 그것을 일반화하고, 특정한 존재양식을 부여하는 것을 아주 싫어하는 편은 아니다. 역사에 있어서 우리들, 그러니까 우리 현대인을 끼워 넣는 것이 가능한 시대와 장소라는 것이 있다면, 그 시대의 조화를 크게 해치지 않고, 진기하고 눈에 띠는 존재가 되지 않고, 충격적이고 불협화음을 불러일으키고 동화하기 어려운 존재가 되지 않는 그런 시대와 장소가 있다고 생각해보자. 우리의 등장은 그다지 센세이션을 일으키지 않으며 거기서 우리는 거의 집에 있는 것과 다를 바 없는 그런 시대와 장소를 말이다. 트라야누스 황제 시대의 로마와 프톨레마이오스 왕조 시대의 알렉산드리아가 다른 장소들보다 용이하게 우리를 받아들일 것이라는 건 명백하다. 시간상으로 그리 멀리 떨어지진 않았지만 한 민족, 단일한 문화 그리고 단일한 삶의 체계에 의해 지배된 곳보다는 확실히 그럴 것이다.

그렇다. 1914년의 유럽은 아마도 이러한 현대주의modernisme의 한계에 도달한 것이 아닌가 생각된다. 각각의 정신은 모든 의견들이 교차하는 지점이 되어버렸고 모든 사상가는 국제적인 사고들의 전시장이 되어버렸다. 거기에는 정신이 만들어낸 작품들이 있는데 그 작품들에서는 대조와 상반되는 충동들이 빚어내는 풍부함이, 그 시대의 전성기에 있어, 마치 빛의 미친 듯한 전시와 같은 것이 되어버린다. 눈은 갈수록 불타버리고 나중엔 피곤해진다.... 이러한 카니발이 가능하기 위해서, 그리고 이것이 절대적인 지혜와 인간성의 승리가 되기 위해서는 얼마나 많은 물질적 부와 얼마나 많은 노동이 필요했고 얼마나 많은 세기 동안 탐색이 이루어지고 얼마나 많은 이질적인 삶이 결합되어야만 했을까?

**

이 시대의 책에서는--아주 한심한 종류의 책이 아니라면--별로 어렵지 않게 다음의 사실을 발견할 수 있다. 러시아 발레의 영향이 있고, 파스칼의 우울한 스타일이 있으며, 공쿠르적인 유형을 많이 발견하게 되며, 니체적인 것이 있는가하면, 랭보적인 것도 있고, 회화와의 친근한 관계가 만들어낸 효과가 있고, 때로는 과학의 출판물의 어조를 발견하기도 한다--전체적으로는 평가하기 쉽지는 않지만 어딘가 영국적인 향취가 있다!... 그런데 이러한 혼합물을 구성하고 있는 요소들 중 하나에서 우리는 뭔가 다른 **육체**가 있다는 것을 알 수 있다. 그것을 추적하는 건 별로 의미가 없다. 그건 아마도 내가 앞에서 말한 현대주의를 반복하는 것이 될 것이고 유럽적 정신의 전 역사를 다시 구성하는 것과 같은 것이 될 것이다.

**

지금 바젤에서 쾰른에 이르고 뉴포르의 모래땅, 솜강의 습지, 샹파뉴 지방의 백악白堊, 알사스의 화강암에 접하는 그런 높은 곳, 마치 엘시노어 성의 테라스와 같은 이런 높은 곳에 서서 유럽의 햄릿은 수백만의 유령을 바라보고 있다.[옮긴이--뉴포르 Nieuport는 벨기에 플랑드르 지방의 항만도시. 솜Somme 강은 프랑스 북쪽의 강. 엘시노어는 "햄릿"의 무대인 덴마크 왕궁이 있는 장소]

하지만 그는 지적인 햄릿이다. 그는 진실의 삶과 죽음에 대해 명상한다. 유령을 위해 그는 우리들의 모든 논쟁의 주제를 가지고 있으며, 후회를 위해 우리들의 모든 영광의 지위를 가지고 있다. 그는 발견과 지식들의 무게에 짓눌려 그 모든 활동을 재개하는 것이 불가능하다. 그는 과거를 재개하는 것의 권태에 대해 생각하고 항상 혁신을 하고자하는 그 광기에 대해서도 생각한다. 그는 두 개의 심연 사이에서 헤매고 있는데 이 두 위험은 세계를 위협하는 것이었다. 그것은 다름 아닌 질서와 무질서이다.

햄릿이 하나의 해골을 가지고 있다면 그것은 유명한 해골일 것이다.--누구의 것인가Whose was it? 그것은 레오나르도의 것이다.[옮긴이--앞 문장 원문은 영어임. 레오나르도 다빈치에 대한 언급] 그는 하늘을 나는 인간을 발명했다. 그러나 하늘을 나는 인간은 발명자의 의도에 완전히 부합하지는 않았다. 거대한 백조의 등을 타고 나는 큰 새il grande Uccello sopra del dosso del suo magnicecero는 우리 시대에는 뜨거운 날에 길거리 포장도로에 뿌리기 위해 산꼭대기의 눈을 가지러 가는 것과는 다른 목적을 가지고 있다. 그리고 또 하나의 두개골은 영구 평화를 꿈꾸던 라이프니츠의 것이다. 그리고 **이것은 칸트이다. 그가 헤겔을 낳았고, 헤겔이 마르크스를 낳았으며, 마르크스는 다시 누군가를 낳을 것이다...**

햄릿은 너무도 많은 해골로 인해 어떻게 해야 할지 모른다. 그런데 그가 이 모든 것을 다 버린다면!... 그는 혹시 그 자신이기를 관두는 것이 아닐까? 그의 명석한 정신은 전쟁에서 평화로의 이행에 대해 생각한다. 이것은 평화에서 전쟁으로의 이행에 비해 더 애매하고 더 위험하다. 모든 사람들이 고통을 겪게 된다. 그는 생각한다. "그리고 나는? 유럽의 지식인인 나는? 나는 무엇이 될 것인가?... 그리고 평화는 무엇일까? **평화는 아마도 사람들 사이의 자연스러운 적대감이 전쟁에서의 파괴로 나타나는 것이 아니라 창조를 통해 나타나는 그런 상태를 말하는 것이다.** 평화는 창조적인 경쟁관계와 생산의 전투의 시대이다. 하지만 나는 이미 생산하는 데 지치지 않았는가? 나에게는 이미 극단적 시도에의 욕구가 소진되었으며 혼합의 지혜를 이미 남용해버린 것은 아닐까? 힘든 의무와 초월적인 야심을 제쳐놓아야 하는 것이 아닐까? 유행을 따라서 살면서 지금은 커다란 신문사를 운영하는 폴로니어스처럼 하는 것이 좋은 것이 아닐까? 항공산업에 종사하는 레어티스처럼 하는 것이 좋은 것이 아닐까? 아니면 러시아 이름을 쓰면서 이상한 일을 하고 있는 로젠크란츠처럼 하는 것은?

안녕, 유령이여! 세계는 더 이상 널 필요로 하지 않는다--나도 필요로 하지 않는다. 세계는, 진보의 이름에 치명적인 정확성의 경향을 부여하는 세계는 삶의 혜택에 죽음의 장점을 결합시키려 한다. 일종의 혼란이 아직 우리를 지배하고 있지만 시간이 좀 지나면 모든 것이 명확해질 것이다. 우리는 마침내 동물의 사회라는 기적이 도래하는 것을 보게 될 것인데 그건 완벽하고 결정적인 개미집과 같은 것이다.

두 번째 편지

나는 지난번 편지에서 평화는 사랑과 창조의 행위가 자신의 길을 가도록 하는 일종의 전쟁이라고 말했다. 그러므로 제대로 된 전쟁보다 더 복잡하고 애매한 것인데 그건 마치 삶이 죽음보다 더 애매하고 심원한 것과 같다.

하지만 평화의 기원과 그 초기 단계는 평화 그 자체보다 애매한 것으로 그건 마치 생명의 수태와 기원이, 일단 만들어지고 환경에 적응한 후의 육체의 기능보다 더 신비스러운 것과 같다.

오늘날 모두가 이러한 신비의 존재를 실제적인 감각으로써 느끼고 있다. 몇몇 사람들은 틀림없이 자신들의 내적 존재가 적극적으로 이 신비의 일부임을 느끼고 있을 것이다. 그리고 아마도 명확하고 섬세하고 풍부한 감수성을 가진 어떤 사람은 그 자신에게서 우리의 운명 자체보다 더 진전된 우리 운명의 어떤 측면을 느낄 것이다.

나에게는 그런 야망은 없다. 세계의 사물들은 그것이 지성에 관계되는 한에서만 나는 흥미를 가질 뿐이다. 내겐 모든 것이 지성에 관계된다. 베이컨이라면 이러한 지성의 관념을 **우상**이라 부를지도 모른다. 나도 동의하지만, 그러나 이것보다 더 나은 우상을 난 찾지 못했다.

그래서 나는 평화의 수립에 대해, 그것이 지성과 지성의 사물과 관계되는 한에 있어서, 생각을 해본다. 이러한 관점은 **허위의** 것이다, 왜냐하면 그것은 정신을 다른 모든 활동으로부터 분리시키기 때문이다. 하지만 그러한 추상적인 활동과 허위화는 불가피한 것이다. 모든 관점은 허위의 것이다.

**

첫 번째 생각이 떠오른다. 문화, 지성, 걸작의 관념은 우리에게 있어 유럽의 관념과 아주 오래된 연관을 가지고 있다--아주 오래된 것이어서 우리는 거의 거기로 돌아갈 일이 없을 정도이다.

세계의 다른 지역들도 대단한 문명을 가지고 있었고 거기엔 일류의 시인, 건축가, 심지어 과학자도 있었다. 하지만 세계의 어느 지역도 이처럼 단일한 **물질적** 속성을 가진 곳은 없었다. 즉 가장 강력한 힘의 **방사**放射가 가장 강력한 힘의 **흡입**吸入과 결합된 것을 말한다.

모든 것이 유럽으로 와서 유럽에서 나왔다. 혹은 거의 모든 것이.

**

이제 우리 시대는 다음과 같은 중요한 질문을 제기한다. 유럽은 모든 영역에서 자신의 우위를 유지할 수 있을 것인가?

유럽은 **그것의 실제의 모습**이 되어버린 것이 아닐까--즉 아시아 대륙의 한 곶岬이 된 것이 아닐까?

아니면 그것이 **겉으로 그렇게 보이는 것**으로 남을까--즉 지구의 중요한 부분, 이 **구체**球體의 진주, 거대한 체구의 두뇌로 남을 것인가?

이러한 양자택일의 필연성을 보다 명확히 하기위해서 여기서 어떤 기본적인 정리定理를 한번 생각해보기로 하자.

세계 지도를 한번 보기 바란다. 사람들이 주거 가능한 공간이 표시되어 있다. 전체는 여러 지역으로 나뉘어지고 각 지역에는 일정한 인구밀도와 일정한 인간적 가치가 있다. 또한 각 지역에는 그에 상응하는 자연자원이 존재한다--비옥한 땅, 풍부한 지층, 관개가 이루어진 땅, 그리고 운송이 용이한 지역 등이 존재한다.

이러한 특성에 의해 어느 시대에도 세계의 각 지역을 분류하는 것이 가능하다. 그리하여 어느 일정한 시점에서 **지구의 상황은 사람들이 사는 여러 지역 사이의 불평등을 보여주는 공식에 의해 규정하는 것이 가능해진다.**

각 시대에 있어 다음 시대의 **역사**는 이 주어진 불평등에 의존하게 된다.

다음엔 이러한 분류가 아니라 얼마 전까지 실제로 해왔던 분류를 검토해보기로 하자. 그렇게 되면 우리는 아주 특징적인 사실, 우리가 아주 당연시해왔던 사실을 보게 된다.

아주 작은 유럽 지역이 수세기에 걸쳐 이 분류의 리스트 맨 앞자리에 있다는 사실이다. 공간적인 협소함에도 불구하고--자원이 특별히 풍부하다고 하기도 어려움에도 불구하고--맨 앞자리를 독점하고 있는 것이다. 어떤 기적에 의해 그것이 가능해진 것인가? 확실히 그 기적은 인구의 높은 질에 있을 것이다. 이 질은 적은 인구와 면적을 충분히 보충하고도 남는다. 천칭의 한 쪽에 인도 제국을, 반대쪽에 영국을 올려놓아보자. 무게가 가벼운 쪽이 내려가는 놀라운 일이 생기지 않는가!

이건 확실히 균형의 관념에 위배된다는 점에서 이상한 사태이다. 하지만 더 이상한 일이 일어날 수 있다. **이대로 계속 진행된다면 천칭은 점차적으로 반대 방향으로 기울게 될 것이라는 점이다.**

우리는 방금 전에 사람의 질이 유럽의 우위성의 결정적인 요인이라는 점을 시사한 바 있다. 난 이 질을 자세히 분석할 수는 없다. 큰 틀로 총괄하자면 적극적 탐욕성, 강렬한 무사無私의 호기심, 상상력과 엄격한 논리의 행복한 결합, 염세적이지 않은 어떤 회의주의, 체념과는 다른 어떤 신비주의 등... 이런 것들이 유럽적 정신을 움직이는 특징적인 것들이라고 이해한다.

**

이러한 정신의 단적인 예가 되면서 동시에 가장 높은 수준과 중요성을 가진 사례는 바로 그리스가 될 것이다--모든 지중해 연안지역은 유럽으로 간주되어야 한다고 본다. 스미르나와 알렉산드리아는 아테네와 마르세이유와 마찬가지로 유럽의 한 부분이다--그리스는 기하학을 창시했다. 이건 미친 짓이나 다름없는 대단한 일이다. 우리는 지금도 이런 광기가 **어떻게 가능했을까**에 대해 **논쟁을 벌일** 정도이다.

이런 환상적인 창조가 어떻게 가능했을까? 이집트인도, 중국인도, 카르데아인도, 힌두인들도 이걸 해내지 못했다는 걸 생각해보자.[옮긴이--카르데아인은 고대 바빌로니아의 카르데아 지방의 주민] 그것이 얼마나 모험적인 시도였는지, 그리스 신화에 나오는 금양털보다 훨씬 풍부하고 시적인 것이라는 걸 생각해보자. 어떤 양가죽도 피타고라스의 허벅지보다 가치 있는 것은 없다.

이건 보통 가장 양립하기 어려운 재능을 필요로 하는 시도였다. 정신의 탐험가들을 필요로 하는 것이었으며, 그들은 자신의 생각에 파묻히거나 자신의 인상에 의해 정신이 산만해지기를 거부하는 거친 조종사 역할을 해야 한다. 그들을 받쳐주는 전제의 허약함이나 그들이 탐구하는 추론의 한없는 숫자와 치밀함도 그들을 실망시키지는 못했다. 그들은 일관성 없는 흑인이나 명확하지 않은 수도승들과 일정한 거리를 유지하고 있었다. 그들은 일상적인 언어를 정확한 추론으로 변환시키는 대단히 미묘하고 가능성이 없어 보이는 일을 해내는 수완을 발휘했다. 그들은 모터와 시각적 기능의 가장 복잡한 결합을 분석했으며 이러한 것들이 어떤 언어적, 문법적 속성에 상응한다는 것을 알아냈다. 그들은 말[言]들이 마치 공간속에서 먼 곳을 보는 눈먼 사람들처럼 자신들을 유도하도록 말들을 신뢰했다. 그리고 공간 자체도 여러 세기를 거치면서 보다 풍부하고 놀라운 창조가 되었는데 그건 사고가 그 자신을 소유하게 되고 경이적인 이성과 원래적인 직관의 체계에--그것은 정의, 공리, 부명제, 정리, 문제, 부정명제 등 비교할 수 없는 도구를 제공해주었다--자신을 갖게 됨에 따라 그렇게 된 것이다.

이 주제를 제대로 다루기 위해서는 책 한권이 필요할 것이다. 여기서는 유럽적 천재의 특징적 발명 중 하나를 간단히 살펴보기로 한다. 이 사례는 다시 나의 중심적 주제로 돌아가게 해줄 것이다.

**

나는 오랫동안 유럽의 편에 섰던 그런 불균형이 **그 자신의 반작용을 통해** 그 반대 방향의 불균형으로 점차 변화하게 될 것이라고 주장했다. 이것은 내가 기본적 정리라는 거창한 이름으로 부르는 것이다.

어떻게 이러한 제안이 증명될 수 있을 것인가? 난 앞의 사례, 즉 그리스인들의 기하학의 사례를 이용할 생각이다. 나는 독자들에게 이 학문이 시대를 내려오면서 어떤 영향을 미쳤는지를 검토해보기를 요청하고 싶다. 점차적으로 아주 느리지만 아주 확실하게 기하학은 모든 연구, 지식의 획득과 관련된 분야에서 권위를 갖게 되어 다들 이것의 엄격한 절차, 치밀한 '소재matière'의 절약, 자동적인 일반화, 치밀한 방법, 대담함을 정당화하는 폭넓은 재량권 등을 빌려오게 된다. 현대의 과학은 이러한 교육을 큰 규모로 수행함에 따라 태어난 것이라 할 수 있다.

그러나 한번 태어나게 되어, 그 물질적 측면의 응용에 의해 유효성이 확인되고 보상받게 되면 우리의 과학은 힘의 수단, 물질적 지배의 도구가 되고 부의 자극제, 지상적인 자본 활용의 도구가 된다--'자기목적적인' 탐구, 일종의 예술적 활동이 아닌 것이 되어버린다. 예전에는 소비재였던 지식이 교환가치가 된 것이다. 지식의 효용이 지식을 하나의 **상품**으로 바꾸어버리고 그것에 의해, 결코 뛰어난 아마추어(애호가)에 의한 것이 아니라, '보통의 사람'의 욕망의 대상이 된 것이다.

이러한 상품은 따라서 점차 다루기가 쉬워지고 보다 소화하기 쉬운 형태로 유통되게 될 것이다. 점차 많은 고객에게 퍼지게 되어 '무역' 상품이 되며, 결국에는 모방되고 도처에서 만들어지게 된다.

그 결과 기계공학과 응용과학의 기술수준, 전시 혹은 평시에 있어서의 과학적 수단의 유무라는 관점에서 정해지던 세계 여러 지역의 힘의 차이가--그리고 유럽의 우위는 바로 그것을 바탕으로 한 것이었는데--점차 없어지게 된다.

따라서 세계의 인간이 거주 가능한 여러 지역의 등급분류는 다음과 같이 변해가고 있다. 즉 자연상태에서의 물질적인 크기, 통계적인 기본요소, 수(인구, 면적, 천연자원)가 그것만으로 지상의 지역별 등급분류를 결정하는 사태가 일어나고 있는 것이다.

따라서 중량으로는 가벼운 쪽임에도 우리 쪽에 기울었던 천칭은 서서히 우리들을 위로 끌어올리고 있는 것이다--마치 상대방의 그릇에 우리 그릇에서 무언가 신비스러운 분동을 멍청하게 옮겨버린 것처럼 말이다. **우리는 경솔하게도 수에 비례하는 힘을 상대방에게 주어버리고 만 것이다!**

**

현재 일어나고 있는 이러한 현상은 여러 나라의 내부에서 볼 수 있는 하나의 현상과도 비교할 수 있는 것이다. 이것은 문화의 전파에 관한 것으로 문화에의 접근이 점차 많은 사람들에게 가능해지고 있다는 현상이다.

이러한 문화의 확산이 가져오는 여러 결과를 예견하고 그것이 필연적으로 어떤 **퇴폐**를 가져오게 되는 것은 아닌가를 알려고 하는 것은 미묘할 정도로 복잡한 지적 물리학의 문제에 덤비는 것과 같은 것이다.

사변적인 정신의 소유자에게 있어 이 문제의 매력은 우선 첫째로 그것이 확산이라는 물리적인 사실과 유사하다는 점에 있다--이어서 사고하는 인간이 **분자**가 아니라 **인간**이라는 처음의 대상으로 돌아오자마자 이 유사가 심각한 차이로 갑자기 변화한다는 점에 있다.

물속에 떨어진 한 방울의 와인은 거의 물을 변화시키지 못하며 장밋빛깔의 연기를 피운 다음에 사라지고 만다. 이것이 물리적 사실이다. 그러나 이번에는 그처럼 사라져서 투명해진 후에 다시 **순수한** 물이 되었다고 생각한 컵 안 여기저기에서 어두운 색의 **순수한** 와인 방울이 형성되는 것을 볼 수 있다고 가정해보자. -- 이것은 얼마나 놀라운 일인가....

이러한 가나 현상[옮긴이--갈릴리의 가나 마을에서 있었던 혼인에 초대받은 예수가 물을 포도주로 바꾸었다는 성경의 이야기에서 나온 것임]은 지적이고 사회적인 물리학에서 있을 수 없는 일은 아니다. 이럴 때에 사람들은 **천재**라는 말을 사용해서 그것을 확산과 대립시키는 것이다.

**

방금 전 우리는 중력과는 역방향으로 움직이는 기묘한 천칭을 검토했다. 지금 우리는 액체계가 동질적인 것에서 이질적인 것으로, 완전한 혼합에서 선명한 분리로, 마치 자발적으로 이행하는 것을 보았다... 이러한 역설적인 이미지야말로--5천년 혹은 일만 년 이래로--**정신**이라고 불리는 것의 세계에서의 역할을 가장 단순하면서도 실제적으로 표현하고 있는 것이다.

**

그러나 유럽의 '정신'은--혹은 적어도 그것이 포함하고 있는 가장 귀중한 것은--전면적으로 확산할 수 있는 것일까? 지구 개발이라는 현상, 기술의 균등화라는 현상, 민주주의적 현상, 이런 것들은 유럽의 공민권 박탈deminutio capitus을 예견케 하는 현상이지만 과연 이것들을 운명의 절대적인 결정이라고 생각해야만 할 것인가? 아니면 이러한 것들의 위협적인 음모에 **대항하는** 모종의 자유가 우리에게는 있는 것일까?

아마도 우리는 이러한 자유를 탐구하면서 자유를 창조할 수도 있을 것이다. 그러나 이러한 탐구를 위해서는 한참동안은 전체적인 고찰을 포기하고, 사고하는 개인 안에서, 개인적인 삶이 사회적인 삶과 투쟁하는 것을 연구하지 않으면 안 될 것이다.

유럽인들 ("정신의 위기"의 노트)

폭풍우가 지나갔다. 그러나 우리는 폭풍전야와 같은 불안과 초조감에 사로잡혀 있다. 인간에 관련된 거의 모든 일들이 무섭게 불안정한 상태이다. 소멸된 것을 바라보며 우리 자신이 파괴된 것들에 의해 거의 파괴되었음을 깨닫는다. 앞으로 어떤 것이 태어날지 모르지만 두려워할 이유는 충분하다. 우리의 기대는 막연하지만 두려움은 분명하다. 두려움 쪽이 희망보다 훨씬 명확한 형태를 하고 있다. 분명히 말하면 안일한 삶이나 풍요로운 삶은 우리 손에 닿지 않는 곳에 있지만 동요와 의심은 우리 마음속에 있고 우리와 함께 있다. 아무리 지혜롭고 교양 있는 두뇌라도 도저히 이 불안을 극복하고 이 암울한 인상을 피하면서, 사회생활의 이런 불투명한 시기가 언제까지 계속될지 예측할 수는 없다.

우리는 성인이 되는 시기에 이런 엄청난 가공할 사건을 겪은 대단히 불행한 세대이다. 이 사건의 영향은 우리의 일생에 걸쳐 영향을 미칠 것이다.

이 세상의 중요한 사항 전체가 전쟁, 보다 정확하게는 전시체제에 의해 영향을 받았다고 할 수 있다. 소모가 생명의 재생 가능한 부분보다 깊은 곳에 있는 무언가를 잠식해 버렸다. 전반적인 경제 혼란, 여러 나라의 정치 혼란, 심지어 개인생활의 혼란이 어떠했는지는 여러분들도 잘 알 것이다. 곤궁, 주저, 불안의 만연이다. 그러나 그런 가운데 **정신 또한 상처를 입었다**. 정신은 실제로

혹독한 시련에 직면했다. 정신은 사람들의 정신 속에서 비명을 지르며, 자신의 무력함을 슬퍼하고 있다. 정신은 깊은 자기회의에 빠졌다.

이러한 정신이란 대체 무엇인가? 어떤 점에서, 정신은 이 세계의 현상에 의해서 영향을 받고, 고통을 겪으며, 힘을 잃고, 상처 받았는가? '정신'이란 것에 관련된 이 동정해야 할 상황, '정신'적인 사람들의 이 곤궁, 고뇌는 어디에서 오는 것인가? 지금, 우리가 말해야 하는 것은, 바로 거기에 대해서이다.

**

인간이란 고립된 동물이면서 다른 모든 것에 대립해 온 기묘한 생물이다. 다른 모든 것 위에 서게 하는 것은 그 **꿈(몽상)**으로… 그가 품는 꿈의 강도, 연결, 다양성에 의해 그렇게 되는 것이다! 그 꿈은 심상치 않은 효과로 이루어진다. 그것은 그의 본성까지 바꿀 만한 것이지만, 그뿐만 아니라 그를 둘러싼 자연까지도 바꾸어 버리는 힘이 있다. 그는 지치지도 않고 자연을 자신의 꿈에 따르도록 한다.

내가 말하고 싶은 것은 인간은 부단히, 필연적으로 **존재하지 않는 것**을 염두에 두고 **존재하는 것**과 대립하는 존재라는 것이다. 인간은, 묵묵히 해내는 나날의 노력에 의해서, 혹은 천재의 발동에 의해서, 자신의 꿈에 현실계가 가지는 힘과 정밀함을 부여하려고 한다. 다른 한편으로, 현실계에 서서히 큰 변경을 가해서 현실계를 자신의 꿈에 접근시키려고 한다.

다른 생물은 외적 변화에 의해서밖에 탈피나 변신에 이르지 못한다. 그들은 적응하는 것이다, 즉 그들의 생존의 필수적 성격을 보존하기 위해 모습을 바꾸는 것이다. 그럼으로써, 그들은 환경과 균형을 이룬다.

그들은 내가 아는 한 그 균형을 자연스럽게 깨는 습성 같은 것은 없다. 가령 동기도 없고, 외적인 압력이나 요구 없이, 자신이 적응했던 기후를 벗어나는 일은 없다. 그들은 생존에 적합한 것을 맹목적으로 추구하지만 더 나은 상태를 향한 충동을 느끼지는 않는다. 보다 좋은 상태라는 것은 생존에의 적응이란 면에서 반역일 수 있으며, 자칫 잘못하면 최악의 상태가 될 수 있다.

하지만 인간은 내부에 환경과의 균형을 깨려는 충동을 갖고 있다. 인간은 자기 안에 품고 있는 것에 만족하지 않는 무언가를 품고 있다. 인간은 시시각각 변모한다. 인간은 욕구나 욕구의 만족으로 이루어진 하나의 **폐쇄 체계**를 구성하지 않는다. 인간은 만족하면 거기에서 만족감을 뒤엎을 만한 무언가 과잉의 힘을 끌어낸다. 몸과 몸의 욕구가 충족되자마자 안의 깊은 곳에서 뭔가가 작동하기 시작해 인간을 은밀하게 초조하게 만들고, 괴롭히고, 명령하고, 내몰고, 움직인다. 그것이 '정신'이란 것이며, 아무리 길러내도 결코 소진되지 않은 여러 문제들을 그 안에 내포한 '정신'이란 것이다....

정신은 영원히 우리 내부에서 묻는다. 누가, 무엇을, 어디에서, 언제, 왜, 어떤 방법으로, 라고. 정신은 과거를 현재로, 미래를 과거로, 가능태를 현실로, 이미지를 사실에 대치한다. 정신이란 앞서는 것이면서 동시에 뒤처지는 것이다. 구축하는 동시에 파괴하는 것이다. 우연이자 계산이다. 정신은 존재하지 않는 것과 동시에 존재하지 않는 것에 제공되는 도구이다. 그리고 정신은 결국 내가 언급한 꿈들의 신비로운 작가auteur이다....

인간은 어떤 꿈을 꾸었는가?... 그리고 여러 꿈 중에서 현실화된 것은 어떤 꿈이었는가, 어떻게 꿈이 현실이 되었는가?

우리 내부, 그리고 우리 주위를 살펴보자. 도시를 둘러보자, 혹은 몇몇 책들의 페이지를 대충 넘겨보자. 더 나아가 우리 마음속을 들여다보고 그 가장 자연스러운 운동을 관찰하는 것이 좋을지도 모른다...

우리는 많은 이상한 일들을 원하거나 신이 나서 상상하곤 한다. 더구나 그런 소원은 오래 전부터 있는 법이다. 인간은 언제까지나 그러한 염원을 계속 안고 있는 것처럼 보인다... 다시 한 번 "창세기"를 읽어 보면 좋을 것이다. 『성서』 처음부터, 최초의 정원에 발을 들여놓았을 때부터 지식의 꿈, 불사의 꿈이 나타난다. 생명의 나무와 지식의 나무가 가져다주는 아름다운 열매는 우리를 끌어당긴다. 몇 쪽 뒤에는 같은 성경책 속에 하나로 묶여 경이로운 탑의 건설에 힘을 모으는 인류의 꿈이 나온다. "그들은 하나의 민중이었고, 같은 언어를 가지고 있었다." 우리는 여전히 그러한 사태를 꿈꾸고 있다.

성경에는 여기에 물고기에 잡아먹힌 다음 광활한 바다 속을 자유자재로 돌아다닐 수 있었던 어떤 예언자의 이상한 이야기도 나온다....

그리스인 중에는 비행기 같은 것을 자기 손으로 직접 만든 영웅들이 있다. 짐승 길들이는 법을 터득한 자들, 기적의 말로 산을 움직이며 일종의 경이로운 원격조종으로 바위를 움직여 신전을 짓는 자들이 있다.

원격조작을 한다, 돈을 만들어 낸다, 금속을 변질시킨다, 죽음을 극복한다, 미래를 예측한다, 인간이 비집고 들어갈 수 없는 곳에 침입한다, 세계의 양극에 대해 이야기하고, 눈을 부릅뜨고, 귀를 기울인다, 우주의 별들을 방문하다, 영구운동을 실현한다 등등, 수없이 많은 꿈을 우리는 꾸어 왔으며 그 리스트는 끝이 없을 것이다. 그러나 이들 꿈의 총체는 하나의 불가사의한 프로그램을 구성하며, 그 실현이 인류 역사에 부과되고 있는 것처럼 보인다.

물질적인 것이든, 정신적인 것이든, 보편적인 정복과 지배의 계획은 모두 거기에 기록되어 있다. 우리가 **문명, 진보, 과학, 예술, 문화**라고 부르는 것은... 모두 이 비범한 꿈의 생산과 관계되고 직결되어 있다. 이러한 모든 꿈은 우리에게 부여된 유한한 실존의 소여 모든 것에 맞선다고 할 수 있다. **우리는 자발적으로 자신의 생존 영역을 바꾸려는 동물의 한 종이다.** 우리의 꿈은 각각 우리 삶의 초기 조건의 무엇인가에 대항해 키워진 것이며, 그런 관점에서 꿈의 일람표, 계통 분류를 만들 수 있을 것이다. 중력을 거스르는 꿈도 있고, 운동의 법칙을 거스르는 꿈도 있다. 공간을 거스르는 꿈도 있고 지속을 거스르는 꿈도 있다. 편재능력ubiquité, 미래예측, 회춘의 샘 등도 다양한 과학적 명칭 아래 여전히 꿈으로서의 명맥을 유지하고 있다.

마이어의 원리[옮긴이--Julius Robert Mayer는 독일의 물리학자]를 거스르는 꿈도 있고, 카르노의 원리[옮긴이--카르노Carnot는 프랑스의 물리학자]를 거스르는 꿈도 있다. 생리학을 거스르는 꿈도 있고, 민족에게서 받은 것과 그 숙명을 거스르는 꿈도 있다. 인종 간 평등, 영구세계 평화 등도 그런 꿈들이다... 모든 꿈의 일람표를 만들어 그것을 바라보았다고 하자. 우리는 바로 실현된 꿈의 표를 만들어 비교해 보고 싶을 것이다. 각각의 꿈의 반대편에 그것을 실현하기 위해서 행해진 것을 적는다. 그리고 예를 들어 한 칸에 공중을 나는 꿈과 이카로스의 이름을 쓰면 그 꿈의 실현을 적는 란에는 레오나르도 다빈치나 아데르나 라이트 같은 유명한 이름과 그 후계자들의 이름을 적을 것이다. 나는 이런 예를 얼마든지 들 수 있고, 도저히 모든 것을 다 쓸 시간은 없을 것이다. 이루지 못한 꿈, **환멸**의 표도 만들어야 할 것이다. 그 중 어떤 것은 결정적으로 단념된 것들--원적법이라든지, 무에서 에너지를 창출하는 방법 등이다. 다른 것들은 여전히 우리가 희망을 가져야 마땅하다.

그러나 되돌아가야 하는 것은 실현된 꿈의 표이다. 이 표에 관해서 독자의 주의를 환기하고 싶다.

이 표, 영광스러운 표를 바라보면 우리는 이런 말을 할 수 있을 것이다. 즉, **이들 실현된 꿈 중에서 가장 수가 많고, 가장 의표를 찌르고, 가장 풍요로운 것은 인류의 극히 제한된 부분에 의해 거주 가능한 지표의 총체에서 보면 극히 작은 영토에서 실현되었다는 것**이다.

유럽이야말로 바로 이 특권적인 장이며, 유럽인, 유럽인이야 말로 그러한 경이로운 꿈의 실현에 있어 최대의 공로자인 것이다.

그렇다면 이러한 유럽이란 무엇인가? 그것은 옛 대륙의 한 곳과 같은 것이며 아시아 서쪽의 돌기물이다. 그것은 자연의 상징으로서 서쪽을 향하고 있다. 남쪽은 유명한 바다에 접해 있다. 그 바다의 역할은, 그 기능이라고 해야겠지만, 지금 여기서 화제가 되고 있는 유럽 정신을 기르는 데 대단히 적합한 것이었다. 그 바닷가에 온 민족은 모두 상호 침투를 이루었다. 그들은 서로 상품을 교환하고, 무기를 부딪쳤다. 그들은 항구와 식민지를 만들었다. 그곳에서는 단순히 교역의 대상뿐 아니라 신앙과 언어, 풍속과 기술의 획득까지 교환 대상이 되었다. 현재의 유럽이 오늘날의 모습이 되기 전부터 지중해는 그 동쪽 해역에 일종의 전前 유럽적 모습을 출현시키고 있었던 것이다. 이집트와 페니키아는 우리가 나중에 세우게 되는 문명의 선구자였다. 이어 그리스, 로마, 아라비아, 이베리아반도 사람들이 왔다. 우리는 이 찬연한 소금물 주위에 지상의 가장 중요한 신들과 위인들이 배출되는 것을 보게 된다. 호르스, 이시스, 오시리스, 혹은 아스타르테와 카비르 신들, 혹은 팔라스, 포세이돈, 미네르바, 넵튠 등등이 다투어 이 바다를 지배했다. 그리고 이 바다는 성 바울의 기묘한 생각의 요람이 되었으며 보나파르트의 몽상을 키우게 되는 것이다....

그러나 그 해안가에는, 많은 백성이 벌써 혼합하고, 충돌하고, 서로 배우고 있었지만, 세월이 거듭됨에 따라, 더욱 많은 백성이 그 하늘의 빛과 태양을 타고난 삶의 아름다움과 특별한 강렬함에 매료되어 왔다. 켈트인, 슬라브인, 게르만 등 여러 종족이 이 가장 고귀한 바다의 매력에 사로잡혔다. 일종의 저항하기 어려운 **향성**向性이 수세기 동안 작용했고, 이 멋진 형태를 한 바다를 보편적 욕망의 대상으로 삼았고 인류 최대의 활동무대로 삼았던 것이다. 경제 활동, 지적 활동, 정치 활동, 종교 활동, 예술 활동 등 모든 활동이 이 내해 주변에서 이루어졌거나 적어도 생겨난 것으로 생각된다. 유럽 형성의 선구적인 현상을 볼 수 있는 것은 그곳이었으며, 역사 시기 이후에 인류가 두 그룹으로 나뉘어 점차 상호간의 거리가 멀어졌다면 그 출발점 역시 거기에 있었다. 한쪽은 지표의 압도적으로 큰 부분을 차지하면서 그 관습, 지식, 실력에서 정체하면서 진보가 멈추거나 혹은 거의 지각할 수 없는 정도로밖에 진보하지 않는다.

다른 한 쪽은 항상 불안에 사로잡혀 끝없는 탐구에 몰두한다. 교환은 다방면에 걸쳐 증대되었고, 더할 나위 없이 다양한 문제가 내부에서 제기되어 삶의 방법, 아는 방법, 성장하기 위한 방법이 비정상적인 속도로 세기에서 세기로 축적되어 갔다. 이윽고 실증적인 지식이나 힘의 차이가 세계의 다른 부분과는 동떨어지게 커져, 모종의 균형의 파괴가 일어나는 결과가 되었다. 유럽은 밖으로 나가게 되고 영토의 정복에 나선다. 문명이 원시적 침략을 혁신하고 운동의 방향을 역전시킨다. 유럽은 자신의 땅 위에 최대한의 삶, 최대한의 지적 풍요성, 최대한의 부와 야심을 달성했다.

정신적·물질적 양면의 모든 사상의 교환으로부터, 모든 인종의 의식적 혹은 무의식적인 협력으로부터, 그리고 **극히 한정된 영토 내에서의** 다양한 종교·정체·이해의 경합으로부터 생겨난 강대한 유럽은 내 눈에는 마치 모든 가치 있는 상품이 진열되어 비교되고, 가격 교섭되며, 매도되는 시장에 필적할 만한 활기찬 장소로 비친다. 그것은 마치 모든 학설, 발상, 발견, 교조가 동원되어 평가받고, 평가가 요동치며 가차 없는 비판의 대상이 되거나 끊임없는 열광의 대상이 되는 주식거래장의 일종이다. 머지않아 가장 먼 곳에서 온 상품이 이 시장에 넘쳐난다. 한편 미국과 오세아니아, 아프리카의 신천지로부터, 또 극동의 제국에서 유럽으로 원재료가 운반되어 유럽만이 알고 있는 기술에 의해 놀라운 생산품으로 가공된다. 한편, 오랜 아시아의 지식, 철학, 종교가 어느 시대에나 유럽이 배출하는 향학심에 눈을 뜬 지식인들의 정신을 윤택하게 하는 것이다. 그 강력한 지적 기계는 동방에서 온 개념 중 다소라도 기이하게 생각되는 개념을 가공하고, 그 깊이를 검증하고, 거기에서 이용 가능한 요소를 추출하는 것이다.

이리하여 우리의 유럽은 지중해 시장이라고 할 만한 것을 출발점으로 해서, 하나의 거대한 공장이 된다. 원료를 가공하는 이른바 공장일 뿐만 아니라 비길 데 없는 지적 공장이기도 하다. 이 지적 공장은 도처에서, 모든 정신적 사상을 받아, 그것들을 스스로의 무수한 기관에 배분한다. 어떤 이는 모든 신기함을 희망과 탐욕으로 받아들이며 그 가치를 과장해 보이기도 한다. 혹자는 저항하고, 새로운 것의 침입에, 기존 부의 광휘와 견고함을 대치한다. 신기함의 획득과 기존 것의 보존 사이에 일종의 유동적인 균형이 부단히 모색되지만 동시에 비판정신이 항상 작용해 양측의 활동을 견제하고 우위에 서려는 쪽의 관념이 가차 없이 시련에 빠진다. 쌍방의 기능 조절을 지상명령으로 하면서 양쪽 모두 가차 없는 시련, 음미를 겪게 되는 것이다.

우리의 사고는 발전해야 하고 동시에 보존되어야 한다. 사고는 극단에 의해서만 전진하지만, 존속하는 것은 평균적인 것에 의해서이다. 극단적인 질서는 자동성自動性이지만, 그것은 사고의 패배가 될 것이다. 극단적인 무질서는 사고를 더 신속하게 나락으로 이끌 것이다.

이리하여 서서히 유럽은 거대한 하나의 도시처럼 만들어졌다. 유럽은 자신들의 박물관, 정원, 작업장, 실험실, 살롱을 갖게 되었다. 유럽은 베니스, 옥스퍼드를 만들었고 세비야, 로마, 파리를 갖게 되었다. '예술' 도시, '과학' 도시를 건설해, 기예나 공예가 뛰어난 도시가 되었다. 유럽은 작아서 짧은 시간에 한 바퀴를 돌 수 있다. 그 시간은 머지않아 문제도 안 될 것이다. 유럽은, 그런데도, 그 안에 모든 기후를 포함할 정도의 크기는 된다. 극히 다양한 문화나 토양의 질을 포함할 만한 정도의 확장이 있는 것이다. 물리적 관점에서 보면 유럽은 인간성의 발전에 적합한 기질과 여건이 갖추어진 자연의 걸작이다. 인간은 이 땅에서 자라 유럽인이 되는 것이다. 나는 유럽과 유럽인이라는 말에 지리적, 역사적 의미를 넘어선, 이른바 **기능적인** 의미를 부여한 것이니 이를 용서해주기 바란다. 이러한 말의 남용을 잠시 용서해 준다면 나는 더욱이 이런 의미의 유럽이란 모종의 다양한 인간성과 그 발전에 특별히 적합한 위치에 의해 만들어진 체계와 같은 것으로, 그것이 유별나게 파란만장하고 활력 있는 역사로 육성되어 오늘에 이른 것이라고 하겠다. 이런 여러 상황의 결합의 산물이 유럽인인 것이다.

인류의 다른 단순한 유형과 비교하면서 이 인종을 검토할 필요가 있다. 이것은 사실 일종의 괴물이다. 기억의 양이 엄청나고 축적도 방대하다. 엄청난 야심은 지식과 부에 대한 끝없는 탐욕을 낳았다. 과거 어느 시대에 나름대로 세계를 정복한 경험이 있고 오늘날에도 카에사르나 카를5세나 나폴레옹의 재래를 꿈꾸는 나라에는 흔히 있는 일이지만, 유럽인의 마음속에는 모종의 자존심, 희망, 그리고 언제라도 고개를 들 수 있는 회한의 마음이 있다. 모든 분야에서 수많은 경이로운 발명과 행복한 모험을 경험한 대륙답게 유럽인도 과학적 정복과 창업에 대한 끊임없는 꿈을 갖고 있어 모든 생각을 하지 않을 수 없다. 그는 빛나는 추억과 과대한 희망 사이에서 살고 있다. 때론 비관적이 되더라도 내심 페시미즘이야말로 그동안 일급의 작품을 만들어내는 원동력이었다고 다시 생각한다. 심적 허무에 빠지는 대신 그는 절망감에서 노래 하나를 짓는다. 그는 거기에서 때로는, 하나의 강력하고 경탄할 만한 의지의 힘, 인간과 인생에 대한 경멸에 뿌리를 내린, 역설적인 행동에의 의욕을 끌어낸다.

**

그렇다면 유럽인은 누구인가?

**

여기서 나는 엄밀한 검증에는 견디기 힘든 것을 일단 가설로서 세우면서 그에 필요한 충분한 유보와 완전한 신중함으로 하나의 정의를 시도할 것이다--이제부터 내가 독자에게 제시하려는 것은 논리적 정의가 아니라는 것을 염두에 두기 바란다. 그것은 하나의 시각이고 관점이므로 이 밖에도 마찬가지로 타당한 견해가 얼마든지 있음은 물론이다.

그런데, 나에게 있어서, 유럽인이란, 지금부터 기술할 세 개의 것의 영향을 역사적으로 몸에 받은 모든 사람을 말한다.

처음에는 로마의 영향이 있었다. 로마 제국이 지배한 곳, 그 힘을 몸소 느낀 곳, 또 로마 제국이 공포, 찬탄, 선망의 대상이 되었으며, 로마의 검의 압력이 느껴졌던 곳, 제도나 법률의 중량감이 받아들여진 곳, 사법의 기구나 존엄이 인지되고 본보기가 되어 때로는 기묘한 형태로 그를 모방한 곳--그러한 곳에는 모두 어딘가 유럽적인 것이 있다. 로마는 조직화되고 안정된 권력의 영원한 모델이다.

이 위대한 승리의 원인이 어디에 있는 것인지 난 영문을 모르겠다. 이제 와서, 이유를 찾아도 소용없을 것이고, 만약 로마를 답습하지 않았다면, 유럽은 어떻게 되었을까 같은 걸 물어도 소용이 없을 것이다.

우리에게 중요한 것은 사실이다. 이 미신을 믿으면서도 이지적인 권력, 법률적이고 군사적이며 종교적이고 형식주의적인 정신에 물든 이 기묘한 권력, 정복한 민족에게 관용과 좋은 행정의 이점을 설파한 최초의 권력, 그러한 권력이 실로 많은 인종과 세대에 놀랍고 지속적인 영향을 남겼다는 사실뿐이다.

다음으로 기독교가 도래했다. 주지하다시피 그것은 로마제국의 판도에 조금씩 침투해 갔다. 기독교인이 이주하기 전까지는 기독교화 되지 않았던 신세계를 제외하고, 또 그 영토의 대부분에서 로마법이나 카에사르의 제국의 영향을 받지 않은 러시아를 제외하면, 기독교가 전파된 범위는 오늘날에도 거의 정확히 과거 로마제국의 판도와 일치한다. 이 완전히 다른 두 개의 지배에는, 그렇지만, 모종의 유사성이 있다. 그리고 우리에게는 그 유사성이 중요한 것이다. 로마인의 정치는 시대에 따라 점차 유연하고 교묘해진다. 중앙권력의 약화와 비례하면서, 즉 제국의 판도가 넓어지고 제국 내부의 불균질성이 높아지는 것과 관련이 있는 것인데, 이 과정에서 한 민족이 다른 여러 민족을 지배하는 시스템에 놀라운 새로운 방법이 도입된 것이다.

제국의 수도 로마는 내부에 거의 모든 종교를 수용하고 변방의 신들, 가장 다양한 신들·신앙을 받아들여 뿌리내리도록 했다. 마찬가지로 제국 정부는 로마라는 이름의 위광에 자신을 가지고 있었기에 판도의 모든 인종·언어의 백성에게 로마의 도시의 자격을 부여하고 로마 시민civis romanus의 칭호와 특권을 부여하는 데 인색하지 않았다. 이리하여, 같은 로마이므로, 신들은 한 부족, 한 지방, 한 산, 절, 마을에 부속되는 것이 아니라 편재하는 것이 되어, 어떤 의미에서 공통되게 되었다--또 인종이나 언어, 승자와 패자, 정복자와 피정복자의 구별도, 모든 사람에게 걸쳐 정식화되면서 법적 정치적 조건에 자리를 양보하기에 이르렀다. 황제 자신이 골루아인이든 사르마티아인이든 시리아인이든 상관없게 되어, 먼 이교의 신들에게 희생을 바치는 것도 허락되었다.... 이는 엄청난 정치적 혁신이다.

그러나 기독교는 성 베드로의 말에 따르면 로마에서 흔히 생각지 않았던 희귀한 종교 중 하나였음에도 불구하고 유대국가에서 나온 기독교는 이 모든 백성으로 구성된 이교도(gentil잔티) 속으로 퍼져나갔다. 로마가 어제까지의 적에게 로마 제국 시민의 자격을 부여한 것처럼, 기독교는 세례를 통해 기독교도라는 새로운 존엄을 수여한 것이다. 기독교는 점차 라틴의 지배권으로 확산돼 제국의 도시들을 흡수해 갔다. 이제는 그 행정구분까지도 채용하였다(5세기에 키비타스civitas라고 칭해진 것은 주교시主敎市를 말한다). 기독교는 로마에서 차용할 수 있는 것은 모두 차용했으며 총본산을 예루살렘이 아닌 로마에 두었다. 언어도 차용했다. 보르도 태생의 인물도 로마 시민이 되고 집정관이 될 수 있었으며 신新종교 기독교의 사제가 될 수 있었다. 제국의 지방장관이 된 골루아인이 순수한 라틴어로 유대인이자 헤로데 왕의 백성이었던 신의 아들 예수에게 아름다운 찬송가를 쓰는 것이다. 거기에는 거의 완성된 유럽인의 모습이 있다. 공통의 법에 공통의 신, 같은 법에다 같은 신, 현세에 하나의 심판이 있으면서 내세에 하나의 '심판'이 있다.

그러나 로마의 지배가 정치적 인간만을 파악하고 사람들을 외적 습관의 측면에서만 다루던 것에 비해, 기독교 지배는 점차 의식의 깊은 곳을 사정권에 두고 수중에 넣기 시작했다.

나는 기독교가 **본래 보편적 방향으로 풀어줘야 할**, 인간의 의식에 끼친 심대한 영향을 측정해보고 싶은 생각은 털끝만큼도 없다. 그것에 의해서, 유럽의 형성이 어떠한 특수한 변형을 받았는지에 대해서도 무언가를 시사할 생각은 없다. 내겐 기껏 표면만을 대충 훑어보는 정도의 여유밖에 없다. 게다가 기독교의 영향은 잘 알려진 사실이다.

**

그 영향의 특징을 몇 가지 짚고 넘어가고 싶은 것인데, 우선 기독교는 **주관적** 도덕관을 가져왔다는 점이 있다. 특히 도덕의 통일성을 중시한 점이다. 이 통일성이 로마법이 가져온 법적 통일성에 병치되는 셈이다. 쌍방에서 이루어지는 분석이 결과적으로 여러 방면에 통일성을 가져오는 결과가 된다.

한 걸음 더 나아가자.

새 종교인 기독교는 내성을 요구한다. 인도인들이 그들 나름의 방식으로 이미 몇 세기 전부터 해 온 내면생활을 서구인에게 가르친 것은 기독교라고 할 수 있다. 알렉산드리아의 신비가들도 오래전부터 내면생활을 그들 나름대로 인지하고, 감득하고, 심화시키고 있었다.

기독교는 인간 정신에 더없이 미묘한, 더할 나위 없이 중요하고도 풍요한 문제를 제기했다. 증언의 가치라든가, 문서의 비판적 고증이라든가, 지식에 따라 온 원천·확실성이라든가, 이성과 신앙의 구별이라든가, 신앙과 행위·봉사 사이의 모순이라든가, 자유·예속·은총이라든가, 정신적 권능과 물질적 권능의 구별과 쌍방의 갈등이라든가, 인간의 평등이라든가, 여성의 조건이라든가--아직 여러 가지가 더 있겠지만--그러한 문제에 대해 기독교는 수세기에 걸쳐 수백만 명의 사람들의 정신을 교육시키고, 분발하게 했으며, 시행착오를 일으키도록 했던 것이다.

**

하지만 이 상태로는 아직 완전한 유럽인은 아니다. 유럽인이 되기에는 아직 뭔가 부족하다. 우리의 공적 질서에 대한 감각과 도시 및 현세의 법 지배에 대한 숭배에 의해 뒷받침되고 있는 매우 중요한 것이 결여되어 있다. 그것은 우리 영혼의 깊이, 절대적 이상의 개념, 영원한 정의의 감각 같은 것이 아니다. 우리에게 결여된 것은 우리 지성의 가장 좋은 요소이며, 우리 지성의 섬세함과 견고함에서 비롯되는 미묘한 그리고 강력한 작용 요인이다. -- 그리고 우리는 예술과 문학의 청결함, 순수함, 품격의 **차별성** distinction을 지니고 있다. 지금 열거한 것과 같은 **미덕**이 우리에게 초래되도록 해 준 것은 역시 그리스 덕이다.

여기서도 역시 그런 역할을 맡은 로마제국을 칭찬해야 한다. 이 제국은 정복되기 위해 정복했다고 할 수 있다. 그리스에게도, 기독교에게도 그 영향이 증대하는 대로 평정되고 조직화된 광대한 판도를 제공한 것이다. 제국은 기독교적 관념과 그리스 사상 각각이 전파하기 위한, 그리고 흥미로운 혼합물을 만들기 위한 거푸집을 마련했으며, 그 자리를 제공했던 것이다.

그리스로부터 우리가 물려받은 것은 아마도 우리를 세계의 다른 부분으로부터 가장 크게 차별화시킨 것일 것이다. 우리는

'정신'의 규율, 모든 분야에서 완벽을 추구한 남다른 모범을 그리스로부터 전수받는다. 모든 것을 인간에게, 총체적으로 인간과 연결짓는 사고방식을 우리는 계승하고 있다. 인간은 인간에게 있어서 **참조 체계**가 되고, 모든 것은 그 체계와 관련지을 수 있다는 생각이다. 그러므로 인간은 인간의 모든 부위를 발전시켜, 명쾌하고 가능한 한 눈에 보이는 형태의 조화 속에서 보존해야 하는 것이다. 인간은 자신의 몸과 정신을 발전시켜야 한다. 정신에 대해서도 스스로의 판단을 면밀히 비판하고 분석함으로써, 그리고 정신의 기능들을 합리적으로 구분하고 여러 가지 형태를 조절함으로써 그 지나침, 몽상, 막연하고 단순한 상상에 빠지는 것을 경계하게 될 것이다.

이러한 규율이 있었기에 과학이, '우리'의 과학이 탄생한 것이다. 그것은 우리 정신의 가장 특징적인 산물이자 가장 확실하고 개성적인 산물이다. 유럽은 무엇보다 과학의 창시자이다. 예술은 어느 나라에나 있지만 진정한 과학은 유럽에만 있는 것이다.

아마도 그리스 이전에도 이집트와 카르데아에 일종의 과학이 존재했다고 할 수 있다. 그리고 그 성과라 할 수 있는 것들은 오늘날까지도 주목할 만하다. 그러나 그것은 **불순한** 과학으로 특정 직종에 관련된 기술에 지나지 않거나, 경우에 따라서는 과학적이라고 생각하기 힘든 선입견을 내포한 경우도 있었다. 관찰은 어느 시대에나 존재했다. 추론도 항상 이뤄졌다. 그러나 이러한 중요한 요소가 가치 있는 확실한 성과를 낳기 위해서는, 다른 요소가 그 운용을 망치는 일이 없는 한에서이다. 우리 과학을 구축하기 위해서는 한 가지 비교적 완벽한 모델이 제기되고 최초의 제품이 이상적인 형태로 제시되어야 한다. 그 최초의 제품은 모든 정밀도, 보증, 미, 견고함을 구현하고 있으며, 그 자체로 순수한 과학의 개념 그 자체, 다른 것이 전혀 들어가지 않는 개념을 결정적으로 규정하게 될 것이다.

**

그리스 기하학이야말로 완벽을 지향하는 모든 지식의 불멸의 모델이었을 뿐만 아니라 유럽 지성의 가장 전형적인 특성을 보여주는 비길 데 없는 모델이었다. 나는 고전 예술에 대해 생각할 때, 좋든 싫든 그리스 기하학이라는 기념비를 생각한다. 이 기념비의 구축에는 가장 보기 드문 재능과 더불어 통상적으로는 공존 불가능한 자질의 협력이 필요했다. 기념비를 구축한 사람들은 근면하고 명민한 장인, 심원한 사상가, 그리고 섬세하고 완벽함에 대한 날카로운 감각을 갖춘 작가들이었다.

일상 언어를 엄밀한 추리에 사용하기 위해 그들이 이뤄낸 **믿기 어려울 정도로** 어렵고 미묘한 작업에는 어느 정도의 의지의 힘이 필요했는지 생각해 보면 좋을 것이다. 운동과 시각이 복잡하게 얽힌 문제에 대해 그들이 이룬 분석을 생각해 보면 좋을 것이다. 이 문제에 대해서도 이들은 언어의 특성, 문법의 특성을 고려해 정확한 대응관계를 찾는 데 성공했다. 이들은 이 문제를 확실하게 공간에 도입하기 위해 말과 그 조합에 전폭적인 신뢰를 보낸 것이다. 이후 그 공간은 하나가 아니라 복수가 됐다. 공간의 개념이 예상보다 다양해졌다. 하긴 예전에는 엄밀해 보였던 기하학 자체도 그 결정체 속에 여러 불순물을 노출하기에 이르렀다. 더 엄밀히 따져본 결과, 그리스인들이 한 가지 공리를 보고 있는 곳에서 우리는 한 다스의 공리를 헤아리게 되었다.

그들이 도입한 기준의 하나하나에 다른 것들 몇 개를 대치함으로써 하나의 정합적인 기하학, 때로는 물리적 사용에 견딜 수 있는 기하학이 획득될 수 있음을 우리는 알고 있다.

그러나 이 거의 장엄한 형식을 가져오게 한, 그 기도의 일반성에 있어서 이렇게도 아름답고 순수한 혁신성을 생각해 보지 않으면 안 된다. 정신의 작용에서도 이 훌륭한 구분, 그러니까 이성의 작용 하나하나에 명확한 장소를 부여해 다른 기능과 뚜렷이 구별하게 하는 경탄할 질서의 감각을 생각하지 않을 수 없다. 거기에는 모든 요소가 시각으로 파악되고, 모든 요소가 각각 기능을 충분히 발휘되도록 만들어진 부동不動의 기계machine statique, 카테드랄의 구조를 연상시키게 하는 면이 있다.

눈은 부하를, 부하의 지지를, 부하의 각 부위를, 전체와 전체의 균형을 보고 제대로 세워진 총량을 분할해 문제없이 납득한다. 총량의 규모와 강도는 그 역할과 용적에 정확히 대응하고 있는 것이다. 원기둥, 주두, 대륜, 주상구조와 그 세부사항, 그에 꼭 맞는 형태로 연역적으로 도출되는 장식, 그것들은 나로 하여금 순수과학에서 그리스인들이 생각한 구성요소, 정의, 공리, 부명제, 정리, 계통, 파생명제, 문제 등을 생각하게 한다. 구성요소란 곧 표면화된 정신기계로서 완전히 묘사된 지성의 구조를 말하며

'말'에 의해 '공간'에 세워진 카테드랄이다. 다만 이는 영원히 건립되는 카테드랄이긴 하지만.

**

이상이 내가 생각하는 진정한 유럽인, 유럽의 정신이 그 안에서 제대로 체현하고 있는 인간을 정의하는 세 가지 기본 조건이다. 카에사르, 가이우스, 트라야누스, 베르길리우스의 이름이, 모세나 성 바울의 이름이, 아리스토텔레스나 플라톤이나 유클리드의 이름이 동시에 하나의 의미와 권위를 가진 곳이 바로 유럽이다. 로마화, 기독교화, 정신적으론 그리스인의 규율에 몸을 맡긴 모든 인종, 모든 토지는 절대적으로 유럽이라 할 수 있다.

3개의 각인 중 1개 내지 2개의 각인밖에 받지 않은 사람이나 장소도 있다.

그렇게 보면 서구 국가 및 중앙유럽 국가들을 하나로 묶어 일체화하는 것은 인종이나 언어나 국적과는 분명히 다른 특징에서 비롯된다는 것을 알 수 있다. 그 나라들의 공통된 관념이나 사고방식의 수는 우리가 아랍인이나 중국인과 함께 가진 관념의 수보다 많은 것이다.

요컨대 이 지상에는 인간적인 견지에서 볼 때 다른 여러 장소와는 근본적으로 구별되는 한 지역이 존재한다는 것이다. 세력이나 엄밀한 지식의 영역에서 유럽은 오늘날까지도 지상의 다른 지역보다 더 무게를 갖는다. 아니, 더 나은 것은 유럽이 아니라, 유럽의 '정신'이다. 미국도 거기에서 생겨난 가공할만한 새로운 세력이다.

유럽 정신이 지배하는 곳에는 반드시 최대한의 **욕구**, 최대한의 **작업**, 최대한의 **자본**, 최대한의 **능률**, 최대한의 **야심**, 최대한의 **세력**, 최대한의 **외적 자연의 변형**, 최대한의 **관계 및 교환**이 출현한다.

이 최대한의 집합이 유럽 혹은 유럽의 이미지다.

한편 이러한 것이 형성되는 조건, 이러한 놀라운 불평등이 발생하는 조건은 분명히 개인의 자질, '유럽적 인간Homo europeus'의 평균적 자질과 관련되어 있다. 유럽인이란 것이 인종이나 언어나 관습에 의해서가 아니라, 여러 가지 욕망, 의지의 강인함 등에 의해 정의된다는 점을 주목해야 할 것이다 등등......

정신의 정치학--우리의 주권적인 선善

나는 여러분들에게 오늘 우리가 살고 있는 무질서의 이미지를 환기시키려 한다. 정신이 이 무질서를 알아보고 어떠한 반응을 보이는가, 정신이 그 성질에서부터 이 무질서에 저항할 필요를 느끼고, 자신의 능력과 무력을 점검한 후에, 이 무질서에 대해 그것이 가져온 혼돈chaos에 대해 명확한 표상을 얻으려고 할 때, 그 반성이 어떠한 형태를 취하는가 하는 것에 대해 나는 말하려고 한다.

하지만 혼돈의 이미지도 역시 혼돈이다. 그러므로 무질서에서 출발할 수밖에 없는 것이며 나로서는 여러분들이 우선 이 무질서에 대해 생각해주기를 바랄 뿐이다. 여기에는 어느 정도의 노력이 필요하다. 왜냐하면 우리들은 현대의 무질서에 대해 결국 익숙해지기 때문이다. 우리는 무질서 속에서 살고, 숨쉬고, 그걸 선동하며, 때로는 먹고 살 양식으로 삼으면서 살고 있다. 무질서는 우리 주변에도, 내부에도 있다. 신문, 일상생활, 우리의 일상 활동, 오락, 지식 속에까지 있다. 무질서는 우리를 움직이게 한다. 우리 자신이 만들어낸 것인데도 불구하고 언젠가는 우리를 우리가 알지 못하는 곳으로 혹은 원하지 않는 곳으로 데려갈 것이다.

결국 우리의 작품이라고 할 수 있는 현재의 상태는 필연적으로 그에 상응하는 미래를 갖고 있을 것이지만 그 미래를 상상하는 것은 전혀 불가능한 것이어서, 이것은 그야말로 전대미문의 사태라고 해야 할 것이다. 이 절대적인 새로움은 우리가 살고 있는 시대 자체가 갖고 있는 새로움에서 온 것이다. 우리에게는 과거로부터 미래를 위한 길잡이가 되는 것, 개연성이 높은 어떤 이미지를 연역하는 것도 이제 가능하지 않다. 왜냐하면 이 수십 년 사이에 우리는 과거를 희생해서(이것은 과거를 파괴하고 논박하며 철저히 변모시켰다는 것을 말하는 것이지만) 새로운 사태를 단련하고 구축하고 조직했기 때문이다. 그 가장 큰 특징은 과거에 어떤 선례나 사례가 존재하지 않는다는 것이다.

예전에 이토록 심대하고 급격한 변화를 경험한 적은 없었다. 지구 전체가 구석구석까지 정밀 조사, 탐사, 개발, 나아가 영유되기에 이르렀다. 가장 먼 곳에서 벌어진 일이 순식간에 알려지게 되었다. 물질이나 시간과 공간에 관한 우리의 관념과 권능이 지금까지와는 전혀 다르게 포착되고 이용되게 되었다. 아무리 심원하고, 현명하며, 박식하다 하더라도 현재 조금이라도 미래를 예측하는 그런 위험을 무릅쓰는 사상가나 철학자, 또는 역사가가 있을까? 그렇게 커다란 잘못을 저지른 뒤에도 우리가 더 신뢰해야 할 정치가와 경제학자가 있을까? 우리는 이제 전쟁과 평화, 포식과 기아, 승리와 패배....이런 것들을 명확히 구분조차 할 수 없다. 그리고 우리 경제는 **교환의 상징체계**의 무한한 발전과 가장 원시적인 체계, 미개인의 체계, 물물교환 체계로의 예기치 않은 복귀 사이를 시시각각 요동치고 있는 형국이다.

**

때때로, 이렇게 명암과 성패가 분명한 사물이나 인간관계를 생각할 때, 나에게는 일찍이 바다 속에서 경험했던 어떤 감각이 되살아난다. 몇 년 전 나는 어느 함대의 손님이 된 적이 있다. 툴롱을 떠나 브레스트로 가는 함대였는데 어느 날씨가 좋은 날 낮 무렵에 갑자기 안개에 쌓이면서 바위가 많은 일 드 상의 위험수역으로 들어갔다. 6척의 장갑함과 30척의 작은 배와 잠수함으로 구성된 함대는 곳곳에 암초가 있는 수역에서 갑자기 오도가도 못하게 된 것이다. 아주 작은 충돌만으로도 이처럼 중무장하고 포문을 갖춘 성채는 **방향을 전환해야 했을** 것이다. 그것이 주는 인상은 놀라운 것이었다. 이처럼 무서울 정도로 기계화되어 있고, 지식과 용기와 훈련을 겸비한 해병대원들에 의해 조종되며, 최첨단의 기술이 제공하는 힘과 정밀도를 빠짐없이 갖춘 함선이, 돌연 항행 불능 상태가 되어, 불안한 채로 대기할 수밖에 없게 된 것이다. 그것도 해상에서 발생한 약간의 수증기 때문에 말이다.

이러한 모순은 우리 시대가 우리에게 제기하는 모순에 비견할 만하다. 우리는 지식으로 무장하고 다양한 힘을 가지고 있지만, 우리가 개발하고 조직한 세계 속에서 맹목적이고 무력한 것이다. 이 세상의 복잡성에 우리는 두려움을 느끼게 된다. 정신은 이 혼란을 가속시키며 그것이 배태하는 것을 예측하고 혼돈 속에 겨우 존재하는 흐름, 미래의 사건이 될 수 있는 어떤 교차점을 낳는 여러 선線을 식별하려고 한다.

정신은 어떤 때에는 과거 속에 자신이 알고 있는 것이어서, 문명생활에 불가결하다고 생각되는 것 가운데 중요한 것을 찾아내 보존하려고 한다. 또 다른 때에는, 모든 것을 백지화하고, 인간 세상의 새로운 시스템을 구축하려고 한다.

한편, 정신은 자신에 대해 반성하고, 자신의 존재조건(그것은 동시에 성장의 조건이기도 하다)을 생각하며, 자신의 미덕과 권능 그리고 재산--즉 스스로의 자유와 발전과 심화를--위협하는 위험에 대해서도 생각하지 않으면 안 된다. 이상의 두 가지 사항을 음미해 보면 여기에서 내가 막연히 **정신의 정치학[정책]** politique de l'esprit이라는 불가사의한 이름으로 부른 것이 무엇인지 알 수 있을 것이다.

**

내가 의도하는 바는 문제의 소재를 밝히는 것이지 문제를 규명하는 것이 아니다. 문제의 영역은 워낙 광범위해서 모든 것을 논하고 싶어도 할 수 없고, 가까이 다가가 보면 볼수록 문제는 단순명쾌해지기는커녕 더욱 복잡기괴해질 뿐이다. 아주 표면적으로라도 활동의 전 영역, 권력이나 지식에 관한 전반을 탐색해 보면, 각각의 단계에서 정신적인 위기가 일어나고 있는 것을 알 수 있다. 경제의 위기, 과학의 위기, 문학·예술의 위기, 정치적 자유의 위기, 풍속의 위기... 세부적으로는 들어가지 않도록 하겠다. 여기서는 간단히 이런 상황의 가장 특이한 특징 중의 하나를 끄집어내서, 지적하는 데 그칠 생각이다. **눈부신 기술적 자본을 갖고 있고, 실증적인 방법론에 뒷받침되면서, 절대적인 힘을 발휘하는 현대의 사회라는 것이 그 정치[정책], 도덕, 이상, 민법이나 형법 등에 있어 스스로가 창시한 생활양식이나 모종의 과학정신의 발전과 그 범지구적인 전파에 의해 인류에게 점차 부과되어 온 사고양식에 제대로 적응하는 것을 만들지 못했다는 것이다.**

**

오늘날 여러 과학의 기초를 혁신하고 언어의 특성이나 사회생활의 제도나 형태의 기원을 규명하는 근대의 비평적 정신을 다소나마 익힌 사람이라면 누구나 모든 개념이나 원칙, 일찍이 **진리**라고 일컬어지던 것이 모조리 조속한 재평가나 수정, 개정의 대상이 되고 있다는 데 동의할 것이다. 모든 행위가 이미 시대에 뒤떨어졌고, 모든 법률이 성문·불문을 막론하고 이제는 정곡을 찌르지 못하고 있는 것이다.

누구든지 암묵적으로 헌법이나 민법의 대상이 되고 있는 인간, 정치의 의도나 흥정의 대상이 되고 있는 인간--시민, 선거권자, 피선거권자, 납세자, 피의자 등--은 현대의 생물학이나 심리학, 혹은 정신의학의 개념에서 정의되고 있는 인간과는 아무래도 같지 않다는 것을 알고 있다. 거기에서, 우리의 판단에 있어서의, 기묘한 모순과 분열이 일어난다. 우리는 같은 사람에 대해 책임이 있다고 하거나 책임이 없다고 말하기도 한다. 때에 따라 채용하는 가설 여부에 따라 법적으로 생각하는지 혹은 객관적으로 생각하는지에 따라, 책임이 없다고 판단하기도 하고, 유책이라고 판단하기도 한다. 마찬가지로 많은 사람들에게 신앙과 무신론, 감정면에서의 무질서와 판단 면에서의 질서의 교리가 공존하는 것을 본다. 우리들의 대다수는 같은 문제에 대해서 복수의 사고방식을 가지고 있고, 그러한 사고방식은 때때로 감정이 가는 대로 별 어려움 없이 교체되어 다른 판단을 내린다.

이것이 바로 하나의 **위기적 국면**phase critique을 나타내는 확실한 징표이다. 우리의 관념에서 모순된 것의 공존과 행위에서의 부정합에 의해 정의되는, 우리 내면 깊은 곳의 모종의 무질서를 나타내는 징표이다. 우리 시대의 인간은 서로 알지 못하는 다양한 경향과 사상에 젖어 있다. 만약 문명의 **연령**이 그것이 내포하는 모순의 수, 조우하고 허용하는 양립 불가능한 습관과 종교의 수, 같은 머리 안에 공존하며 동거하는 철학이나 미학의 수에 의해 측정된다면, 우리 문명은 가장 원숙한 것 중의 하나임을 인정하지 않을 수 없을 것이다. 같은 한 가족 안에서 많은 종교가 실천되며 많은 민족이 결합되어 많은 정치사상이 공존하고 있는 사태, 같은 한 개인 속에서 많은 잠재적인 불화의 씨앗이 온존되고 있는 사태를 우리는 간과하지 않을 수 없을 것이다.

현대인은, 그리고 현대인으로서의 소이는 바로 거기에 있지만, 자기 사상의 희미한 불빛 속에 번갈아 전경화되어 나타나는, 많은 모순되는 요소를 친숙하게 여기며 지내고 있다. 그뿐만이 아니다. 그런 내부 모순 혹은 적대적 공존은 보통 우리의 감각 밖에 있는 것 같고, 그런 것이 존재한다는 것을 거의 깨닫지 못하고 지낸다. 그러나 다양한 신앙과 의견을 갖는 데 대한 관용과 자유는 어디서나 아주 최근의 일이며, 사람들이 이런 차이들을 교환함으로써 서로를 알게 되고 갈등을 누그러뜨리는 시대에 이르러서야 가능해졌고, 법과 습관 속에 정착했던 것이다. 반대로, 불관용이란 **순수한** 시대의 끔찍한 미덕이다...

이런 성격을 강조한 것은 내가 거기에서 현대적인 것의 정수를 보기 때문이다. 그리고 또한 여기에서 현대 세계를 하나의 측면, 하나의 척도로 보는 것의 커다란 어려움, 불가능성의 원인 중 하나를 보기 때문이다. 현대 세계의 문제를 생각하면 그건 끝이 없는 일이 된다. 그래서 역사적인 사례에 입각해 미래예측 등을 하려 해도 애당초 모든 것이 다면적이고 유동적이어서 헛일이 된다. 이미 말한 바와 같이, 인간사회에 얼마 안 되는 세월 동안 새로 도입된 새로움의 수나 그 중요도를 감안할 때, 현재 일어나고 있는 일에 대해 지금으로부터 50년 전, 백 년 전에 일어났던 일을 비교하는 것은 거의 불가능하다. 우리는 다양한 힘을 도입하여 방법을 발명했고, 전혀 다른, 무릇 예상치 못한 습관을 만들어 냈다. 우리는 지난 20세기 동안 지속되어왔기 때문에 더 이상 흔들리지 않을 것으로 여겨졌던 가치들을 무효화하고, 관념을 해체하고, 감정을 말살했다. 그러나 그러한 혁신적인 새로운 사태를 표현하기 위해 우리가 가지고 있는 관념은 너무나 낡은 것이다.

요컨대 우리는 사회적 시스템의 혼란 앞에서 아버지 세대로부터 물려받은 말이나 여러 가지 신화밖에 갖지 못하고 있는 반면 우리의 생활조건은 완전히 면목을 일신하고 있는 것이다. 새로운 조건은 지성에서 유래한 것으로, 완전히 인공적인 것이며 본질적으로 불안정한 조건이다. 왜냐하면 그것들은 시간이 지날수록 점점 숫자가 늘어나는 지성의 창조물에 좌우되기 때문이다. 따라서 **전대미문의 성공으로 정당화되는 끝없는 희망과 실패와 파국의 불가피한 결과로서의 엄청난 실망 혹은 불길한 예감**이 뒤섞인 심경에서 우리는 벗어날 수 없다.

**

이런 문제들이 나의 골머리를 앓게 한 것은 어제오늘의 일이 아니다. 이미 1895년에 쓴 글을 여기서 다시 인용할 생각은 없지만, 1919년 대전 종결 후 몇 달이 지난 시점에서 나는 이 문제에 관해 다음과 같이 썼다.

우리들 문명은... 우리는 우리가 죽을 운명에 처해있다는 것을 안다.

우리는 오래전부터 흔적도 없이 사라져버린 세계들, 그 민중들과 기계와 함께 바다 밑으로 사라져버린 제국들에 대한 얘기를 많이 들었다. 그 문명들은 자신들의 신과 법칙들, 학자들과 순수과학 및 응용과학, 문법과 사전들, 고전들, 낭만주의자들, 상징주의자들 그리고 비평가들, 비평가들의 비평가들과 함께 수세기 이전의 이제는 탐험이 불가능한 심연 너머로 사라져갔다.

우리는 우리 눈에 보이는 세계가 재로 이루어져있고 그 재들은 뭔가를 의미한다는 것을 알고 있다. 역사의 애매한 깊이를 통해 우리는 부와 지성을 담은 채 사라져버린 거대한 선박들의 윤곽을 그려볼 수 있다. 그 수까지 셀 수는 없지만 말이다. 그런데 그들을 사라지게 했던 그 재난들은 사실 우리들이 관여할 일은 아니라고 생각했다.

엘람, 니느베, 바빌론은 아름답지만 모호한 인상을 주는 이름들이었고 이 세계들의 전적인 종말은 그들의 존재만큼이나 우리에게 그다지 중요한 일이 아닌 것으로 비친다. 하지만 프랑스, 영국, 러시아 같은 나라들의 경우는...이것들은 아름다운 이름이다. 루지타니아 또한 아름다운 이름이다.

그리고 이제 역사의 심연이 우리 모두를 포함하고도 남을 정도로 깊다는 것을 이해한다. 우리는 문명이라는 것이 개인의 삶만큼 취약하다는 것도 이해한다. 메난드로스의 작품에 닥친 운명이 키츠나 보들레르의 작품에도 일어날 수 있다는 것은 이제 충분히 생각할 수 있는 일이 되었다. 그런 상황은 이미 신문에 실리고 있으니까 말이다.

이것뿐만이 아니다. 이 끔직한 교훈은 더 많은 것을 담고 있다. 우리 세대로서는 어떻게 가장 아름다운 것과 가장 고대적인 것이, 가장 강력한 것과 가장 질서 잡힌 것이 사고로 인해 소멸할 수 있다는 것을 우리 자신의 경험으로 배운 것만으로 아직 충분한 것이 아니다. 사유, 상식, 감정의 영역에서 우리는 놀라운 현상을 목격했다. 역설이 갑자기 사실이 되고, 명백한 사실이 잔혹하게 거짓으로 드러나기도 한다.

그리하여 정신적인 페르세폴리스는 물질적인 수사만큼 황폐하게 되었다. 모든 것을 잃어버린 건 아니지만 모든 것들은 자신들이 소멸될 수 있다는 것을 깨닫게 되었다. 전례 없는 전율이 유럽의 척수를 관통했다. 유럽은 자신의 사고 중추에 있어서 이미 자신이 예전의 유럽이 아니라는 것을, 자기 자신을 잃을 수 있다는 것을, 의식을 잃을 수 있다는 것을 느끼게 된 것이다. 수세기 동안의 재난을 통해, 수천 명의 일류급의 인사를 통해, 셀 수 없을 정도로 많은 지리적, 인종적, 역사적 행운을 통해 얻은 그 의식을 말이다. 그래서 자신의 생리학적 존재와 자산을 절망적으로 방어하려는 듯이 유럽의 모든 기억은 혼란스러운 채로 다시 돌아왔다. 유럽의 위인들과 위대한 책들이 혼잡스럽게 다시 부상해왔다. 지난 전쟁만큼 많은 책들이 그처럼 열정적으로 읽혀진 적이 없다. 서점 주인들에게 물어보기 바란다... 그처럼 많은 사람들이 그처럼 절실하게 기도를 한 적도 없다. 사제들에게 물어보기 바란다.

모든 구원자들, 창시자들, 보호자들, 순교자들, 영웅들, 건국의 아버지들, 용감한 성녀들, 국민 시인들이 소환되었다. 이와 같은 정신적 혼란 속에서, 이와 같은 불안의 외침 속에서 교양 있는 유럽은 수많은 다양한 사고방식들이 급속하게 부활하는 것을 지켜보아야 했다. 도그마들, 철학들, 이질적인 이상들, 세계를 설명하는 3백 가지 방법이 출몰하였으며 천1개의 다양한 판본의 기독교, 두 다스 이상의 실증주의, 지적인 빛의 스펙트럼은 유럽적 영혼의 고뇌에 기이하면서도 모순된 빛을 비추어주고 있다. 발명가들은 자신의 상상력과 이번 전쟁의 기록을 토대로 철조망을 제거하고 잠수함을 무력화시키고 비행기를 마비시킬 방법이 있는지를 미친 듯이 탐색하고 있는 한편 유럽의 영혼은 자신이 알고 있는 모든 주문을 외우면서 아주 기괴한 예언까지도 심각하게 고려하는 지경이다.

그 영혼은 기억, 과거의 행위들, 선배들의 태도 등을 통해 도피, 안내, 위안 등을 얻어내려 하고 있는 것이다.

이것은 결국 불안이 만들어낸 것으로 마치 덫에 걸린 쥐처럼 현실에서 악몽으로 가는가하면 다시 현실로 돌아오는 등 무질서한 행동을 보여준다.

군사적 위기는 이미 끝났다고 해도 좋을 것이다. 경제적 위기는 아직도 그 위세는 거센 편이다.

하지만 지적 위기는 아주 미묘한 것이고 그 본성상 아주 기만적인 외양을 보이기 쉬운 것이어서(지적인 위기는 은폐된 곳에서 일어나는 일이므로) 이 위기는 그것의 실제 상황, 그리고 그것의 위상을 파악하기가 쉽지 않다.

문학과 철학과 미학에 있어서 무엇이 죽었고 무엇이 살아있는지를 아무도 말할 수가 없다. 어떤 관념이나 어떤 표현양식이 분실물 리스트에 기재될 것인지, 그리고 어떤 새로운 것이 선포될 것인지 어느 누구도 알지 못한다.

하지만 희망이란, 존재가 자신의 정신이 내리는 정확한 예상에 대해 갖는 불신감에 다름 아니다. 존재에게 별로 좋지 않은 결론은 모두 정신의 오류가 되지 않으면 안 된다고 희망은 암시한다. 하지만 사실은 명백하면서도 잔혹하다. 수천 명에 이르는 젊은 작가들과 예술가들이 죽었다. 유럽문화의 환상이 상실되었으며 지식이 아무 것도 구할 수 없다는 것이 예시되었다. 과학은 그 도덕적인 야심에 있어서 치명적인 것이 되어 버렸으며 그것의 응용의 잔혹함으로 불명예를 짊어지게 되었다. 이상주의는 간신히 승리했지만 깊게 상처를 받았고 그것의 꿈에 대해 책임을 지지 않을 수밖에 없게 되었다. 현실주의는 실망을 얻었으며 두들겨 맞았고 범죄와 과오에 의해 짓눌림을 당했다. 탐욕성과 체념은 똑같이 조롱을 당했다. 신앙도 서로 다른 진영이 섞이면서 십자가와 십자가, 삼일월crescent과 삼일월이 싸움을 한다. 너무나 갑작스럽고 폭력적이고 마음을 혼란시키는 사건들 때문에, 고양이가 쥐를 데리고 장난치듯이 우리를 농락하는 이런 사건들 때문에, 회의주의자들이 오히려 당황해한다. 회의주의자들은 자신의 의심을 잃어버렸다가 다시 되찾았지만 다시 잃게 되면서 그들 자신의 정신의 운동을 어떻게 사용해야 좋을지 모르게 되어버렸다.

배의 흔들림이 하도 격렬하다보니 가장 잘 매단 램프조차도 결국 뒤집히고 만 것이다. [옮긴이-"정신의 위기"에서의 인용]

**

 사태는 1919년 이래 크게 달라지지 않았다. 이전에 쓴 것은, 지금도, 꽤 정확하게 현재의 불확실성과 불안을 잘 드러내고 있다고 생각한다. 그러나 이 무질서와 혼돈의 구도에 현재 무언가 덧붙이지 않으면 안 되는 것이 있다면, 이러한 사태를 인정하면서 동시에 그 당사자로서 사태를 감수할 수 없지만 부정할 수도 없는 것, 그 본래의 성질상 스스로를 분리·분할하지 않고는 안 되는 것에 대해서 써보려고 한다. 즉, 그것은 **정신**이다.

 이 정신이라는 이름을 사용한다고 해서 내가 어떤 형이상학적 실체를 의미하는 것은 전혀 아니다. 내가 의미하는 바는 지극히 단순하게 말하면 하나의 **변환할 수 있는 힘**이다. 우리는 이 힘을 다른 모든 것에서 분리해서 생각할 수 있다. 그것은 우리들의 주위에 영향을 미쳐, 우리를 둘러싼 환경을 변화시키는 것이지만, 그 일하는 방식은 이미 알고 있는 자연 에너지의 작용과는 꽤 다른 곳에서 구해야 한다. 왜냐하면 자연 에너지와는 반대로 그 작용은 주어진 에너지를 대립시키거나 결집시키는 데 있기 때문이다.

 이런 대립 혹은 결집의 결과로 시간을 절약할 수 있고, 우리 자신의 힘을 절약할 수 있으며, 힘이나 정밀도, 자유와 생명의 시간의 증대를 시도할 수 있다. 알다시피 정신은 형이상학과는 무관하게 그 작용을 자세히 관찰함으로써 명쾌하게 정의할 수 있다. 이렇게 보면 정신이란 순전히 객관적 관찰의 총체를 말하자면 상징적으로 나타낸 것이라고 말할 수 있다.

✳✳

　그 힘이 실현하는 어떤 종류의 변형이 보다 높은 어떤 영역을 정의한다. 정신은 단지 본능이나 생존에 필수적인 욕구를 만족시키는 데 행사되는 것이 아니다. 정신은 우리의 감수성에 대해서도 행사된다. 시인과 음악가는 이들이 갖는 정감을 비애와 고뇌에 이르기까지 각각의 예술 기교를 사용해 시나 음악 등의 작품으로 변형해, 그들의 감각 생활 전체를 보존하고 전파하는 수단으로 바꾼다. 이런 변형작용만큼 경탄할 만한 것이 있을 수 있을까? 고통을 작품으로 바꾸었듯이, 정신은 인간의 여가를 놀이로 바꿀 수 있었다. 정신은 소박한 놀라움을 호기심으로, 지식욕으로 바꾼다. 짝짓기의 재미가 단서가 되어 추상도가 높은 학문이 생겨나기도 한다. 기하학을 낳은 사람들은 아마도 자신들이 재미삼아 하는 계산이나 도형에 특별한 흥미를 품은 사람들이며, 자신들이 빠져든 이 소일거리가 언젠가 세계의 체계를 설명하고 자연의 법칙을 발견하는 데 뭔가 도움이 될 것이라고는 생각지 않았다.

　마찬가지로 이러한 변형력을 갖춘 정신의 힘의 특수한 응용을 통해, 두려움으로부터 놀라운 산물이 나오기에 이르렀다. 두려움이 수많은 신전을 건립하다가 마침내 수많은 멋진 돌들의 기도처, 뜻깊고 장려한 건물로 탈바꿈한 것이다. 그것들은 아마도 인간의 미와 의지에 대한 최고의 표현일 것이다. 이리하여 정신은 영혼의 정동, 여가, 꿈에서 고도의 가치를 만들어냈다. 정신은 바로 현자의 돌, 물심양면에 걸친 일체의 것을 전환·변화시키는 동인agent이다.

**

 정신을 정의하는 데 사용한 이 성격, 그리고 지금 나타낸 사례에 따라 나는 다음과 같이 말할 수 있을 것이다. 인간의 정신은 인간을 하나의 **모험**으로 이끌었다고. 그 모험을 통해 인간은 점차 원래의 생존 조건과는 동떨어진 것을 지향하게 되었다. 마치 인간에게는, 다른 본능들이란 모두 생명체를 같은 지점, 같은 상태로 되돌리려 하는데, 그러한 움직임에 역행하는 하나의 역설적인 본능이 갖춰져 있는 것처럼.

 이것, 그러니까 이 이 불가사의한 본능이, 어떤 의미에서 우리 실존의 환경을 변혁시키려 하며, 동물적 삶의 단순한 배려의 영역을 극단적으로 벗어난 활동으로 치닫게 하는 것이다. 이 본능은 여러 가지 새로운 욕구를 낳아 인공적인 욕구를 증가시켰고, 내가 말하는 자연스러운 본능을 바탕으로 생명체 유지에 필요한 몇 가지 침針 곁에(본능instinct의 원래 의미는 침aiguillon이다), 많은 다른 자극을 도입했다. 이 본능이 낳은 것으로서 특필해야 할 것은 경험을 축적하는 욕구이며 경험을 결집하고 고정하며, 그것을 기초로 해서, 사상 체계를 만드는 것이고, 또 경험을 현재의 밖으로 투사해 아직 도달하고 있지 않은 지점에서 삶을 파악하는 것 혹은 이미 존재하고 있지 않는 지점으로부터 삶을 끌어내려는 그러한 사고방식이다.

 말하는 김에 인류의 발명으로 가장 주목에 값하는 것 하나에 대해서 말하는 것을 용서해주기 바란다(덧붙이면 그것은 오늘에 비롯된 것은 아니다). 이건 특별한 것이 아니라, **과거와 미래**의 발명에 대한 소회이다. 이는 당연하다고 할 만한 자연스러운 개념은 아니다. 자연상태의 인간은 동물과 마찬가지로 순간을 산다. 자연을 가까이하고 있으면 있을수록 과거나 미래가 인간의 내부에 구축되는 경우는 적다. 동물들은 아마도 최소한의 과거와 최소한의 미래 사이에 있을 때에만 살아 있다고 느끼지 않을까. 욕망을 그 욕망이 충족될 때까지 유지하거나, 욕구를 느낄 때에서부터 그것을 충족시키는 행위가 이루어지기까지의 짧은 기간 동안의 과거와 미래, 그것뿐이다. 그 시간은 기점에 하나의 흥분의 감각이 있으며 종착점에 대응하는 가까운 미래에 신체 반응이 있는 것처럼, 그런 긴장 내지 행위의 순간으로 환원된다. 아마 그 시간 내에 여러 사건이 개입될 가능성이 있지만, 흥분된 감각이 그 흥분을 진정시키는 행위를 야기할 경우 그것은 항상 **최단거리를 지향**한다.

인간에게서는 그 사정이 다르다. 어떤 종류의 증폭작용을 통해 순간을 상상력으로 일반화하고, 일종의 일탈에 의해 **시간을 창조하며**, 스스로의 반응의 시간차 바로 앞 또는 저쪽에 다양한 전망을 만들어낸다. 뿐만 아니라 인간은 **순간과 약간의 관계만 갖고 살 뿐이다**. 인간이 살아 있는 것은 주로 과거 내지 미래에서이다. 인간이 현재를 견지하는 것은 쾌락이나 고통 등의 감각에 의해서, 강제되었을 경우뿐이다. 그리고 보면 인간에게는 **존재하지 않는 것을 끊임없이 필요로 한다**고 할 수 있을 것이다. 이것이야말로 동물에게는 없는 조건이며 생명에는 반드시 필요한 조건은 아니라는 의미에서 완전히 인공적인 조건이다. 아마도, 이러한 (시간의) 전개는 인간에게는 자주 유용할 수 있다. 그러나 그러한 유용성 자체가 어떤 의미에서 자연에 반하는 것이다. 자연은 개인을 배려하지 않는다. 인간이 자신의 실존을 유지시키거나 편안하게 한다면 그것은 **자연을 거스르는 것**이며, 그러한 인간의 행위는 정신을 삶에 대립시키는 행위 중 하나이다.

그런데 정신적 노동에 의한 예측 작업은 문명의 중요한 기초 작업의 하나이다. 예측은 크고 작은 모든 기도[사업]의 기원이자 수단이다. 그것은 또한 모든 정치의 근간으로 간주되고 있다. 그것은 결국 인간의 삶에서 그 조직과 분리할 수 없게 된 심리적 요소이다. 인간 사회를 밖에서 바라보는 관찰자들은 인간이 대개의 경우 자신의 행동에서 가시적 대상이 없이, 마치 또 다른 세계가 존재하는 것처럼, 보이지 않는 물건이나 숨은 사람의 움직임에 따라 행동하는 것을 보게 될 것이다. **내일**이란 하나의 숨겨진 힘이다. 예는 얼마든지 있다…. 상술한 관찰자가 허심하고 눈에 보이는 것만 보는 태도로 일관하면, 예측이야말로 여러 가지 불가해한 운동의 핵심을 이루는 것임을 알 수 있을 것이다.

게다가 이런 것이 있다. 인간은 단지 순간으로부터 거리를 두는 것을 기억함에 의해 자기 자신을 분할한다고 하는 특성을 획득했을 뿐만 아니라 동시에 또 하나 주목해야 할 특성을 획득했다. 이 특성의 전개에는 확실히 개인차가 있다. 그것은 여러 가지 레벨의 **자기의식**을 획득하는 것이다. 때때로 존재하는 모든 것으로부터 멀리 떨어져 자신의 인격으로부터도 벗어날 수 있다. 자아는 때때로 자기 자신을 거의 낯선 대상처럼 바라볼 수 있다. 인간은 자신을 관찰할 수 있다(혹은 그렇게 할 수 있다고 믿는다). 인간은 자기비판을 하고 자기 제어를 할 수 있다. 그것이야말로 예전에 없었던 것으로, 내가 과감하게 **정신의 정신**이라고 지칭하는 것을 창조해 내는 시도이다.

**

이상과 같은 의미에서의 정신적 소모는 **시간차** 창출, **순수 자아**의 창출, 주체의 동일성, 기억, 인격과 대립되는 자아의 창출에 관한 관찰이지만, 인간이 자신의 내부에서 인정할 수 있는 가장 풍요로운 것에 대한 개념을 덧붙이자고 한다. 그것은 인간이 자신에게 갖추어져 있다고 느끼고, 인생에 있어서의 사변의 일체, 철학, 과학 혹은 미학의 모든 것이 거기에 의거하고 있다고 보는 **보편성**의 개념이다. 실천적인 레벨에서도 인간의 활동이나 욕망의 확대에 관해 붙잡아야 할 호기, 완수해야 할 역할, 더듬어야 할 길, 지켜야 할 주의사항 등 그러한 것은 모두 **가능태**可能態와 관련된 것으로, 그것을 손에 넣기 위한 노력, 연습, 훈련이 필요하다. 가능태란 일종의 능력인 것이다.

인간은 사색한다. 인간은 다양한 기도를 갖고 있으며 이론도 가지고 있다. 하나의 이론이란 것은 확실히 가능태의 사용이 아니면 무엇이겠는가? 앞에서 언급했던 예측이라고 하는 것도, 가능태의 사용에서 두드러진 응용의 하나가 아닐까? 그런데, 내친 김에 말해 두면, 예측에는 하나의 특별한 장르가 있다는 것을 말하고 싶다. 정신은 외부의 현상이나 사건에 대해 예측을 시도할 뿐만 아니라 스스로를 예측하려 하며, 자기 자신의 조작에 대해서도 앞서려고 한다. 자신의 주의력이 수집한 여건의 모든 결과를 헤아려 그 법칙을 파악하려 한다. 그것은 정신 속에, 무언가의 반복에 대한 혐오감(공포증phobia라고 해도 좋을 것이다)이 있기 때문이다. **우리 내부에서 반복되는 것은 결코 정신에 속하는 것이 아니다.** 정신은 절대 반복하지 않는 것을 취지로 하고 있다. 우연히 반복하는 일이 있다 하더라도, 정신은 반복을 혐오한다. 정신은 언제나 논리의 일관성을 고집하며 (수학자의 표현에 따르자면) 극한치를 향해 가는, 즉 예상되는 반복을 제압하고 초극하며 탕진하려 한다. 정신은 스스로 그 요소를 확인한 방대한 자료체를 하나의 **공식**으로 수렴시키려 한다. 수학은 결국 대부분의 분야에서 순수 반복의 과학에 다름 아니다. 수학은 자신이 그 메커니즘을 파악한 반복을 요약하고 있는 것이다.

이리하여 정신은 생명의 **신체적 내면**內面의 영위를 싫어하고, 그로부터 자유로워지려 하는 것처럼 보인다. 신체의 내면의 영위는 정신과 반대로, 생의 대사代謝가 의거하는 기초적인 행위의 반복을 요구한다. 우리의 존재는 몇 가지 반사행위의 회귀 여부에 달려 있다.... 반면 지식은 시시각각의 특수성이나 특이성에 거스르려는 의지를 갖고 있다. 지식은 개별 예를 일반법칙에, 반복을 공식으로, 차이를 평균치나 공약수에 흡수하려고 한다. 정신은 그로 인해 생명 기계의 운동과 뚜렷이 대립하는 것이다.

산다는 것은 일반인에게 유포된 의견과는 달리, 신문·연극·소설 등이 우리에게 주는 인상과는 달리, 본질적으로 단조로운 실천임을 알아야 한다. 연극이나 책에 대해서, 생기가 넘친다고 하는 것은 잘못이다. 그것은 단지 혼란스러울 뿐으로, 예상치 못했던 일, 자연발생적으로 일어난 일, 이목을 집중시킬 만한 일이 일어날 뿐이다.... 그러한 것은 표면적 성격에 지나지 않으며 감수성의 변동을 나타내는 것에 지나지 않는다. 그러한 표층의 사건을 지탱하고 있는 것, 우발적인 사건의 실체는 변형의 주기 혹은 사이클의 한 체계이며, 여러 변형은 우리의 의식의 외부, 일반적으로 우리의 감수성이 미치지 않는 곳에서 행해지는 것이다.

정신에 있어서는 그러한 신체 내면의 정상적인 상태를 대표하고 있는 것이 기억, 습관, 모든 장르의 자동성(오토마티즘 automatisme)이다. 그러나 외부 상황의 부단한 변화가, 한 단계 상위의 지령을 요구할 때, 향하는 것은 정신이다. 특히 정신은 질서와 무질서를 만들어내는 기초적인 장치이다. 왜냐하면 정신은 변화를 환기하는 것이 일이기 때문이다. 변화에 따라 정신은 점차 확대되는 영역에서 감수성의 기본법칙(혹은 적어도 내가 그렇게 믿는 법칙)을 전개한다. 기본법칙이란 생체계 안에 하나의 절박한 요소, 항상 다음 순간에 바뀔 수 있는 불안정의 요소를 도입하는 것이다.

우리의 감수성의 작동은 우리 내부에서 시시각각 삶의 여러 기능 안쪽의 단조로움에 동조하면서 일어나는 수면을 깨우는 데 있다. 우리는 시시각각 어떤 균형의 파탄, 환경의 변화, 우리 생리행동의 이변 등으로 인해 동요되고 경고 받고 잠을 깨는 존재들이다. 우리는 다양한 기관을 갖고 있으며, 우리를 뜻하지 않게 자주 **새로운 사태**에 대처하도록 촉구하는 전문적 시스템을 갖고 있다. 그 시스템이 우리로 하여금 신속하게 상황에 맞는 적응, 새로운 사태의 영향을 무화 내지 특화하는 듯한 태도와 행위, 이동과 변형으로 향하게 만드는 것이다. 그것이 우리의 감각 시스템이다.

따라서 그 정신은 감수성에서 온 힘을 빌린다. 정신에 시동의 불꽃, 변형력을 발동시키는 데 필요한 불안정성을 제공하는 것은 감수성이다.

누워서 가만히 있던 동물이 이상한 소리를 듣는 것이 **사건**이다. 동물은 귀를 세우고 목을 편다. 불안이 더해지다. **변형력**이 그의 몸 전체에 파급되면서 그는 일어선다. 귀가 방향을 확인하고 그는 도망친다. **미세한 소리가 이 모든 것을 일으킨 것이다**. 현상에 주의력을 집중하는 정신, 습관에 의해서 감수성이 둔화되지 않은 정신은, 약간의 사건(무언가 물체가 낙하하는 것 같은 일들)에도 깨어나 자세를 취한다. 지적 불안이 심해지면서 다양한 의문과 조건으로 구성된 버추얼[잠재성의] 시스템 전체에 전파되어 간다.... 뉴턴은 20년간 자신의 사색의 조합의 숲에서 헤매었다....

또 다른 것을 적어 두기로 한다. 정신이 야기시킨 작업, 정신이 주위 사물에 각인시킨 변형(물질적 자연에도, 생물에도 관련되는)에 의해 정신은 그 물질이나 생물에게 자신이 자신의 친족에게서 인지하는 것과 같은 성격을 전파하게 됐다는 것이다. 우리의 발명이란 것이 모두 인간의 힘을 아끼거나 반복(내가 말한 의미에서의)의 절약이거나 또 인간의 몸을 자연스러운 상태에서 멀어지도록 하는데 쏠리고 있음을 알고 있는가? 예를 들어 몸을 운반하는 속도라는 것은 점차 빨라지고, 정신의 지각과 사고 자체의 속도에 가까워질 정도의 힘을 보여주고 있다.

예전에 사람들은 흔히 "생각만큼 빠르다"라고 말하곤 했다. 속도는 지각의 특성처럼 여겨졌던 것이다. 그러나 오늘날 우리는 그것을 능가하는 것을 여러 가지 알고 있다. 하나의 대상이 시각에 포착된 후 그 기억이 환기될 때까지, 혹은 그 대상이 인식될 때까지와 같은 시간에 빛은 몇 천 킬로미터의 거리를 달리며 자동차는 도로상에서 3미터 이동한다. 결국 사고는 사물을 스스로의 속도 못지않게 빠르게 움직이는 수단을 발견하는 데 주력했다고 할 수 있다. 그것은 정신의 특성 또는 기능적 성격이 발명의 방향을 정하는 데 미친 영향의 하나이다.

**

그러나 나의 목적은 단순히 정신에 그 성격을 부여하려는 것이 아니다. 무엇보다도 정신이 세계를 어떻게 만들었고 특히 어떻게 현대 사회를 만들었는지를 보여주는 것이었다. 현대사회의 질서도, 무질서도 동등하고, 같은 정도로 정신이 만들어낸 것이다. 인간세계에 발을 들여놓으면 정신은 다른 정신들에 둘러싸인다. 각 정신은 마치 동류들 한가운데에 있어서 자신이 그 중심적 존재인 것처럼 생각한다. 하나의 정신은 분명 유일무이한 존재이지만 현실에서는 불특정 다수 중의 어떤 단위일 뿐이다. 하나의 정신은 **유례가 없는 것이면서 동시에 임의의 한 점이다.** 한 정신이 자신 이외의 여러 존재와 맺는 관계는 더할 나위 없이 중요한 일의 하나이다. 단지 그 관계에는 위에서 말한 모순이 포함된다. 한편으로 정신은 수에 대립하면서, 자기 자신이 되려 하고, 자아가 주도권을 쥔 영역을 끝없이 확대하려고 한다. 다른 한편 정신은 한 사회, 인간의 다양한 의지나 희망이 서로 부딪치는 세계의 존재를 인정하지 않을 수 없다. 정신은 그 세계의 질서를 조장하거나 혹은 파괴하려고 한다.

정신은 무리를 짓는 것을 혐오하고, 당파를 좋아하지 않는다. 정신은 화합하면 약해진다고 느낀다. 그런데 정신은 다른 정신과 충돌함으로써 무엇인가를 얻는 것 같다고 느낀다. 남들과 똑같이 생각하지 않을 수 없는 사람들은 아마도 그런 합의를 싫어하는 사람들에 비해 정신의 정도가 낮다. 게다가 우리는 합의라는 것이 대단히 취약한 것임을 잘 알고 있다. 집단에는 분열이 따르기 마련이다. 분열, 이의 제기, 구별 짓기는 정신에게 있어 활력소여서, 합의가 이루어진 뒤 조만간 찾아온다. 정신은, 따라서, 항상 어딘가에서, 자유를 되찾으려고 생각하고 있는 것이다. 사실이나 명증성[증거]에 대해서도 대항한다. 정신은 본질적으로 반역자이며, 질서를 초래할 때도 예외가 아니다. 정신은 무엇보다 현 상황을 극복해야 할 무질서라고 생각한다. 그러나 현실 세계에서 자신의 구축적 본능을 행사할 만한 대상을 찾는 데에는 큰 노력이 필요 없다. 정치의 무대라는 것이 정신에 얼마든지 재료를 제공해준다.

**

모든 정치는 무언가 어떤 인간의 관념을 내포하고 있다. 정치적 목표를 한정하고 가능한 한 단순화해서 대충 잡아 보아도, 정치에는 모두 인간과 정신에 대한 어떤 관념이 있고 세계관이 있다는 것에 변함은 없다. 그런데 이미 시사해 온 것이지만 현대 세계에서 과학과 철학이 제기하는 인간의 관념과 법률이나 정치·도덕·사회에서 적용되는 인간의 관념 사이에는 거리가 멀어지고 있다. 양자 사이에는 이미 심연이 입을 열고 있다...

사회적 혹은 도덕적 현상을 과학의 세계에서 사용되고 있는 엄밀한 용어로 번역해 보면, 그 사이의 차이는 일목요연할 것이다. 한쪽은 검증 가능한(과학적이라는 말의 정확한 의미는 여기에 있다) 요소에 기초를 둔 최근의 연구 성과이고 다른 한쪽은 매우 오래된 신조나 습관, 수천 년 전부터 이어져 온 추상 개념, 많은 국민의 정치적, 경제적 경험, 무시할 수 없는 전통적인 감정 등이 기묘한 형태로 혼합된 애매하고 혼란스러운 개념이다. 일례를 들어보자. 정치 세계에 현대의 과학사상이 우리에게 가르치는 인간의 개념을 적용한다면 인생은 우리들 대부분에게 아마도 견디기 어려울 것이다. 철저히 합리적 소여를 엄밀히 적용한다면 일반 감정의 레벨에서 반란이 일어날 것이다. 그 경우, 실제로, 각 개인에게 딱지가 붙여지고 개인의 프라이버시를 파고드는 사태가 일어날 것이다. 열등 형질을 가진 인간 혹은 장애자는 배제되거나 말살될 수도 있다.

인간이 과연 언젠가 그런 순수하고 합리적인 조직의 요청에 굴복할지는 모르지만 굳이 이런 극단적인 예를 들고 나온 것은 우리 정신 내부에 공존 경합하는 개념들 사이에 주목할 만한 대립이 있음을 보여주고 싶었기 때문이다. 전통 혹은 진보를 참조의 축으로 해서 모두 나름대로의 설득력을 갖고 있는 것이다. 이 과학적 **진실**과 정치적 **현실**과의 대립은 최근 주목받고 있는 새로운 사태이다. 그러한 괴리는 어느 시대에나 있었던 것은 아니다. 법률가나 정치가, 법률이나 습속에서의 인간 개념과 동시대의 철학자의 인간 개념이 서로 모순되지 않는 시대도 있었다.

이러한 모순과 부정합의 현상을 나타내는 요약으로, 앞에서도 인용한 나의 글로부터, 관련된 몇 페이지를 읽어 보고 싶다. 거기에서는 독백의 형태로 유럽 정신이 마음속의 동요를 말하고 있다.

지금 바젤에서 쾰른에 이르고 뉴포르의 모래땅, 솜강의 습지, 샹파뉴 지방의 백악白堊, 알사스의 화강암에 접하는 그런 높은 곳, 마치 엘시노어 성의 테라스와 같은 이런 높은 곳에 서서 유럽의 햄릿은 수백만의 유령을 바라보고 있다. 그는 진실의 삶과 죽음에 대해 명상한다. 유령을 위해 그는 우리들의 모든 논쟁의 주제를 가지고 있으며, 후회를 위해 우리들의 모든 영광의 지위를 가지고 있다.

그는 발견과 지식들의 무게에 짓눌려 그 모든 활동을 재개하는 것이 불가능하다. 그는 과거를 재개하는 것의 권태에 대해 생각하고 항상 혁신을 하고자하는 것의 어리석음에 대해서도 생각한다.

그는 두 개의 심연 사이에서 헤매고 있는데 이 두 위험은 세계를 위협하는 것이었다. 그것은 다름 아닌 질서와 무질서이다.

햄릿이 하나의 해골을 가지고 있다면 그것은 유명한 해골일 것이다.--누구의 것인가Whose was it? 그것은 레오나르도의 것이다. 그는 나는 인간을 발명했다. 그러나 나는 인간은 발명자의 의도에 완전히 부합하지는 않았다. 거대한 백조의 등을 타고 나는 큰 새il grande Uccello sopra del dosso del suo magni cecero는 우리 시대에는 뜨거운 날에 길거리 포장도로에 뿌리기 위해 산꼭대기의 눈을 가지러 가는 것과는 다른 목적을 가지고 있다.

그리고 또 하나의 두개골은 영구 평화를 꿈꾸던 라이프니츠의 것이다.

햄릿은 너무도 많은 해골로 인해 어떻게 해야 할 지 모른다. 그런데 그가 이 모든 것을 다 버린다면!... 그는 혹시 그 자신이기를 관두는 것이 아닐까? 그의 명석한 정신은 전쟁에서 평화로의 이행에 대해 생각한다. 이것은 평화에서 전쟁으로의 이행에 비해 더 애매하고 더 위험하다. 모든 사람들이 고통을 겪게 된다. 그는 생각한다. "그리고 나는? 유럽의 지식인인 나는? 나는 무엇이 될 것인가?... 그리고 평화는 무엇일까? 평화는 아마도 사람들 사이의 자연스러운 적대감이 전쟁에서의 파괴로 나타나는 것이 아니라 창조를 통해 나타나는 그런 상태를 말하는 것이다. 평화는 창조적인 경쟁관계와 생산의 전투의 시대이다. 하지만 나는 이미 생산하는데 지치지 않았는가? 나에게는 이미 극단적 시도에의 욕구가 소진되었으며 혼합적인 지혜를 이미 남용해버린 것은 아닐까? 힘든 의무와 초월적인 야심을 제쳐놓아야 하는 것이 아닐까? 유행을 따라서 살면서 지금은 커다란 신문사를 운영하는 폴로니어스처럼 하는 것이 좋은 것이 아닐까? 항공산업에 종사하는 레어티스처럼 하는 것이 좋은 것이 아닐까? 아니면 러시아 이름을 쓰면서 이상한 일을 하고 있는 로젠

크란츠처럼 하는 것은?...

안녕, 유령이여! 세계는 더 이상 널 필요로 하지 않는다--나도 필요로 하지 않는다. 세계는, 진보의 이름에 치명적인 정확성의 경향을 부여하는 세계는 삶의 혜택에 죽음의 장점을 결합시키려 한다. 일종의 혼란이 아직 우리를 지배하고 있지만 시간이 좀 지나면 모든 것이 명확해질 것이다. 우리는 마침내 동물적 사회라는 기적이 도래하는 것을 보게 될 것인데 그건 완벽하고 결정적인 개미집과 같은 것이다. [옮긴이-"정신의 위기"에서의 인용]

앞에서 나는 정신의 특성이 변형력에 있다고 했다. 그것은 인간의 동물적 초기 조건을 변화시켜 궁극적으로 원래의 원시적 세계와는 전혀 다른 세계를 구현하게 하는 것이다. 따라서 그러한 전개와 인간의 기본적인 모습, 출발점의 인간성 사이에 대립이나 모순이 점차 드러나 많은 의문점이 생겨나고 정신이 그것과 격투하게 되는 것은 당연하다. 사물이 제기하는 현실적인 의문들과 함께 우리 자신의 작업과 발명의 누적으로 일어나는 의문들도 존재한다.

현재의 문제는 일종의 신비주의 내지는 신화의 집요한 잔존에 기인하는 바가 크다. 그 신비주의와 신화는 점점 현재의 사실과 맞지 않게 되어 가고 있는데, 우리는 그 굴레에서 벗어나지 못하고 있다. 시시각각 우리는 그것이 주는 부담과 불가피성을 통감한다. 우리 내부에는 신화로 대표되는 과거로서의 '어제'과 우리의 정신을 자극해 마지않는 일종의 '내일' 사이에 갈등이 있다. 어제와 내일의 싸움이 오늘만큼 격렬했던 적은 없었다. 독자는 아마도 역사 속에서 몇 가지 소규모 사례나 전조를 발견할 것이다. 예를 들어 고대 말기, 기독교 초기, 르네상스 시대, 대혁명 등이 그러했다.

그러나 현상의 규모가 이후 완전히 달라졌다. 시대가 진행될수록 정신활동의 두 양상, 변화와 보존의 두 측면에서의 괴리는 계속 커지고 있음을 느낄 수 있다.

가장 먼저 지적해야 할 것은 사회구조는 모두 신념 또는 신뢰 위에서 이루어진다는 것이다. 모든 권력은 그런 심리적 특성 위에 확립되어 있다. 사회적·법적·정치적 세계는 본질적으로 신화적 세계이다. 신화적 세계란, 즉 그 세계를 구성하는 법률·기반·관계성이 사물의 관찰, 사실 인정이나 직접적 지각에 의해서 주어지거나 제기되는 것이 아니라, **반대로 우리의 존재 그 자체로부터 자신의 존재나 힘, 행동력이나 억지력을 얻고 있는 세계이다. 그리고 존재와 영향력이 우리에게서, 그리고 우리의 정신에게서 왔음을 우리가 알지 않을 수 없을 만큼 강고하다.**

말한 것이든 쓰여진 것이든 말에 대한 신뢰감은 발밑이 튼튼해야 한다고 생각하는 인간에게는 필수적이다. 분명히 우리는 때때로 말을 의심할 수도 있다. 그러나 그 혐의는 개개의 사례에 한정되어 있어야 한다.

선서, 신용장, 계약서, 서명, 그것이 전제로 하는 제반 관계, 과거의 존재, 미래의 예감, 우리가 받을 교육, 기획할 계획, 그런 것들은 모두 본질적으로 신화적 성격을 지닌 것이다. 왜냐하면, 그것들은 모두, **본래 정신의 문제에 지나지 않는 것을 순전한 정신적인 어떤 것으로는 취급하지 않는다**고 하는 우리 인간 정신의 가장 기본적인 성격에 준한 것이기 때문이다.

그런데 이 불가결한 신화론의 중요한 성격은 다음과 같다. 말이나 문장을 상품과 교환하는 그런 교환행위에 **불평등**을 용인하는 것이다. 현재 가지고 있는 것을 장차 가질 것과 맞바꾸는 것, 현재의 확고한 상태를 미래의 불확정한 상태로 바꾸는 것, 더 주목할 만한 것은 복종에 대해서 신뢰를, 체념과 희생에 대해서 열정을, 행동에 대해서 감정을 교환하는 것이다.

요컨대 현재 있는 것, 감각으로 파악할 수 있는 것, 계량될 수 있는 것, 현실적인 것을 상상적 이득과 교환한다는 것이다. 그러나 실증적 감각의 진보, 주지하다시피, 계량화할 수 있는 것이 점차 지배적으로 되면서, 애매한 사물이 점차 그 애매함을 비판받는 세계가 확고하게 조직되게 되면, 그러한 감각의 발전이 인간사회의 낡은 기반을 위태롭게 하게 된다.

가장 위대한 정신(예를 들어 볼테르)이 붕괴의 속도를 빠르게 한 것도 분명하다. 과학 분야에서도 비판정신의 작용이 두드러지게 급격하고 풍요했다. 가장 위대한 정신은 항상 회의적이다. 하지만 그들은 어떤 것을 믿는다. 그들은 자신들을 더 크게 만들 수 있는 모든 것을 믿는다. 예를 들어 나폴레옹이다. 그는 자기 별의 둘레, 즉 자기 자신을 믿는다. 그런데 모두가 믿고 있는 것을 믿지 않는 것은 자신을 믿는 것, 그리고 때로는 자신만을 믿는 것이다.

✱✱

    그러나 이 세계의 **신용 본위**의 삶, 인간 및 미래에 대한 신뢰에 기초를 둔 삶에 대해 개관한 것에서 한 걸음 더 나아가 상상계가 현실에서 차지하는 중대성을 강조하기 위해 나는 실효성이 있는 **권력** 그 자체가 본질적으로 정신적 가치임을 보여주고 싶다.

    권력의 힘은 인간이 그것에 주는 힘에 다름 아니다. 아무리 우격다짐의 권력이라도 신뢰가 그 바탕에 있어야 한다. 우리는 **권력이란 언제 어디서나 힘을 행사할 수 있다고 생각하지만 실제로는 권력은 어느 한 지점에서, 어떤 한 시점에서 힘을 발휘할 뿐이다.** 결국 모든 권력은 금융기관이 처한 입장과 똑같다. 금융기관의 존재는 유일하게 모든 고객이 같은 날 같은 시각 한꺼번에 예금을 찾으러 오지 않을 가능성(당연히 그 가능성이 크지만)에 달려 있다. 만약 **어떤 권력이라도, 시시각각 제국의 모든 지점에 힘을 두루 분산하여 전개하도록 요청받는다면, 각 지점에서의 힘은 한없이 제로에 가깝게 될 것이다**....

    또 다음 점(더욱 흥미로운 점이지만)에도 주의해야 한다. **모든 사람이 똑같이 명석하고, 비평적이며, 심지어 용기가 있다면, 모든 사회는 존재할 수 없게 될 것이다**...

    신용성 혹은 신뢰감, 지적 불평등, 다종다양한 불안 역시 사회에는 필수불가결한 요소이다. 그러한 필수 요소들 외에 탐욕과 허영도 있다-- 또 다른 미덕도 있다. 이들은 사회와 정치의 심리적 기초를 구성하는 심리적 조미료, 보완물이다.

✱✱

여기에서 나는 문명이 조직적 차원에서 요구함과 동시에 우리 정신의 산물인 신용 본위 사회의 구조에 관해 한 가지 극단적인 이미지를 그려 보여줄 생각이다(물론 이것은 완전한 가공의 이야기이다).

예를 들어 이런 것을 상정해 주었으면 한다(이것은 내가 생각한 것이 아니고, 영국 혹은 미국의 어느 작가가 생각한 것으로, 나는 작자의 이름을 잃어버렸다. 단행본이 아니고, 꽤 전에 어떠한 서평에서 읽은 것이다. 여기에서는 그 아이디어를 차용할 뿐이다). 그가 상정하는 것은 어떤 불가사의한 질병이 급속도로 퍼져나가 전 세계의 종이를 파먹고 파괴하기 시작했다는 것이다. 방어할 방도가 없고 약도 없다. 그 세균을 멸종시킬 방법은 없으며 셀룰로오스를 부식시키는 물리화학 현상을 막을 수는 없다. 미지의 침식자는 책상 서랍이나 금고 속에까지 들어가 우리 종이통이나 서고 안을 분쇄하는 것이다. 이리하여 쓰여진 것은 모두 사라져 간다.

종이는 주지하는 바와 같이 정보의 축적과 전파의 역할을 담당하고 있다. 그 진정성 혹은 신빙성은 제각각이지만 정보를 사람으로부터 사람에게, 또 시대에서 시대로 전달하는 것이 종이의 역할이다.

그러한 종이가 사라져 버렸다고 상정하면 어떻게 될까. 은행 지폐도, 주권도, 조약 문서도, 증서도, 법전도, 시도, 신문도 모두 없어지는 것이다. 금새 사회생활 전체가 마비되어 버릴 것이다. 그리고 이 과거의 폐허 속에서 미래, 잠재적이고 가능한 것, **순수**

하게 현실적인 것이 출현하는 것을 사람들은 볼 것이다.

이제 여러분은 자신이 직접적인 지각과 행동의 영역에 갇혀 버리는 것을 느낄 것이다. 각자의 미래와 과거는 무섭게 접근할 것이며, 우리의 존재는 자신의 감각과 행동이 직접 미치는 범위로 축소되고 말 것이다.

말의 가치나 신용의 가치가 담당하던 그 엄청난 역할을 간편하게 이해하기 위한 좋은 예가 될 것이다. 이러한 가공의 상정 아래에서 바라보면 우리의 조직된 세계의 나약함, 사회라고 하는 것의 정신적 성격을 더할 나위 없이 잘 알 수 있다.

이번에는 좀 더 현실미가 있는, 그러니까 우리에게 좀 더 확실하게 다가올 상정을 해 보자. 많은 사상의 매체가 되는 종이의 해체, 질병, 결핵 등 대신에 이번에는 그러한 매체의 기반이 되는 신용성과 신뢰성, 쓰여진 종이 자체에 대한 신용, 쓰여진 종이에 가치를 부여하는 그 배경에 대한 신뢰가 무너져 버렸다고 가정하자. 그런 사태는 이미 예전에 벌어진 적이 있지만 오늘날 우리가 유감스럽게도 인정할 수밖에 없는 모든 곳에 확산된 형태로 일어난 일은 없었다. 이것은 더 이상 가정의 차원에 머물지 않는다. 엄숙한 조약이 짓밟히는 것을 보았고 조문이 나날이 실효를 잃어 가는 것을 지켜봤다. 모든 나라들이 약속 이행을 어기고, 서명한 것을 부인하면서, 채권자들에 대해 부실한 태도를 취하는 '공포의 진공상태'를 제공하는 것을 우리는 목격한다.

우리는 입법자가, 개인에 대해, 개인적인 계약으로 인해 진 채무를 면제해주지 않을 수 없는 입장에 내몰리는 것을 보았다.

감히 말하자(이상한 일이지만!). **금** 자체가 이제 태고의 신화적 권한을 충분히 갖지 못한 것이다. 그 지극히 귀중한, 묵직한 핵심에 순수 상태의 신용성을 가지고 있다고 여겨졌던 금인데도 말이다!

따라서 가치 전체가 위기를 맞고 있는 것이다. 경제도, 도덕도, 정치도, 위기적이지 않은 것은 없다. 자유마저도 시대에 뒤떨어져 버렸다. 반세기 전에 자유를 열렬히 설파했던 최첨단의 정당들이 오늘날 모두 자유를 부정하고 포기하고 있는 것이다!… 이 위기는 만방에 퍼져 있다. 여러 과학, 민법, 뉴턴 역학, 외교의 전통 등 모든 분야에 퍼져 있다. 사랑조차 지난 5, 6세기와는 다르게 측정할 수 있게 된 것은 아닐까…

요컨대 신용성의 위기, 기본적 개념의 위기라는 것은 모든 인간관계의 위기이며 인간정신에 의해 주고 받게 되는 여러 가치들의 위기다.

**

그뿐만이 아니다. 한층 더 생각해야 할 것은 (내 이야기의 매듭으로서) 정신 자체의 위기다. 여러 과학의 위기에 대해서는 당분간 차치하기로 하자. 과학들은 더 이상 과거의 통일적인 세계를 규명한다는 이상理想을 유지할 수 없다고 믿고 있다. 세계는 분해되고 유일무이한 이미지를 유지할 희망은 없어지고 말았다. 극미의 세계는 집합으로 구성된 세계와 기묘하게 괴리되어 있다. 물체의 동일성조차 그곳에서는 상실된다. 결정론의 위기, 인과율의 위기 등에 대해서는 이미 화제로 삼을 수도 없다…

그래서 나는 정신의 모든 고급 가치를 심각하게 위협하는 모든 위험의 근원을 압축해서 이야기하기로 한다.

인간이 거의 행복하다고 할 수 있는 상태는 어떤 것인가를 생각해보는 것은 물론 가능하다. 적어도 안정되고, 평화롭고, 조직되고, 아늑한 상태를 생각할 수는 있다. 그러나, 그러한 상태는 생각할 수 있지만, 동시에 그러한 상태라고 하는 것은 지적 온도로서는 꽤 미지근한 상태에 만족하고 있다고 해도 좋으며, 그냥 거기에 잠겨 있다고도 말할 수 있을 것이다. 일반적으로 **행복한 민중에게는 정신이란 것이 없다.** 그들에겐 딱히 정신이 별로 필요하지 않은 것이다.

따라서 만약 세계가 현재 걸어온 길이 지금까지 걸어온 것과 같은 길이라면, **당장 생각해야 할 것은 과거 그 중에서 그 덕분에 우리가 가장 높이 평가하는 것, 상찬할 만한 것이 만들어지고 성과를 거둘 수 있었던 상황이 현재 급속히 상실되고 있다는 사실이다.**

가장 아름답고 가장 고귀해야 할 것, 혹은 그럴 수 있는 것들이 지금 상황에서는 발현의 기회를 방해받고 있다.

우선 간단히 말할 수 있는 것은 현재 우리에게는 감수성의 감퇴, 그것의 전반적인 둔화 현상이 있다는 것이다. 우리 현대인은 감수성이 상당히 둔하다. 심한 소음에도, 구역질이 날 것 같은 악취에도, 강렬하고 비정상적인 휘도의 자극적인 빛에도 견딘다. 현대인은 부단한 분주함에 노출되어 있다. 현대인은 거친 자극, 날카로운 소리, 강렬한 음료, 순간적이고 동물적인 정동을 필요로 하는 것이다.

현대인은 일관성이 없어도 태연하게 심적 무질서 속에서 살아가고 있다. 한편 그것 없이는 아무 일도 성립되지 않을 정신의 작용은, 경우에 따라서는, 우리에게 있어서 너무나도 용이한 것이 되어 버렸다. 조정된 심적 작업에는 오늘날 그 일을 용이하게 하는 다양한 수단이 준비되어 있고, 때로는 일 자체가 없어도 끝낼 수 있게 되어 있다. 기호記號가 많이 만들어졌으며 주의력이나 정신 작업의 어려움으로 인내를 요하는 작업을 대신하는 기계류도 존재한다. 앞으로 나갈수록 기호화와 속기 방법이 늘어날 것이다. 그에 따라, **추론하는 노력은 점차 그 필요가 없어진다**.

결국 현대 생활의 조건은 불가피하게, 가차 없이 개인을 평준화하고 개성을 균등화하는 방향으로 향할 것이다. 평균값은 유감스럽게도 필연적으로 **최저 수준의 범주로 향하는 것이다**. 악화가 양화를 구축하는 것이다.

또 하나의 위험. 생각컨대 지금 경신, 맹신이 불안할 정도로 진행되고 있다. 몇 년 전부터 20년 전에는 존재하지 않았던 다양한 미신이 프랑스에서는 늘어나고 있으며, 살롱과 같은 곳에도 조금씩 비집고 들어가기 시작하고 있는 것처럼 생각된다. 훌륭한 인격자가 안락의자 나무를 두드리면서 주술이나 점술에 가까운 행위를 하는 것이 목격된다. 무엇보다, 현대 세계의 가장 놀라운 특징의 하나는 **경박함**이다. 다음과 같이 말해도, 별로 가혹하지는 않을 것이다. 즉 우리는 경박함과 불안 사이에 찢긴 존재인 것이다. 우리들은 일찍이 인간이 가져 본 적이 없는, 흥취가 끝없는 장난감을 소유하고 있다. 자동차, 요요, 무선, 영화 등이다. 반드시 최고급이라고는 할 수 없는 다양한 것들을 광속으로 전달하기 위한 수단, 천재가 발명한 모든 수단을 우리가 소유하고 있다. 도대체 이런 오락이 있다니! 예전에 상상도 할 수 없었던 많은 장난감들! 그러나 이 얼마나 마음에 걸리는 것이 많은 것인가! 이 정도로 경고가 자주 발동된 적은 일찍이 없었다!

의무는 또 얼마나 많은가! 쾌적함 속에 숨겨진 의무! 점점 편리함과 미래지향성이 나날이 의무를 증대시킨다. 왜냐하면 우리의 삶이 보다 완벽하게 조직화되면 우리 자신이 모르는 사이에 여러 가지 규칙과 제약의 그물에서 벗어나지 못하게 되기 때문이다! 우리는 자신이 따라야 할 모든 것을 다 의식하지는 못한다. 전화가 울리면 달려간다. 시보가 울리면, 약속시간에 맞추려고 급하게 나선다... 일의 시간표, 교통의 시간표, 점점 귀찮아지는 위생 측면에서의 주의사항, 전에는 존재하지 않던 철자(오르토그래프)에 대한 배려 등, 심지어는 횡단보도에 이르기까지. 그러한 모든 것이 정신 형성에 어떤 영향을 미칠지 생각해 보면 된다. 모든 사람이 우리를 지시하고, 재촉하고, 우리에게 해야 할 일을 처방하며, 그것을 자동적으로 실행하라고 명령한다. 반사신경을 테스트하는 것이 시험에서도 그 중심이 된다.

패션까지 기발함을 목적으로 하는 전문 과정을 도입하며, 얼핏 떠오른 생각을 컨셉의 미학으로 바꾸어 비밀의 상업적 연계에 위탁하는 일종의 복제증서를 도입하기에 이르렀다.

요컨대 모든 방식으로 우리는 불가사의한 규칙, 혹은 피부에 와 닿는 규칙에 포위되어 지배되고 있는 것이다. 그러한 규칙은 모든 것으로 확산되고 우리는 여러 가지 자극의 일관성 없음에 놀라긴 하지만, 결국 그것에 휘둘리다가 **그것을 필요로 하게 되는 것이다.**

지난 세기에 인류가 만들어낸 것과 견줄 만한 것을 언젠가 만들어 내려 한다면 이런 상황은 개탄스럽지 않은가? 우리는 **성숙이 가능한 그런 여유**를 잃어버렸다. 그리고 만일 예술가들이 자신의 내면을 들여다본다면, 거기에서 발견할 수 있는 것은 더 이상 옛날에 미의 창조자들의 미덕이었던 지속을 향한 의지가 아니다. 위에서 설명한 여러 소멸 직전의 신뢰감 가운데 이미 소멸되어 버린 것 중 하나는 후세와 후세의 판단에 대한 신뢰감이다.

**

조금 빠른 걸음으로 더듬어 본, 그러므로 제대로 정리한 형태로 나타낼 수 없었던, 세계의 혼란 상태의 개관은 위와 같다. 결론은 무엇이라고, 여러분은 기대하고 있는 것인가? 우리에게는 드라마가 대단원이 되어 끝나는 것, 적어도 막이 내리기를 바라는 습성이 있다. 막바지가 얼마 남지 않았기 때문에, 이 점에 대해서는, 만족할 것이다. 그러나 다른 한 가지 점에 대해서는, 반복해 말하지만, 애당초 결론을 내지 않는 것이 이 이야기의 목적이었다. 결론을 듣고 싶은 마음이 우리의 마음속에는 매우 강하기 때문에 우리는 불가항력적으로, 이치에 맞지 않게 역사에 결론을 도입하며 심지어는 정치에 대해서도 그렇게 한다.

우리는 사건의 연결을 적당한 형태로 복수複數의 비극으로 재단하며, 종결된 전쟁은 분명히 끝난 사례로 제시하려고 한다.

말할 것도 없이 이런 종결의 느낌은 유감스럽게도 환상이다. 우리는 또한 혁명이 하나의 해결이라고 생각하지만, 이 또한 정확하지 않다는 것을 알고 있다. 그러한 사고방식은 대상의 조잡한 단순화이다....

**

혼돈에 대한 개관이라고 할 이런 종류의 비평의 유일한 결론, 바람직한 결론은 미래가 어떻게 될 것인가에 대한 선점, 예측이라고 할지도 모른다. 하지만 나는 예언이라는 것이 너무 싫다. 얼마 전에 내게 사람들이 찾아와 생활이 어떻게 될지, 반세기 후의 생활이 어떻게 될지, 나의 의견을 묻고 싶다고 했다. 내가 어깨를 으쓱하자, 질문자는 질문의 범위를 줄여서, 말하자면 부담을 낮추어서, 나에게 물었다. "20년 후면 어떨까요?" 나는 그에게 대답했다. "우리는 **뒷걸음질치면서 미래로 들어갈 것입니다**...." 그리고 덧붙였다. "1882년에, 또는 1892년에, 그 후 일어날 일에 대해 어떤 예측이 가능했습니까? 지금부터 반세기 전인 1882년에 그 후 일어날 세계의 면모를 완전히 바꾸어 버릴 사건이나 발명에 대해서는 예측하는 것은 불가능했습니다." 나는 덧붙였다. "당신은 1892년 시점에서 1932년에는 파리의 길을 건너는데 생후 6개월 된 아기의 보호를 요청하거나, 나이가 어린 아이를 방패로 하여 횡단보도를 건너거나 하는 사태가 발생할 것을 예측할 수 있었다고 생각하십니까?" 질문자는 대답했다. "그런 일은 저도 예측하지 못했던 것 같군요."

결국, 전날 혹은 전전날의 데이터를 기초로 예측하는 것이 점점 무익한 것이 되고, 혹은 위험한 일까지 되고 있다. 다만 모든 사태의 출현을 생각하고, 우선은 어떤 일이 일어나도 놀라지 않도록 마음의 준비를 하는 것이 현명하다. 마지막으로 말해 두고 싶은 것은 이것이다. 마음속에 정신적으로 명석함을 향한 의지, 지성의 여러 기능을 유지하지 않으면 안 되고, 인류가 사상 처음으로 초기의 자연상태에서 크게 벗어났으며, 거기에는 얼마간 지나친 감이 있긴 하지만, 어디로 가는지도 모르게 발을 내딛은 미증유의 모험, 그 모험의 위대함과 위험에 대한 확실한 의식을 가지고 있어야 한다는 것이다!

아메리카--유럽 정신의 투사

 귀하는 《신테시스Sintesis》지의 독자를 위해 졸저 『바리에테』 중 미국에 관한 구절을 주석해달라고 내게 요청했지만, 나는, 여기서, 미국에 자동적으로 적용되는, 더욱 일반성이 있는 의견을 말하는 편이 귀하에게 훨씬 더 큰 흥미와 시사점을 주지 않을까 생각한다.

 만일 근대 세계가 수세기 동안 온갖 종류의 모색과 경험에서 창출해 온 모든 가치의 전반적인 회복의 불가항력적인 파멸에 도달하는 것이 아니라면, 만약 (예견할 수 없는 혼란과 동요 뒤에) 그것이 어떤 종류의 정치적 문화적 경제적 균형을 이루어야 한다면, 지구상의 모든 지역이 그 모든 면에 의해 대립 없이 서로 보완해 나갈 수 있을 것이라는 개연성을 인정해야 한다. 각 지역이 자유롭게 합리적으로 공동의 생활의 영위에 협력하면 할수록, 더 많이 자기 자신으로서 존재할 수 있게 될 것이다. 예를 들어 국가가 보조금과 보호관세에 의해서만 버틸 수 있는, 정말로 인위적인 공업을 각각 국내에 창설하고 육성하는 일은 더 이상 볼 수 없게 될 것이다. 게다가 인간이 거주할 수 있는 토지를 정치적으로 정해진 나라 사이에 분할하는 것 자체가 완전히 편의적인 것이다. 그것은 역사적으로는 설명할 수 있지만, 기능적으로는 설명할 수 없다. 왜냐하면 국경을 형성하는 것으로서 지도나 땅 위에 그어지는 선은 조약에 의해 신성화된, 우발적 연쇄의 결과이기 때문이다. 대부분의 경우 이 닫힌 선은 대단히 기묘하게 그어진다. 서로 비슷한 지역을 분할하거나, 큰 차이를 보이는 지역을 함께 묶어주기도 하며, 그리하여 인간관계 속에 숱한 난제와 분규를 야기하고, 그 결과 벌어지는 전쟁도 결코 해결이 될 수 없으며, 반대로 새롭게 그 (분란의) 씨앗을 뿌리게 된다.

이 역사적이고 전통적인 국가의 정의가 갖는 기묘한 점은 다음과 같은 데에 있다. 즉 인간의 집단을 여러 국가로 만드는 개념은 완전히 의인적인 것이다. 국가의 특질을 이루는 것은 주권과 소유권이다. 국가는 소지하고, 사고, 팔고, 싸우고, 다른 나라들을 희생하여 번영을 이룩하려고 한다. 그것은 질투가 많고, 자부심이 강하며, 부유하거나 가난하다. 다른 나라를 비판하며, 친구 혹은 적이 있으며 동조자를 갖기도 한다. 예술을 만들기도 하는가 하면 안 만들기도 한다 등등이다. 결국 국가라는 것은 인격이므로, 우리는 오랜 시간에 걸친 단순화의 습성으로부터, 거기에 다양한 감정, 권리, 의무, 아름다움, 결함의 의식, 책임 등을 부여하고 있다.

이 인간의 집단을 확고하게 고정된 인물과 동일시하는 것의 결과는 여기서 전개할 필요도 없다.

그러나 지구상에서 현대가 가져온 새로운 변화가 착착 진행되는 것에 따라, 이 거대한 변혁에 대응할 만한 새로운 생활의 체계는, 내가 지금 스케치한 정치의 구조와 충돌하게 된다. 내가 『현대 세계의 고찰』에서 보여주었던 이 변화의 큰 특성을 아주 간단하게 요약해서 상기해보자.

우선 모든 토지는 점거되었다는 것, 즉 주인이 없는 토지는 존재하지 않는다는 것이다. 다음으로 각 국민의 기술이 점차 현저하게 평등화한다는 것--이에 따라 유럽형 국가들의 우월성의 근거는 크게 줄어들었다. 그리고 물질적 에너지에 대한 끊임없이 증대하는 수요, 그 결과로서(석탄, 석유 등) 그 변형에 의해서 이것을 산출하는 재료에 대한 수요의 증대가 있다. 마지막으로 통신과 교통수단의 환상적으로 빠른 증대가 있다.

이 모든 것은 하루하루 확실성을 더하고, 현저해지며, 그 작용을 미친다. 이 모든 것은 구세계의 고통스러운 유언이나 고풍스럽고 원시적인 정치와 결합된다. 분쟁의 기회는 그로 인해 무서울 정도로 증가한다. 세계의 균형은 극도의 불안정에 놓이게 된다. 몇 명이 앞날을 내다본다고 해서 우쭐해할 수는 없다. 가장 위대한 정치가, 가장 심원한 두뇌조차 무언가를 계산할 수 없게 된다. 예기치 않은 하나의 발명이 당장 내일이라도 경제력 또는 군사력의 모든 조건을 바꾸어 버릴지도 모르는 것이다.

따라서 한편에는 원시적인 의인적 개념인, 마음대로 구분된 영토의 소유권과 주권을 가지는 인격으로서의 국가가 있다. 다른 한편에는 여러 지역에서 증대하는 의존 관계, 교역과 균형의 필요, 불가피한 기술적 경제적 상호의존이 있다. 현대전에서, 한 병사가 다른 한 병사를 죽이면, 그것은 그가 소비하는 것의 생산자 또는 그가 생산하는 것의 소비자를 죽인 셈이 된다.

이런 사태의 불행한 결과를 서술할 필요는 없을 것이다. 불행한 유럽은 어리석음과 경신輕信, 너무나 명백한 야수화라는 위기의 희생양이 되고 있다. 우리의 오랜 풍부한 문화가 몇 년 안에 최

아메리카

저의 지점까지 퇴화한다는 것도 불가능하진 않다. 나는 이미 20년 전에 이렇게 썼다. "우리들 문명은 이제 우리가 죽을 운명에 처해있다는 것을 안다…"고. 그 이후에 일어난 모든 것은 내가 지적한 치명적인 위기를 더욱 키울 뿐이었다.

이제 여기서 드디어 미국에 대해 언급하겠다. 내 생각이 너무나 어두워질 때마다, 유럽에 절망할 때마다, 나는 단지 신대륙을 생각하는 것으로 약간의 희망을 되찾곤 했다. 유럽은 남북의 아메리카에 자신의 메시지를 보냈던 것이다. 즉 그 정신이 낳은 전달할 수 있는 창조물, 그 가장 유용한 발견, 또 결국 이동이나 일반 조건의 간극에서 가장 변화하기 어려운 것을 보낸 것이다. 거기에서 진정한 '자연도태'가 작용하여 유럽 정신에서 보편적 가치가 있는 소산을 빼내고, 그것에 포함된 너무도 인습적이거나 너무나 역사적인 것은 '구세계'에 남겨놓았던 것이다.

나는 최상의 것이 모두 '대양'을 건넜다고도, 또 가장 좋지 않은 것은 모두 그것을 건너지 않았다고도 말하지 않겠다. 그렇게 되면 더 이상 자연도태가 아니게 될 것이다. 내가 말하는 것은, '대양'을 건너고, 대부분은 처녀지인 땅에 뿌리를 내리게 된 것은, 태어나 고향으로부터 멀리 떨어진 하늘 아래에서 살 수 있는 능력을 가진 사물이었다는 것이다.

이 글을 마치는데 있어서 지금까지 너무 간략한 관찰에서 이끌어낼 수 있는 두 개의 생각에 대해 말해 보겠다.

첫째, 아메리카 대륙은 여러 민족과 그들의 멸망한 삶의 흔적을 지니고 있었다. 유럽적 요소의 침투와 접촉의 결과로 장래에 큰 반작용이 나타나는 것도 불가능하지는 않다. 이를테면 우리의 미적 관념이 멕시코 토착예술의 강렬한 성격과 접합된 결과, 매우 뛰어난 배합이 생겼다고 해도 나는 뜻밖의 일이라고 생각하지 않는다. 예술의 발달에서 접목은 가장 결실이 많은 방법 중 하나이다. 모든 고전 예술은, 터놓고 말하면, 접목의 산물인 것이다.

두 번째 생각, 이것은 전혀 다른 방면의 것이다. 가령 유럽이 그 문화의 멸망 또는 쇠퇴와 맞닥뜨려야 하고 우리의 도시, 박물관, 기념비, 대학 등이 과학적으로 조직된 전쟁의 맹위 속에서 파괴될 수밖에 없다고 해도, 비록 사상가나 예술가의 생활이 잔인한 정치적, 경제적 환경 아래에서 거의 불가능하거나 혹은 놀라울 정도로 잔혹한 것이 된다고 해도, 다음과 같은 생각에는 어느 정도의 위안과 희망이 포함되어 있다. 즉 그것은 우리 작품, 우리 프로젝트의 기억, 우리 최대의 위인들의 이름이 흔적 없이 사라지지는 않는다는 것이며, 그리고 신세계 곳곳에 태어나는 정신의 내부에서는 불행한 유럽인들의 경이적인 창조물이 제2의 삶을 영위할 것이라는 점이다.

역사에 대하여

역사는 지성의 화학이 만든 가장 위험한 산물이다. 그 특질은 이미 잘 알려져 있다. 이 산물은 몽상하게 한다. 민중들을 취하게 하며, 그들에게 가짜 추억을 만들어주며, 그들의 반사작용을 과장된 것으로 만들고, 그들의 오래된 상처를 유지하게 하고, 휴식 중임에도 고통을 맛보게 하며, 그들을 부국강병의 망상이나 혹은 박해의 망상으로 인도하고, 그리하여 여러 나라의 국민들을 씁쓸하게 하고, 오만하게 하며, 견딜 수 없는 존재로 만들고, 허영심에 가득 찬 사람들로 만든다.

역사는 우리가 원하는 것을 정당화해준다. 그것은 엄밀하게는 아무 것도 가르쳐주지 않는다. 왜냐하면 그것은 모든 것을 포함하고 있으며, 모든 것에 대해 그 사례를 가지고 있기 때문이다.

얼마나 많은 책들이 "누구누구 씨의 강의", "누구누구 씨의 가르침" 등의 이름으로 많이 발간되었는지는 어느 누구도 정확히 모를 지경이다. 이런 책들이 미래의 방향에 대해 해석한 여러 사건들을 실제로 목격한 다음에 이들 책을 읽는 것만큼 웃기는 일도 없을 것이다.

현재 세계의 현상에서는, 역사의 유혹에 몸을 맡길 위험은 예전과는 비교할 수 없을 정도로 크다.

우리 시대의 정치적 현상은 **유례가 없을 정도의 규모의 변화**, 혹은 오히려 **사물의 질서의 변화**를 동반하면서 더욱 복잡해지고 있다. 우리가, 인간으로서 그리고 국민으로서, 속하기 시작한 이 세계는 우리에게 익숙했던 그 세계의 닮은꼴에 지나지 않는다. 우리들 각자의 운명을 호령하는 원인은 이제 지구 전체로 확산하여, 동요가 있을 때마다 지구 전체를 흔들어놓을 것이다. 더 이상 한 지점에 한정되듯이, 그렇게 지역적으로 한정되는 문제 같은 것은 없을 것이다.

**

이전에 사람들이 생각하던 '역사'라는 것은 여기 저기 우발적인 재단선이 들어간, 서로 평행하는 연대표들의 총체 같은 인상을 주었다. 동시성에의 시도가 있었지만 그 무익함을 예증하는 것 이외에는, 별로 성과를 올리지도 못했다. 카에사르의 시대에 베이징에서 일어난 일, 나폴레옹의 시대에 잠베지 지방[옮긴이—아프리카 남동부의 큰 강]에서 일어난 일은 다른 행성에서 일어난 일이나 다름없었다. 하지만 **선율적인**mélodique 역사라는 것은 이미 가능하지 않다. 모든 정치적 주제가 서로 얽히게 되고, 실제의 사건들은 어느 것이나 복수複數의 동시적이면서 분리 불가능한 의미를 띠게 된다.

리슐리외나 비스마르크 같은 인물의 정략은 이러한 새로운 환경에 있어서는 길을 잃고, 의미도 잃는다. 그들이 그들의 계획에서 사용한 관념, 그들이 자기네 국민의 야심에 제안할 수 있었던 목표, 그들의 계산에 올라간 모든 힘, 이 모든 것들은 결국 대단치 않은 것임이 드러났다. 정치가들의 가장 큰 문제는, 지금도 어떤 정치가들에게는 그렇지만, 영토를 획득한다는 데 있다. 그를 위해 강제가 사용되고, 누군가로부터 토지를 가져오게 되면,

그걸로 다 끝나는 것이 된다. 하지만 결투를 동반하거나, 조약을 동반하는 회담의 틀 내에서 머물던 이런 기도가 미래에서는 어떤 불가피한 일반화를 야기하게 되고, 그야말로 전 세계의 관여를 불러일으키지 않고서는 어떤 일도 이루어지지 않을 것이다. 또한 자신이 일으킨 일 직후에 일어날 일에 대해 어느 누구도 예견할 수 없으며 그것을 국지화할 수도 없다는 것은 누가 보아도 알 수 있는 것이 아닌가.

과거의 모든 위대한 통치의 재능은 이제 쇠약하고, 무력해졌으며, 정치현상의 장에 있어서의 연결 운동의 확대와 증대로 인해 **사용불능의 상태**에 이르렀다. 어쨌든 옛날의 **역사기하학**과 옛날의 **정치역학**에는 전혀 어울리지 않는 어떤 인간적 세계의 상태와 반작용에 대해 앞으로 원하는 대로 저해나 변용을 가하려고 하는 의욕을 일으킬 수 있는 천재, 성격 및 지성의 강렬함, 전통이란 것은--그것이 영국의 전통이라고 해도--전혀 없기 때문이다.

유럽은 내게는 복잡함의 정도가 보다 큰 다른 공간으로 갑자기 옮겨가게 된 하나의 물체를 생각나게 한다. 일단 이 공간에 들어가게 되면 예전에 그 물체의 성격으로 알려져 있으며, 지금도 외견상으로 같은 것으로 간주되는 여러 성격이 모든 완전히 다른 연관성에 따르지 않으면 안 되는 것이다. 특히 예전에 행할 수 있었던 예견이나 전통적 계산은 더욱 더 공허한 것이 된다.

최근에 있었던 전쟁[옮긴이--1차대전을 말함]의 여러 결과를 보면 예전에는 장기에 걸쳐 이들 사건 자체를 결정할 그런 방향을 향해, 정치 전반의 인상과 진행을 결정했을 사건이 수년 사이에 당사자의 수, 무대의 확장, 이해관계의 복잡화 등의 결과 마치 그 에너지를 빼앗겨서 그 직접적인 귀결도 약해지고 말며 그에 대한 반박을 그대로 받게 되는 것 같다.

이러한 변형이 사실은 정상적인 것이라고 기대할 필요가 있다. 우리가 앞으로 나아가면 갈수록 결과는 간단하지 않은 것이 되고, 예견하기 어려운 것이 되며, 정치적 조작이나 심지어 실력으로 개입한 경우에도, 그러니까 명백하고 직접적인 행동이어도, 그것의 결과가 우리가 이렇게 될 것이라고 예측한 것과 다르게 나타날 수 있다. **눈앞에 있는 거대함, 면적, 질량, 이런 것들의 결합, 국지화의 불가능, 반향의 신속함은 점점 현재의 정책과는 상당히 다른 정책을 우리에게 밀어붙이게 될 것이다.**

여러 결과가 극히 신속하게 원인으로부터 계산할 수 없게 되고, 나아가서 그 원인과 정반대의 것이 되기 때문에 사건을 찾고 사건을 만들어내려고 시도하거나 혹은 그 발생을 방해하려고 시도하는 것은 앞으로는 유치하고 위험하며 무분별한 짓으로 여겨지게 될 것이다. 아마도 정치적 정신은 본질적으로 역사에 의해 부여되고 역사에 의해 양성된 관습인 '사건에 의해 생각한다'는 것을 중지하게 될 것이다. 이것은 지속에서 사건과 기념비적인 순간이 없어진다는 것을 말하는 것이 아니다. 엄청나게 거대한 사건과 순간은 분명 있을 것이다! 하지만 그러한 것을 기다리고 준비하거나 혹은 그러한 것들에 대해 조심하는 것이 그 역할인 사람들은 반드시 그러한 것들의 결과를 경계하는 법을 점차 배우게 될 것이다. 어떤 기도를 발동하는 데 있어 욕망과 권력을 결합시키는 것만으로는 더 이상 충분하지 않게 될 것이다. 최근의 전쟁 덕에 가까운 장래를 예측할 수 있다고 믿는 자부심만큼 크게 타격을 입은 것도 없을 것이다. 하지만 역사적 지식이 부족한 탓이라고는 보이지 않는데 이것은 어떻게 보아야 할까.

진보에 대하여

예전에 예술가들은 '진보'라는 것을 좋아하지 않았다. 철학자들이 풍속에서 진보를 인정하지 않는 것 이상으로, 예술작품에서 그것을 인정하려고 하지 않았다. 그들은 지식이 행하는 야만성을, 기술자가 풍경에 베푸는 잔혹한 수술을, 기계의 압제를, 집단적 조직의 증가하는 복잡화를 상쇄해버리는 인간형의 단순화를 비난했다. 1840년 경 변화의 첫 징후가 나타나자마자 사람들은 재빨리 분노의 빛을 나타냈다. 낭만파 작가들은 앙페르, 패러데이와 동시대인이면서도 태연하게 과학을 무시하거나 이를 경멸했다. 혹은 거기서 발견되는 가상적인 것밖에 기억하려고 하지 않았다. 그들의 정신은 자신이 만들어낸 중세 안에 은신처를 구했다. 연금술사 안에 화학자를 피신시켰다. 그들은 '전설'과 '역사' 속에서만, 즉 '물리학'의 대척점에 안주의 땅을 찾아냈다. 조직화된 삶으로부터 열정과 감동으로 도피했고, 그에 의해 하나의 교양(심지어 하나의 드라마도)도 만들어 낸 것이었다.

**

하지만 그 시대 한 위인의 지적 행동에서 주목할 만한 모순이 발견된다. 현대인의 새로운 야만성과 미신을 가장 먼저 고발한 사람인 에드거 포는 동시에 문학적 제작에, 픽션을 구성하는 기술에, 그리고 시에 이르기까지, 그가 다른 한편에서 그 기도와 죄악을 개탄했던 똑같은 분석의 정신과 계산된 구조를 도입하려고 착안한 최초의 작가였다.

요컨대 '진보'의 우상은 '진보'의 저주의 우상에 대응하는 것이었다. 이렇게 해서 **두 개의 상투구가 완성되었다.**

우리는 우리 주위에, 그리고 우리 내부에서조차, 일어나고 있는 놀라운 변화를 어떻게 생각해야 할지를 모른다. 새로운 힘, 새로운 구속, 세계가 어디로 갈 것인가, 이런 것들을 이토록 알 수 없었던 시기는 없다.

**

예술가들의 진보에 대한 이러한 반감을 생각하고 있는 동안에, 몇 가지 부대적인 생각들이 나의 마음에 떠올랐다. 체계를 세워 말할 것도 없이, 그것이 공허한 것이라 생각되어도 나는 그 생각을 말하기로 한다.

19세기 전반에 예술가는 자신과 반대되는 것--그러니까 부르주아를 발견하고 정의했다. 부르주아는 낭만파의 대칭적 면모를 보인다. 또 사람들은 서로 모순되는 특성을 부르주아에 떠넘겼다. 즉 부르주아는 관습의 노예이면서 동시에 진보의 어리석은 신봉자라는 정설이 형성됐기 때문이다. 이들은 상식의 대변자로 지극히 감각적인 현실에 대해 강한 집착을 보인다. 그러나 그 반면 생활수준이 끊임없이 증대한다는 것, 말하자면 불가피한 개량이라고 할 만한 것을 전적으로 믿고 있다. 이에 반해 예술가는 '꿈'의 영역을 자신을 위해 보유한다.

그런데, 시간의 흐름--원한다면 생각지도 못한 조합의 악마(현재 있는 것에서, 가장 놀랄 만한 결과를 끌어내고, 그것에서 연역해서 앞으로 등장할 것을 조립하는 악마)라고 해도 좋을텐

데--은, 서로 관계되면서 뚜렷이 대립하고 있던 두 개념의, 실로 찬탄할 만한 혼동을 일으키면서 즐거워하고 있는 것이다. 신비한 것과 실증적인 것이 놀라운 동맹을 맺었고, 왕년의 이 두 적은 우리의 생존을 무수한 변화와 경악으로 끌어들이려고, 서로 음모를 꾸미기에 이르렀다. 사람들은 모든 지식이 과도기적이며 그 모든 생산 상태나 물질적인 관계가 잠정적이라는 사고방식에 익숙해졌다고도 할 수 있을 것이다. 이것은 새로운 경향이다. 일반 생활의 규칙은 점점 더 뜻밖의 것을 고려해야만 한다. 현실적인 것은 이제 확실하게 사라진 것은 아니다. 장소, 시간, 물질은 과거의 사람들이 그 예감조차 품지 못하던 자유를 허용한다. 엄밀함은 꿈을 낳는다. 꿈은 구체화된다. 행복한 경험에 의해 끊임없이 얻어맞고 조롱당한 상식은 이제 무지無知에 의해서만 환기될 수 있다. 평균에서 도출해낸 명증성의 가치는 땅에 떨어지고 말았다. 어느 누구에게나 받아들여진다는 사실은 과거에는 판단에도, 의견에도 이길 수 있는 힘을 주는 것이었지만, 오늘날에는 그 평가가 대폭 줄어들었다. **누구에게나, 도처에서 항상 믿어지고 있다는 것이, 이제는 큰 무게를 갖지 못한 것처럼 보인다.** 대다수 사람들의 의견이나 증언의 일치에 유래하는 일종의 확실성에 대해 소수의 전문가들에 의해 기재되고 해석되는 등록의 객관성이 대립한다. 아마도 일반적인 동의(그 동의 위에 우리의 풍속과 예의범절의 기초가 놓여 있다)의 가치라는 것은 대부분의 사람들이 자신이 동료들과 닮았음을 발견함으로써 맛보는 쾌락의 결과였음에 틀림없다.

또한 인류가 만들어낸 거의 모든 꿈, 다양한 형태의 우화 속에 남아 있는 대부분 모든 꿈--하늘을 나는 것, 물속을 잠수하는 것, 저승의 것이 나타나는 것, 말이 그 시대나 그것을 말하는 사람으로부터 분리되어 옮겨지는 것 등 상상도 못했던 이상한 것들--은 지금은 불가능과 정신의 영역으로부터 밖으로 나온 것이다. 전설적인 것들은 거래의 대상이 되었다. 신비를 낳는 기계의 제조는 수천의 인간에게 생활의 자원을 제공하고 있다. 하지만 예술가는 이러한 기적의 창조에 하등 기여하는 바 없었다. 이는 과학과 자본에서 나온 것이다. 부르주아는 환상에 자신의 자산을 투하했고, 상식의 몰락에 투기했던 것이다.

**

 루이14세는 그 권세의 절정에 있어서도, 오락을 추구하거나, 정신을 도야하거나, 감동을 맛보거나 하는 종류나 방법에 관해서, 오늘날 가장 신분이 낮은 사람들이 자유롭게 할 수 있는 것의 백분의 1 정도의 힘밖에 가지고 있지 않았다. 물론 나는 사람을 지배하고, 굴복시키고, 위협하고, 현혹하고, 형벌을 가하고, 사면을 내리는 쾌락을 계산에 넣고 있는 것은 아니다. 이것은 거룩하고 연극적인 쾌락이다. 하지만 시간, 거리, 속도, 자유, 세계 각지의 풍경 같은 것들은...

 젊고, 건강하고, 상당한 재산이 있는 오늘날의 청년은 밤마다 궁전에 머물며, 원하는 곳으로 날아가고, 가볍게 세계를 횡단한다. 다양하게 생활형태를 바꾸어 도처에서 조금씩 연애를 맛보고, 안심감을 맛볼 수 있다. 만약 청년에게 약간의 지성이 있다면(필요한 것 이상으로 많을 필요도 없다) 세상의 가장 좋은 것을 뽑아내서 끊임없이 행복한 사람으로 변모해 갈 수 있을 것이다. 막강한 힘을 가진 군주라고 해도 부러워할 것은 없다. 대왕의 육체는 이 청년에 비해 훨씬 불행한 것이었다. 냉난방의 문제나, 피부나 근육의 문제에 대해서도, 그랬던 것이다. 국왕이 병에 걸려도 마땅한 치료법이 없었다. 화학이 현대의 대수롭지 않은 환자에게도 혜택으로 주는 그 응급치료나 마취의 희망도 없이 이불 위에서, 깃털 장식 아래에서, 몸을 뒤틀고 신음소리를 내야 했다.

이와 같이 쾌락을 얻고 고통과 권태를 피하는 데 있어, 모든 종류의 호기심을 만족시키는 데 있어, 오늘날의 많은 사람들은 2백50년 전 유럽에서 가장 권력이 있었던 국왕보다 나은 상태에 있는 것이다.

**

우리가 보고 우리가 살고 우리를 움직이고 있는 방대한 변혁이 더욱 발전하고, 마침내 관습으로 남아 있던 것을 변질시키며, 삶의 욕구나 수단을 완전히 변형시켜 버린다고 가정하자. 새로운 시대는 정신의 어떠한 습관에 의해서도 과거와 연결되지 않는 인간을 낳게 할 것이다. 역사는 이러한 사람들에게 기묘하고 이해하기 힘든 이야기로 비칠 것임에 틀림없다. 왜냐하면 그들의 시대에 어떤 것도 과거에 선례를 두지 않고 있으며, 과거의 어떤 것도 그들의 현재에는 도움이 되지 않을 것이기 때문이다. 인간 속에 있으면서 순수하게 생리학적이지 않은 것은 모두 변할 것이다. 우리의 야심, 우리의 정치, 우리의 전쟁, 우리의 풍습, 우리의 예술이 현재 매우 빠르게 움직이고 있으니 말이다. 이것들은 점점 더 밀접하게 실증과학에 의존하게 되며, 따라서, 예전에 있던 곳에서 더욱 더 멀어져 간다. **새로운 사실**은 지금까지 전통이나 **역사적 사실**이 지니고 있던 중요성을 모조리 점유하려는 경향이 있다.

베르사이유를 구경하는 새로운 나라의 방문객들 중에는 큰 가발을 무겁게 쓰고, 수를 놓은 눈에 띄는 옷을 입고, 관병식 때처럼 무뚝뚝한 자세로 우뚝 서 있는 인물을 보고 눈이 휘둥그레지는 사람들이 제법 있다. 이건 당연히 그럴 만도 하다. 마치 우리가 민속박물관에 갔다가 날개나 가죽 망토로 감싼 인간 모형이 멸종된 부족의 사제나 추장을 표상하는 것을 보고 눈이 휘둥그레지는 것과 같은 것이다.

따라서 진보의 가장 확실하고 가장 잔혹한 효과 중 하나는 죽음에 부대적인 고통을 덧붙이는 것이다. 이 고통은 관습이나 사상의 혁명이 격화되고 급속화됨에 따라, 자연히 심각해져 간다. 죽는 것만으로는 충분치 않다. 이해하기 어려운 것, 거의 우스꽝스럽다고도 할 그런 것이 되어야 한다. 라신이나 보슈에 정도의 인물이라도, 머지않아 잡색의 문신을 한 기묘한 얼굴--구경꾼의 미소를 자아내고 다소의 공포를 주는 기묘한 얼굴들--사이에 자리를 차지하고 진열실에 나란히 서서 무감동한 표정으로 동물항목에 속하는 박제의 대표자 뒤를 따를 운명에 있는 것이다...

**

나는 일찍이 **진보**라고 불리는 것에 대해 명확한 개념을 규정하려고 시도한 적이 있다. 거기에서 정신적, 정치적, 혹은 심미적 범주에 속하는 고찰 전부를 제거해버리면 진보라는 것은 다음 두 개에 의해 발생하는 것으로 보인다. 즉, 인간의 손으로 이용되는 (기계적) **힘**의 극히 급속하고 현저한 증대 및 인간이 그 예견에서 도달할 수 있는 **정확성**의 증대이다. 일정수의 마력, 음미할 수 있는 소수, 이것이 한 세기 이래 크게 증가했다는 것은 의심할 수 없는 징조가 된다. 매일 모든 종류의 그 수많은 모터 속에서 소비되는 것, 전 세계에서 행해지고 있는 자원의 파괴를 생각해보는 것이 좋을 것이다. 파리의 거리는 마치 공장처럼 움직이고 진동하고 있다. 저녁이 되면 불의 제전, 등화燈火의 보물은 반쯤 현혹된 두 눈에는 비정상적인 소비력을, 거의 범죄적이라고 할 수 있을 만큼 지나치게 관대한 성격을 드러내고 있다. 낭비는 대중적이고 영속적인 필수품이 된 것일까? 이러한 남용은 습성이 되어가고 있지만 이를 세밀히 분석하면 어떤 결과가 나올지 누가 알 것인가? 아마도 먼 나라의 관찰자는 우리의 문명 상태를 바라보고, 세계대전[옮긴이--1차 세계대전을 말한다]은 우리의 생산력 발전의 극히 불길한, 그러나 직접적이고 불가피한 결과라고 생각할지도 모른다. 이 전쟁의 공간, 시간, 강도, 그리고 그 광폭함조차도 우리가 가진 힘의 정도에 대응하는 것이었다. 그것은 우리들의 자원과 평시에 있어서의 공업력에 비례하였다. 지금까지의 전쟁과는 그 규모가 완전히 다른 이 대전은 우리의 행동하기 위한 도구, 물질적 자원, 우리의 과잉이 이를 강요한 것이라고 할 수 있다.

진보에 대하여

그러나 차이는 단지 그 규모에만 머무르는 것이 아니다. 물리적인 세계에서는, 무엇인가를 크게 하게 되면, 그것은 곧 **질**質로 전환된다. 유사한 형상이 존재하는 것은 순수기하학에서만은 아니다. 유사성은 거의 항상 정신 속에만 있다고 해도 과언이 아닐 것이다. 이번 대전은 과거 전쟁의 단순한 확대라고 생각할 수는 없다. 과거의 전쟁은 그 싸움에 참가한 나라들이 완전히 피폐해지기 훨씬 이전에 종결되었다. 그건 딱 체스를 잘 두는 사람이 한 수만 놓쳐도 한 판을 진 것으로 치는 것과 같다. 그러므로 드라마는 일종의 약속에 의해 종국에 도달하게 되고, 병력의 불균형을 결정지은 사건은 실제적이라기보다는 상징적이었다. 그러나 불과 몇 년 전 이와는 반대로 우리는 완전히 현대적인 싸움이 적이 극도로 피폐해질 때까지 숙명적으로 계속되는 것으로 보았으며, 동원할 수 있는 거의 모든 자원이 전선에서 소비되는 것을 목격했다. "전쟁은 졌다고 생각할 때, 진 것이다"라고 하는 조제프 드 메스트르[옮긴이--프랑스의 사상가, 외교관]의 유명한 말은 그 자신이 가진 그 낡은 진리를 상실했다. 앞으로의 싸움에서는, 인간, 빵, 금, 석탄, 석유 등이 군대에서뿐만이 아니라, 국가의 내부에서까지 결핍됨으로써 **현실적으로** 진 것이 된다.

**

그동안 이룩된 많은 진보 중에서, 빛에 의한 진보만큼 경이로운 것은 없다. 불과 몇 년 전만 해도 그것은 눈에 보이는 한 사건에 지나지 않았다. 존재한다고도 할 수 있고, 그렇지 않다고도 할 수 있는 것이었다. 그것은 공간 속으로 펼쳐지며, 거기에서 어떠한 물질에 부딪혀 다소의 수정을 받긴 하지만, 그 물질은 빛에 대해서 아무런 관계가 없는 상태에 머물러 있는 것으로 여겨졌다. 그 빛이 지금은 세계 제일의 수수께끼가 되어버렸다. 빛의 속도는 우주에서 무언가 본질적인 것을 표현하고 한정한다. 빛에는 무게가 있다고 생각되고 있다. 그 방출에 관한 연구는 우리가 진공 및 순수 시간에 대해 갖고 있던 관념을 뿌리부터 뒤엎는다. 빛은, 물질과 함께, 신비스럽게 조합된 유사와 상이점을 제시한다. 더욱이 과거에는 풍요롭고 뚜렷하고 완벽한 지식의 상징으로 여겨지던 이 빛이 이제는 일종의 지적 스캔들 속에 휩쓸려 들어가고 있다. 빛은 공범자인 물질과 함께 불연속성이 연속에 대해 제기하는 소송, 개연성이 형상에 대해, 개체가 다수에 대해, 분석이 종합에 대해, 숨겨진 현실이 그것을 추적하는 지성에 대해--그리고 한마디로 말한다면 이해할 수 없는 것이 이해할 수 있는 것에 대해 제기하는 소송에 연좌되어 있다. 과학은 여기서 그 결정적인 위기(소송)에 봉착할 것이다. 그러나 이 사건은 법정 밖에서 곧 타결점에 이를 것으로 보인다.

독재라는 관념

정치의 실천적인 측면에 대해 나는 거의 아는 것이 없다. 내 짐작에 거기에는 내가 기피하는 것만이 있는 것 같다. 그것은 더할 수 없이 불순한 세계임에 틀림없다. 즉 내가 결코 혼동하지 않았으면 하는 것들이 극도로 섞여 있는 그런 세계, 예를 들면 야수성과 형이상학, 힘과 권리, 신앙과 이해관계, 현실적인 것과 연극적인 것, 본능과 관념 등이 뒤섞인 세계인 것이다...

하지만 그것은 바로 거기에서 인간성 자체를 비판하는 것과 연결이 될 것이다... 따라서 내게는 이런 책[옮긴이--안토니오 페로 Antonio Ferro의 책 『살라자르-포르투갈과 그 지도자』를 말한다. 안토니오 데 올리베이라 살라자르는 1933년부터 1968년까지 포르투갈을 지배했다]의 서문을 쓸 자격은 전혀 없다. 이 책은 권력을 잡은 정치가가, 대담의 형식으로, 자신의 생각과 기획을 전개하며 자신의 정치적 행동을 설명하는 것이다.

아마도 내게 서문을 써달라고 부탁한 안토니오 페로 씨는 경험에 의해 정당화되고 뒷받침된 생각에다 몇 개의 사변적인 견해를 덧붙이는 것으로 대조의 효과를 노렸을 것이다--새로운 유형의 개인이 지도하는 정부의 출현이 단순한 한 개인에 미치는 영향을 솔직히 말해주기를 바란 것이 아닐까 한다.

이 책에 표명된 살라자르 씨의 생각들은, 그러니까 그의 것이라 여겨지는 생각들은, 완전히 타당한 것으로 보인다. 자신에 맡겨진 책임의 무거움을 절실히 느끼는 인간이 심사숙고한 결과가 잘 반영되어 있다. 이 책임의 무거움에 대한 의식이야말로, 고귀한 정치를 줄곧 추구하는 인간과 큰 역할이 주어져도 제일 먼저 자신을 생각하는 인간을 구분하는 것이다.

하지만 살라자르 씨의 정치적 행동에 대해 무언가 의견을 말한다고 해도 실제 그 행동에 대해 알지 못하는 나로서는 상당히 주제넘은 짓이 되지 않을 수 없다. 왜냐하면 나는 포르투갈에 간 적이 없으며, 가령 간 적이 있다고 해도 그 나라의 내정에 대해 뭐라고 말한다는 것은 조심성이 없는 짓이 될 것이다--나 자신 프랑스 정치의 문제로 당황스러울 때가 많지만, 그렇다고 해도 외국인이 그것에 대해 글을 쓴다면 불쾌감을 느낄 가능성이 훨씬 클 것이다.

그런 것이므로 나는 여기서, 독자를 앞에 두고, **독재**라는 것이 어떻게 해서 발생하는 것인가 하는 문제를 생각해보는 것으로 자신이 할 일을 한정하겠다.

모든 사회적 시스템은 다소간에 자연自然에 반하는 것이다. 자연은 시시각각 자신의 권리를 되찾으려 한다. 살아있는 존재, 개인, 경향은 각자가 자신들의 방식으로 강력한 추상적 개념장치, 법과 의례의 네트워크, 하나의 조직화된 사회를 정의하는 관습과 합의사항의 체계를 어지럽히고 해체하려 한다. 여러 사람들, 이익단체, 정파와 정당은 각자의 필요와 수단에 의해 국가의 명령과 실체를 침식하고 해체한다.

생각할 수 있는 모든 정체régime에서 반드시 존재하며 또 존재하지 않을 수 없는 남용, 오용, 고장이란 것이 사회적 이념의 생명원칙(즉 사회적 이념의 신뢰도와 그 힘의 우위성에 대한 신념)을 바꾸지 않는 한, 여론은 여러 가지 곤혹스러운 일이 일어난다고 해도 그렇게 떠들썩해지지는 않는다. 사건은 바로 흡수되어 버리고 말아서, 그것에 의해 사회적 제도가 위험에 처한다기보다는, 오히려 그 기반이 견고하다는 것을 입증해주는 것이다. 그러나 일반적 의식의 한계치[역치]에 도달해서 대다수의 국민이 '국가'의 무위무책에 귀결시켜야 할 문제를 생각하지 않고서는 자신들 개개인의 문제도 생각할 수 없는 그런 사태에 이르게 되는 일이 있다. 따라서 일반적인 상황이 개인 생활에 크게 영향을 미칠 정도로 악화되고 공적인 일들이 외부적인 사건에 의해 농락당하는 것 같이 보이며, 사람들과 제도에 대한 신뢰감이 점차 상실되고, 행정기능, 대민 서비스, 법률의 적용이 변덕스럽게 시행되며 특혜나 관습적 처리가 횡행하게 된다. 각 정당과 당파는 다투어 권력의 달콤한 혜택과 저급한 이권의 혜택을 맛보려 하며, 권력이 제시하는 이념적인 구제수단에는 눈을 돌리지 않게 된다--이러한 무질서와 혼란의 감각은 그것을 몸으로 받아들이고 그러한 해체에서 어떠한 이익도 끌어낼 수 없는 사람들의 마음에 반드시 정반대의 상황을 그려내게 하고 결국 그러한 상황을 실현하기 위해서 해야 할 일은 무엇인가를 환기하게 된다.

이렇게 되면 정체는 이제 아래의 세 개의 포인트에 의해서만 지탱되게 된다. 즉 정체의 존망에 관한 이해관계의 개별적인 힘, 불안감과 미지의 것에 대한 두려움, 그리고 독자적이고 명확한 미래의 관념의 결여 혹은 이러한 관념을 대변하는 인간의 부재이다.

**

 독재가 이미지로서 그려지게 되는 것은 정신이 사건의 진행에서 권위, 연속성, 통일성을 인정할 수 없게 될 때이다. 반성적 의지(의 존재)와 조직된 지식의 통제의 표식인 이 세 개의 것이 인정되지 않으면 정신의 반응은 필연적으로(거의 본능적으로) 독재를 마음속으로 그리게 되는 것이다.

 이러한 반응은 이론의 여지가 없는 하나의 사실이다. 단 거기에는 정치권력의 영향이 미치는 범위나 심도에 대해 과대한 환상을 품고 있다고 볼 수 있는 측면이 있다. 그러나 반성적 사고와 공적 질서의 혼란이 만났을 때, 유일하게 형성되는 것이 그것이다. 의식적이든 아니든 불문하고 모두가 **독재**를 그리고 있는 것이다. 각자가 마음속에서 독재자가 태어나는 것을 그리고 있다. 이것은 1차적이고 자연발생적인 효과이며, 일종의 반사적 반응이라고 할 수 있다. 그것에 의해 현재 있는 것과 정반대의 것이 논의의 여지가 없는, 유일하면서도 명확한 필수물로서 전면으로 밀려나오게 되는 것이다. 그것은 공적 질서와 구제의 문제이다. 이 두 개의 것에 가급적 빨리 최단거리를 통해, 어떤 대가를 치르더라도 도달하지 않으면 안 된다. **유일하게** 어떤 한 **자아**만이 이것을 달성할 수가 있다.

 이와 같은 생각이(그 정도로 명시적인 것은 아니지만) 사회를 하나의 논리적 플랜에 따라 개혁하고 다시 만들려고 하는 모든 사람들의 마음에 가장 긴급한 문제로서 제기된다. 개혁에는 법률과 관습과 심리에 있어서의 깊고 동시적인 변화가 요청될 것이다.

개혁이든, 다시 만들기를 하든, 어느 경우에도, 사회에는 하나의 명확한 목적이 설정된다. 그리하여 몇 개의 정의 가능한 조건을 만족시키고 또한 어떤 때에도 어떤 하나의 생각에 따른 질서와 일관된 의지를 표명하는 것이 의무로 부여된 하나의 구축물 혹은 메커니즘에 한 무리의 인간들이 다소나마 합법적으로 동화하는 것이다.

결국 정신이 자신을--즉 자신의 중요한 특성인 잘 숙고된 행동양식과 혼돈과 힘의 낭비에 대한 혐오감을--잃고 정치 시스템의 변동과 기능부전 속에서 이를 찾아낼 수가 없게 되었을 때, 정신은 필연적으로 어떤 하나의 두뇌의 권위가 가급적 신속하게 개입하는 것을 본능적으로 희구하게 된다. 왜냐하면 여러 가지의 지각, 관념, 반응, 결단 사이에 명확한 조응관계가 파악되고 조직되며, 여러 문제에 납득할 수 있는 조건과 조치를 부여할 수 있는 것은 두뇌가 하나일 때로 한정되기 때문이다.

모든 정체, 모든 정부는 이러한 정신에 의한 판단에 노출되어 있다. 권력이 취하는 행동 혹은 무대책이 정신에게 있어 있을 수 없는 것으로 생각되고, 스스로의 이성의 행사와 모순되는 것처럼 생각되면, 바로 독재의 관념이 모습을 드러낸다.

우선 독재가 확립되고 독재자의 사고력이 그 정치력에 어울리는 것이 되면, 정신은 이중의 절대적인 권리가 부여되어 자신이 변혁의 주도권을 수중에 넣고 있는 사회적 시스템을 가능한 한 알기 쉬운 것으로 하려고 한다.

제1집정이 된 보나파르트는 각료회의에서 프랑스의 행정조직에 대해 상당히 혼란스러운 논의가 행해지는 방에 찾아왔다. 그는 칼을 내려놓은 다음 테이블의 한쪽에 앉았다. 잠시 귀를 기울였다. 그때부터 날카로운 눈빛으로 사람들을 조용하게 한 다음 무언가 영감을 받기라도 한 것처럼 즉흥적으로(혹은 그런 척을 한 것인지도 모른다) 하나의 계획을 발표한다. 그것을 들은 사람들은 창조하는 일보다는 비판하는 일이 많은 사람들이어서, 반쯤 영혼을 빼앗기고 반쯤 커다란 타격을 입었다. 타인이 감히 끼어들지 못하게 하는 이 마술사는 하나의 단순하고 놀라운 관념을 전개해 보여주는 것이다. 이것은 그가 이미 생각하고 있었던 것이지만 그 자신이 이것을 기묘하고 신경증적인 언어로 표현함에 따라, 그 자신에게 있어서도 점점 의미가 확실해지는 것 같았다. 그는 그들에게 말한다. 자신이 이제부터 만들게 될 조직상의 여러 제도의 모델로서 자신이 생각하거나 의사결정을 할 즈음에 관찰되는 정신의 기능과 구조를 모델로 삼을 것이며--자신은 행정조직을 만들면서 '국가'가 지각, 반성, 행동 각각에 대해 다른 수단 및 기관을 갖도록 하고 싶다는 것이다. 이 세 개의 것은 사람의 삶을 지탱하는 기능이다. 아무리 명석하고 실증적인 정신이라고 해도, 부단히 행사되는 감각과 근육에 의해, 그것이 지탱되는 것이다.

**

그러나 모든 정치는 인간을 사물처럼 취급하는 경향이 있다--왜냐하면 정치라는 것은 항상 몇 개의 추상관념에 따라 인간을 뜻대로 움직이려고 하는 것이기 때문이다. 관념에는, 한편에는, 행위로 전환시킬 수 있을 정도의 추상성이 필요하다. 다른 한편으로 관념에는 미지의 개인의 불확정적인 다양성에 대응할 수 있는 추상성을 갖추고 있지 않으면 안 된다. 정치가는 이러한 개인의 단위를 자신이 자유롭게 움직일 수 있는 산술적인 요소로 간주하고 있다. 개인에게 가능한 한 많은 자유를 남겨놓고, 각자에게 권력을 어느 정도 나누어준다는 성실한 의도를 갖고 있다고 해도, 그것은 결국 어떤 의미에서 사람들에게 그러한 이점利点을 강요하고 있는 것과 다를 바 없다. 그러한 이점은 때로는 그들이 원하지 않는 것이고, 때로는 그것으로 인해 간접적으로나마 그들이 고통을 받는 사태가 생길 수 있다. 우리는 해방된 것을 한탄하는 사람들이 있다는 것을 알고 있다.

어쨌든 정신은 '인간'을 문제로 하는 경우 그것을 자신이 행하는 조합에 집어넣을 수 있는 존재로 환원시킬 수밖에 없다. 어떤 '이상'(질서, 사법, 국력, 번영 등..에 관한)을 추구하며 인간사회를 각 성원이 자신을 알아보는 일종의 작품이 되도록 하는 것이 용인되는 사회로 만들어내는 것, 그것을 가능하게 하기 위해 필요하면서도 충분한 특성만을 추출하려고 하는 것이다. 독재자의 내부에는 예술가가 있으며, 그가 안고 있는 개념에는 미학자적인 데가 있다. 그러므로 그는 자신이 갖고 있는 인간이라는 자재를 가공하고, 변형하고, 자신의 계획에 사용할 수 있도록 하지 않으면 안 되는 것이다. 타자가 안고 있는 관념은 감축되고, 정련

되며, 통일되지 않으면 안 된다. 타자의 솔직함은 교활하게 이용되고, 무엇에도 응할 수 있게 되며, 모든 반론을 미리 봉쇄해버리는 것 같은 단순하고 강력한 공식을 몸에 배도록 해야 한다. 그들의 감정도 다시 손보게 되며, 교육받지 않으면 안 되고, 예의나 매너에 이르기까지 바꾸지 않으면 안 된다 등등... (단 정신이 추구하는 작품이 추종자의 과잉된 복종과 타성으로 인해 엉망이 되지 않도록 하기 위해서는 그들에게 남겨진 최소의 주도성을 거부하거나 파괴해서는 안 된다.)

이리하여 어떤 경우에도 인간과 대립하는 (정치적) 정신, 인간에게 자유, 복합성, 변화 가능성을 인정하지 않는 정신이 독재체제 아래서 최대한으로 발달하게 된다.

**

이러한 정체에서는--그 정체는 이미 말한 대로 정치적 사유 전체에 내포된 하나의 의도가 더 할 수 없이 완전하게 실현된 것에 다름 아니지만--정신은 보다 좋은 작업을 하려는 강고한 의지를 가지고 자신의 일에 몰두하며, 가능한 한 강력하게 **전체**에 대한 한 개의 행위를 **전체**의 손으로, 이상적으로는 **전체**을 위해, 완수하고 싶다는 욕망에 완전히 들려 있다. 전체라고 하는 것이 이 정체의 특징이어서 인간적 무질서의 광경은 바로 그것이 요구하는 것이다. 이리하여 정신은 스스로를 상위의 의식으로 정립하고 권력행사 안에 명확한 대조관계와 종속관계를 도입한다. 이 종속관계라는 것은 각 개인의 내부에 존재하는, 사유의 체에 걸러서, 일정한 목적을 향해 정리되고 보유된 의지와 모든 종류의 '자동성[기계적 작업]automatisme' 전반의 관계에 다름 아니다. 따라서 정신은 사람들을 조련하고, 사람들에게 침투하며, 사람들을 왜소하게 하는 열등한 힘을 완화하려고 한다. 열등한 힘이란 공포, 기아, 신화, 웅변, 리듬과 이미지 같은 것이며--그리고 때로는 추론의 장치도 포함된다. 감성에 호소하는 것을 핵심으로 하는 이러한 모든 수단이 그의 손에 모인 다음에, 그에게 봉사하기 위해 사용된다.

독재의 현대적인 유형에 있어서는 청년층이, 나아가서는 유소년까지도, 특별한 주의와 육성작업의 대상이 된다.

그리고 질서가 회복되고 어떤 종류의 아주 감상적인 재화財貨가 대중에게 보증되게 될 것이다--거기에는 어떤 것은 현실적인 것이며, 또 어떤 것은 상상적인 것에 속한다.

권력의 행위는, 가령 그 에너지가 때로 아주 엄격하게 사용된다고 해도, 일관성이 있고 합리적으로 보일 것이다.

국민들에게 확산된 형태로 존재하는 집단의 보존과 확대의 본능이 독재자의 머릿속에서 구성되고, 명확해지며, 정의되고, 여러 관념과 기획이 될 것이다. 그리하여 그의 안에서는 눈에 보이는 형태로 조작되는 대중에 대한 경멸과 그 대중이 여전히 소재가 되는 역사적인 국민의 숭배가, 기묘하게도, 공존할 수 있는 것이다.

**

인간의 사회생활은 무언가 명확한 모델에 따라서 조직되지 않으면 안 된다는 것을 생각하면 독재의 관념이 어떻게 구상되는

가를 충분히 이해할 수 있을 것이다. 여론이 권력의 행동 내지는 무위에 대해 아무래도 이해할 수 없다고 여기자마자 독재의 관념이 머리를 든다. 따라서 독재자라는 것은 내심으로는 권력을 자신이 짊어지지 않으면 안 된다고 생각하는 인간인지도 모른다(그리고 실제로도 자주 그런 편이다)--마치 너무도 졸렬한 극을 보는 관객이 분개한 나머지 멍청한 배우를 밀치고 자신이 그 역을 연기하려는 것과 같다. 권력을 잡게 되면 독재자는 많은 사람의 머릿속에 잠재적 내지는 발생의 상태로 존재하는 독재 정치의 모든 요소와 씨앗을 자신의 사념 속에 압축하는 작업을 밀고나간다. 그는 그러한 독재 정치의 요소를 자신에게 맡기지 않는 모든 사람들을 배제하거나 소외시킨다. 그리고 그는 단 하나의 자유의지, 단 하나의 전체적 사상, 단 하나의 전범적 행동의 행사자로 남으며, 정신의 모든 특성과 특권의 유일한 향수자가 되고 그의 앞에는--개인적인 가치가 아무리 높다고 해도--똑같이 수단 내지는 소재의 위치로 왜소해진 놀랄 정도 많은 수의 인간이 있는 것이다. 왜냐하면 지성이 그 대상으로 채용하는 것이란 모두 수단이나 소재나 다름없는 것이며, 그것 이외의 이름은 존재하지 않기 때문이다.

독재에 대하여

모든 정치는 아무리 조잡한 것이라도 어떤 인간의 관념 및 어떤 사회에 대한 관념을 포함하고 있다. 하나의 사회--그 지속, 그 응집, 그것을 부패시키는 경향이 있는 외적 내지 내재적 원인에 대한 방어--는 단지 우리가 물질계 혹은 생물적 존재와 그러한 기능에 대해 가지고 있는 지식으로부터 차용한 도형에 의해서만, 마음에 그릴 수 있다. 모두 어떤 목적을 부여 내지 상정하는 복잡한 조립이나 다름없는 기계 내지 유기체에 대해 우리가 품고 있는 많든 적든 해박하다고 해도 좋은 지식을, 많든 적든 의식적이라고 해도 좋은 형태로, 우리는 사용하는 것이다. 한없이 수많은 인간에게 의존하는 어떤 종류의 연관된 사건을 말하려 하면서, 사람들은 국가의 전차라든가 큰 배라고 말한다. 또 지렛대, 힘, 톱니바퀴라든가 또는 행동, 정합, 위험, 요법, 성장, 쇠퇴 등을 말한다.

이미지는 결국 이미지에 지나지 않는다(그렇긴 하지만 이 수단이 아니면 우리는 어떻게 생각할 수 있을 것인가). 어느 것이나, 질서와 무질서의 관념, 좋은 기능 내지 나쁜 기능의 관념을 끌어들여, 따라서, 우리에게, 혹은 상정된 기구의 구조를, 또는 그 기구를 감시 내지 운전하고 있는 것 같은 한 인물(혹은 여러 인물)을 심판하고 비판하는 것을 허용한다.(여기에 정치적 권능의 유효성과 실상에 대한 여러 가지 과장된 환상이 스며들 수 있다. 권력의 권능은 사람이 그로부터 멀리 떨어져 있으면 있을수록 크고 확실하게 생각되기 마련이다.)

 그런데 문제의 기계 또는 유기체의 존재에 있어서 그 상황이 우려되는 경우가 때때로 도처에서 발생한다. 구성상의 결점, 운전의 잘못, 또 원래 그것에는 그 완성도 상 저항할 수 없는 여러 사건이 그 질서를 어지럽히고, 그 구성요소인 인간의 재산 또는 생명을 위험에 빠뜨린다. 그들은 무언가가 잘못되었고, 어쩔 수 없음을 확인한다. 위험이 증대하고 무력하다는 인상을 갖게 됨에 따라, 임박한 파멸의 인상이 짙어지고 증대하는 것을 확인한다. 마침내 모두가 자신은 난파되기 시작한 배에 타고 있다고 느낀다...

 그렇게 되면, 다양한 인간의 정신 중에, 현상과 반대되는 사태의 관념--산포·혼란·무결단에 반대되는 관념이 불가피하게 형성되어 간다.... 이 반대의 것은, 필연적으로 누군가 어느 한 사람의 것이 된다. 이 누군가가 만인의 눈에 띄게 된다.

 공복이 맛좋은 요리의 환상을 낳고, 또한 갈증이 달콤한 음료수의 환상을 낳는 것과 마찬가지로, 예감되는 위험은 불안에 가득 찬 위기의 기대 속에서 권력의 행위가 행위하는 것을 보고 싶어 하며, 그것을 이해하고 싶은 소망을 불러일으키고, 대부분의 인간들에게 강력하고 신속하게 모든 관습의 장애와 모든 소극적 저항으로부터의 해방의 이미지를 제공한다. 이러한 것은 유일한 자에게만 속할 수 있다. 목적과 수단의 명확한 사상, 관념의 결단으로의 변형, 가장 완전한 조정이 발생할 수 있는 것은 오직 유일한 '수뇌首腦'의 내부에서뿐이다. 토의하는 복수자 중에는 결코 발견되지 않는 판단의 여러 인자의 어떤 동시성과 교호작용이 있으며 또 결심에 있어서 어떤 결단력이 있다. 그래서 만약 독재가 제정되고, '단일자'가 권세를 취하면 공적인 일의 운영에는 집중화되고 숙고된 어떤 의지의 각인이 찍히게 된다. 그리고 어떤 한 인물의 체제가 온갖 통치 행위에 그 **날인**을 찍는다. 이에 반하여 얼굴과 어조를 갖지 못한 국가는 관습이나 끝없는 더듬기에 의해 일을 진행하는 쪽이다. 통계적 내지 전통적 기원의 비인간적 실체에 지나지 않으며 추상적 분출로서만 그 면목을 드러낸다.

실제로 힘과 사고를 결합시켜 홀로 구상한 것을 국민들에게 실행시키게 됨에 따라, 그 독재자 중의 가장 심원한 존재--영국의 에너지 넘치는 영혼의 형태를 변화시켰던, 파스칼과 보슈에의 눈에는 괴물이자 기적이었던 크롬웰의 경우처럼--에게 혼자서 장기간 지속함에 의해 한 국민의 성격을 변화시킨다는 것은 대단한 즐거움이었음에 틀림없다(마찬가지로 관찰자에게 있어서는 놀랍도록 마음을 붙잡는 스펙터클이었을 것이다).

**

결국 독재자만이 충실한 행동의 유일한 소유자로 남는다. 그는 모든 가치를 자신의 가치에 흡수하고, 모든 견해를 자신의 견해로 환원한다. 다른 개인을 자기 사유의 도구로 삼는다. 그리고 이 사람의 사유가 사람들이 동요를 겪거나 길을 잃었을 때, 가장 대담하고 가장 훌륭한 사고의 면모를 보여 준 이상, 가장 공정하고 가장 투철한 사고라고 믿어 주어야 한다고 생각한다. 그는 이미 무력하거나 분해된 체제를 무너뜨렸으며 자격 내지 능력이 없는 인간들을 물리쳤다. 나아가서는 난맥과 완만함, 무용성의 문제를 낳았던 법률 혹은 습관이 이들과 함께 국가의 근본을 어지럽히고 있었던 것으로 여겨진다. 그렇게 폐기된 것들 속에 자유가 포함되어 있다. 대부분은 쉽게 이 상실을 포기한다. 자유는 국민들에게 제안할 수 있는 시련 중에서도 가장 어려운 것임을 우리는 인정해야 한다. 자유롭게 살겠다는 구실은 모든 인간, 모든 국민에게 골고루 부여되어 있는 것이 아니며, 인간과 국민을 이 구분에 따라 분류하는 것도 불가능하지는 않을 것이다. 여기에 더하여 현대의 자유는 대부분의 개인에게 있어서 외관 이상의 것이 되지 않으며, 그럴 수도 없다. 국가가--본질에 있어서, 또 여러 가지 확언에 의해서 완전히 자유주의적인 경우에도--여러 가지 삶을 현재 이상으로 긴밀하게 장악하고, 정의하고, 국한하고, 검사하고, 가공하고, 기록한 적은 없었던 것이다. 이와 더불어 생존의 일반적 체계가 인간을 시간표나, 그 감관에 대해서 곁에서 압력을 가하는 물리적 수단의 힘이나, 서둘러야 할 필요나, 모방의 강요나, '표준형'의 남용이나, 그 밖에 의해서, 그 취미나 오락에 이르기까지 그들을 가능한 한 비슷하게 만들려고 하는 어느 조직의 생산물의 상태로 되돌린다는 것이 중요하다. 우리는 자신들이 만들어 내는 일상적 생활환경의 변형 덕분에 그 기능적인 어려움이 가중되는 그런 어떤 메커니즘(장치)의 노예에 지나지 않게 되었다. 그리하여 스피드에 열광하는 이는 다른 스피드광을 방해한다. 또한 파도타기를 좋아하는 사람끼리도, 해변을 좋아하는 사람끼리도 마찬가지이다. 만약 이러한 우리들 쾌락 사이의 간섭에서 생기는 구속에다 노동에 관한 근대적 규율이 최대다수에게 부과하는 구속을 가한다면, 독재제라는 것은 현대인이, 정치적으로 가장 자유로운 나라에 있어서조차, 어쨌든 다소간 의식적으로 그 희생물이 되고 있는 압박과 개입의 체계를 완성하는 것에 지나지 않는다는 것을 알 수 있을 것이다.

**

독재적 상태가 일단 수립되면 그것은 한 국민을 간단하게 이분하는 것으로 요약될 수 있다. 즉, 한편으로는 한 사람이 정신의 고급의 직분 모두를 떠맡는다. 그는 국민 전체의 '행복', ' 질서', '미래'. '역량', '위신' 등 틀림없이 권력의 통일성, 권위, 연속성이 필요할 모든 것을 한 몸에 짊어진다. 그는 이러한 모든 영역에서 직접 행동할 권한, 또 모든 사안에 대해 지고한 결정을 내릴 권한을 자신에게 보류한다. 한편, 나머지 개인들은 그 가치와 개인적 권한이 어떠할지라도 이 행동의 도구 혹은 소재의 신분으로 되돌아가게 될 것이다. 이 인적 자원들은, 적절한 차등을 받으면서, '자동적 기능'의 총체를 짊어지게 된다.

**

이러한 성질의 구분은, 이 구분이 적용될 수 있는 국민이, 그 자신 독재적인(즉 이해하고 싶어 하며 행동의 능력이 있다고 생각하는) 정신을 포함하고 있으면 있을수록 더욱 불안정해진다. 독재라는 것은 만인에게 감득되는 위기 상황에 대한 가장 간결하고 가장 에너지 넘치는 반응인 것이므로, 그 스스로 떠맡은 사명이 좋은 성과를 거두게 되면 무용지물이 될 것이고, 말하자면 바로 소멸될 위험이 있으므로, 독재의 자기보존에는 부단한 노력이 절실히 요구된다. 어떤 독재자는 적절한 시기에 사임하는 센스를 보여주었다. 또 다른 독재자는 그 권력의 강도를 완화하고 점차 온건한 체제로 돌아가려고 시도했다. 이는 참으로 가장 미묘한 작업의 한 예가 될 것이다. 여전히 다른 독재자들은 모든 수단을 다해서 권력의 공고화를 도모한다. 이들 독재자는 강압적인 직접적 조치와 항상 부단한 감시 외에 청년을 훈련시키는 것과 이 체제의 성공과 명백한 이점利點을 선언하는 것에서 상당히 귀중한 방책을 찾을 것이 분명하다. 이들은 이 일에 일찍이 자신이 권력을 획득하는 데 사용한 그런 정신과 에너지를 쏟을 것이다. 그러나 이 정략은 불충분하거나, 너무나 먼 미래에나 그 결과가 나오는 일이 될지도 모른다. 그렇게 되면, 당초의 조건으로의 인위적 복귀라는 대안을 생각하게 되며, 그리하여 애초에 독재의 등장을 이끌었던 바로 그 고통과 위험을 다시 조직하게 되는 것이다. 그때 전쟁의 이미지도 하나의 유혹으로 떠오르게 되는 것이다.

**

우리는 최근 몇 년 사이에 일곱 개의 군주정체가 소멸되었고 (그랬다고 나는 생각한다) 거의 같은 수의 독재가 수립되는 것을 보았다. 체제가 변하지 않았던 약간의 국가에서도 '정변'에 의한 것 못지않게 이웃 나라에서의 어떤 변화가 국민들의 정신에 야기시킨 반성이나 비교에 의해 똑같이 위협을 받는 것을 보았다. 과거에 자유가 그러했듯이 현재는 독재가 전염성을 가지고 있다는 것은 주목할 만하다.

∗∗

현대 세계는 오늘날까지 그 영혼도, 그 기억도, 그 사회적 습관도, 또 그 정치적, 법률상의 관습도, 이를 새로운 신체와 최근 그것이 스스로 형성한 여러 기관에 제대로 적응시키게 할 줄 모르기 때문에, 그 지적 획득물과 그 정서적 능력을 조립하고 있는 역사적 기원을 가진 여러 개념이나 여러 이상의 모든 영역들과 이 현대 세계를 갑작스럽게 엄습하고 있는 그 실증적이고 기술적인 욕구들, 연결들, 조건들 사이에 나타나는 대조와 모순에 곤혹스러워 하는 것이 아닐까 한다.

현대 세계는 자신을 위해서, 하나의 경제, 하나의 정치, 하나의 도덕, 하나의 미학, 아니, 또 하나의 종교조차... 아니, 심지어... 하나의 논리를 찾고 있는 것이다. 아마도 몇 번이고 새로 시작되는 그 성공도, 그 종국도 예측할 수 없는 수많은 모색들 사이에서는 독재의 관념이 그 유명한 '계몽군주tyrant intellingent'의 이미지로 변해 여기저기에서 환기되거나 부과된다고 해도 별로 놀랄 일은 아닐 것이다.

지성에 대하여

지성의 위기가 아닌가, 세계는 백치화된 것은 아닌가, 문화에 염증을 느끼게 된 것은 아닌가--자유업profession libérale이 병들어 죽을 때가 가까워지고 힘이 시들고, 동료도 줄고, 그 위신도 점점 약해져 열심히 해도 보답 받지 못하고 존재감이 희박해지고, 앞이 뻔히 보인다... 이런 의문을 우연히 누군가에게 던졌다고 하자.

이런 의문을 불시에 받게 된 사람이 그런 일은 생각지도 못했다고 생각한다면, 다시 생각해 마음속으로 그들의 물음들을 되새기고 다른 생각들에 번민하지 않도록 정신을 집중할 필요가 있다. 정신의 눈은 곧 언어이다.

**

위기라고? 그는 우선 자신에게 말한다, 위기란 무엇인가? 우선 이 말의 의미를 확실히 하자! 위기란 어떤 기능 체제에서 또 하나의 체제로 이행하는 것이다. 그 이행은 다양한 신호나 징후로 느낄 수 있다. 위기의 시기에는 시간이 성질을 바꾼 것 같고 지속이 더 이상 평상시처럼 느껴지지 않는다. 지속은 항상성이 아니라 변화를 측정한다. 모든 위기는 과거의 동적 내지 정적 균형을 깨는 새로운 '원인'의 개입을 의미한다.

지금 자신을 위해 간단히 요약한 **위기**의 관념을 어떻게 **지성**의 개념에 적응시킬 수 있을까?

**

우리는 아주 막연하고 조잡한 개념을 갖고 살고 있다. 그런 개념 또한 우리를 먹이로 삼아 살고 있다. 우리가 아는 것은, 우리가 모르는 것이 작용하여, 우리가 아는 바가 된다.

차례차례 발생하는 사상의 빠른 운동을 위해 필요하고 충분한 것이지만 이들 불완전하고 필수적인 개념 중 어느 하나도, 그 자체로서는 엄격한 고찰의 대상이 될 수 없다. 시선이 다가가게 되면 순식간에 거기에는 다양한 케이스나 용례가 나타나고, 요약할 수 없게 되는 것이다. (어딘가를) 통과할 때에는 명료하고 신속하게 **이해되던 것**이 고정되면 불투명해진다. 단순하던 것이 변질되고 만다. 우리 편이라고 생각했던 것이 적대적인 것으로 나타난다. 신비한 나사가 희미하게 회전함으로써 의식의 현미경의 배율이 변화하여 단위시간당 우리의 주의력을 증대시킨다. 그러면 우리 안에 우리의 내적인 혼란이 모습을 드러내는 것이다.

예를 들면, 아주 조금이라도, **시간, 우주, 인종, 형식, 자연, 시** 등등...이런 말들이 의미하는 바를 고집하기 시작하면, 금새 끝없는 분할이 시작되어, 그 한계가 불분명해진다. 방금 전까지만 해도 그 말들은 우리를 융합시키는데 도움이 되었는데 이제는 우리를 혼란스럽게 하고 있다. 그 말들은 우리의 의도와 행위에서 의식되지 않는 자유로운 손발처럼 결합되어 있었던 것이다. 그것이 반성적 의식의 작용으로 우리에게 적대하는 것이 되고 장애물이나 저항물이 되어 버렸다. 사실을 말하면, 운동하거나 조합되는 말은 정지되고 고립된 말과는 전혀 별개의 것이라고 하지 않을 수 없다!

우리 생각의 도구들의 이런 두드러진 특징들이 철학, 도덕, 문학, 정치 등 거의 모든 분야의 정신적 삶을 만들어 내고 있다. 이들은 보기에 따라서는 무익한 분야라고 할 수 있으며, 그러면서도 정신의 섬세함과 깊이, 정신 고유의 활동 발전을 촉진하기에 적합한 분야라고도 할 수 있다. 우리가 거기에 뜨거운 마음을 갖는 것도, 반대로 반감을 갖는 것도 결국 우리가 가진 언어의 나쁜 버릇에서 오는 것이다. 말의 부정확함이 의견 대립, 차이화, 반박, 모든 지적 투쟁가의 시행착오를 낳는 것이다. 그리고 다행스럽게도 이것이 우리 정신의 활동을 끝없이 유지하는 요인도 되는 것이다.... 역사책을 펼쳐보면 어느 정도 납득할 수 있는 일이지만, 결말이 날 만한 논쟁은 중요한 논쟁이 아니다.

**

지성이란 개념도 다른 개념과 마찬가지로 그것이 담론 안에서 다른 개념과 조합되거나 대비되는 경우, 그러한 다른 항목과의 관계에 비추어볼 때 비로소 의미가 드러난다. 지성은 때때로 감성에, 때로는 기억에, 때로는 본능에, 때로는 어리석음에 대치된다. 어떤 때에는 기능과 같이 취급되며, 어떤 때에는 그 기능의 한 눈금처럼 취급되기도 한다. 때로는 지성을 정신 자체의 **모든 것**과 동일시하여, 모든 특성의 막연한 총체로 간주하기도 한다.

몇 년 전부터 이미 곤혹스러울 정도로 다양한 관념을 담고 있는 이 말에 언어에서 흔히 일어나는 간섭현상으로 인해 하나의 새로운, 지극히 특이한 의미가 더해지게 됐다. 이것은 지성이라는 명사가 사회 속의 한 집단을 뜻하게 되어 러시아어 '인텔리

겐치아'의 역어로 사용되게 된 것을 말하는 것인데 개인적으로는 그다지 기쁜 일은 아니다.

**

그래서 지성의 위기는 모든 사람에게 있어 어떤 기능이 변화했다는 것을 의미한다. 혹은 모든 사람이 아니라, 가장 지성이 풍부한 사람이거나 풍족할 것**이라고 생각되는** 사람들이라고 해도 좋다. 혹은 보통의 지성에 있어 기능 전체의 위기가 일어나고 있는지도 모른다. 나아가 현대사회 또는 가까운 미래사회에서 지성의 **가치** 혹은 가격이 위기에 처해 있는지도 모른다. 혹은 최후의 가능성으로서, 러시아인에게서 온 새로운 의미를 참작해, 위기는 하나의 사회 계급에 관한 것으로, 그 계급이 자신의 질 또는 성원의 수나 존재 조건에 관해 위협을 받고 있다고도 볼 수 있다.

다양한 형태로 정의된 '지성'에서 문제는 위기에 처한 것이 무엇인지 아는 것이다.

서두에서 질문을 던졌던 인물은 즉시 다섯, 여섯 가지 가능성을 생각해 낸다. 곰곰이 생각하면, 더 다른 가능성도 보일 것이다. 그는 관점에서 관점으로, 위기에서 위기로--**기능**의 위기, **가치**의 위기, **계급**의 위기 등--방황한다.

1. 기능으로서의 지성에 대해

인간이 더 어리석어지고, 속기 쉬워지고, 정신력이 쇠약해지는 것이 아닌가 우려되며, 이해의 위기, 창조의 위기가 찾아오는 것은 아닌가 하는 것이 크게 염려된다고 한다... 하지만 그러한 사태를 도대체 누가 예고하는 것인가? 이러한 정신력의 변화의 표시는 어디에 있는가? 표시가 있다고 해도, 누가 그것을 합법적으로 참조할 수 있는가?

이상한 의문이지만 여기서 몇 가지 생각이 시사되지 않는 것도 아니다. 이는 말하자면 내 머릿속에 떠오르는 대로 제기된 일종의 문제이다. 문제의 해답을 찾는 것이 여기서의 주제는 아니다.

현대적인 삶에 필요한 도구, 현대적인 삶이 우리에게 부과하는 여러 습관은 한편으로는 우리 정신의 생리학, 모든 종류의 지각, 특히 우리가 하는 일, 또는 우리의 지각이 우리 내부에서 행하는 일을 변화시킬 수 있지만, 다른 한편으로는 인류의 현재 존재조건에서 정신 그 자체가 점하는 장소와 역할에도 변화를 줄 수 있다. 이러한 현대의 생활은 어떤 방향으로 나아갈지 탐구하는 것이 주제이다.

시험 삼아 정신을 그 가장 가혹한 노동으로부터 점차 해방시키는 다양한 수단의 발달이라는 문제를 생각해 보자. 기억력에 도움이 되는 다양한 정보의 정착 방식, 두뇌의 계산 작업을 절약시켜 주는 훌륭한 기계, 하나의 학문 전체를 몇 개의 기호 안에 넣어 버리는 것을 가능하게 하는 체계적인 상징이나 방식, 이전에는 머리로 이해할 수밖에 없었던 것을 눈으로 볼 수 있게 하기 위해서 고안된 찬탄할 만한 장치, 화상 혹은 연속 화상의 직접적 기록과 그것들의 수시적 재현, 그러한 것을 가능하게 하는 제반 법칙 등, 일일이 열거할 수 없을 정도이다!--과연 이렇게 많은 보조와 보좌수단이 나오면 우리 자신의 주의력이나 평균적 인간의 지속적인 혹은 일정 시간 내의 정신적 노동능력은 점점 축소되어 가는 것이 아닌가 하는 의문이 생길 것이다.

현대 미술을 보면 보다 명확해진다. 안타깝게도 스타일(양식)이라는 것이 느껴지지 않아 다음 세대에 누군가 적당한 사람이 나오기를 기대한다며 서로를 위로하고 있는 형편이다.

그러나 **스타일**이라고 하는 것은 어떻게 만들어지는 것일까, 즉, 하나의 안정된 형태의 획득, 건물과 내장에 관련되는 일반적인 방식(통상 그것들은 긴 세월의 경험의 성과, 취향·필요·수단에 관한 모종의 상수常數가 가져오는 것에 지나지 않는다)의 획득은, 어떻게 해서 가능한가? 기다릴 수가 없고, 집행이 빨리 이루어지며, 갑작스럽게 일어나는 기술의 변화가 일에 크게 영향을 미치는 시대에, 그리고 또 한 세기 동안, **새로운 것**이 모든 장르의 모든 산물에 대해 요구되게 된 시대에 말이다.

도대체 이 새로운 요구는 어디에서 오는 것일까?... 이 문제에 대해서는 나중에 다시 언급하기로 하자. 지금은 여러 가지 문제가 스스로 증식되는 대로 맡겨 두자.

**

기다릴 수 없다고 했다... 안녕, 끝없이 시간을 잡아먹는 일이여, 300년 세월이 필요한 사원이여! 사원은 끝없이 증식하는 건축이지만 흥미롭게도 그 증식은 시간에 따라 일어나는 변화와 풍요화에 잘 어울리며 하늘의 높은 곳에서 새로운 시대의 요구를 추구하고 실현되는 것처럼 보인다. 안녕, 밝은 색의 옅은 층이

칠해지면 다음 색이 그 위에 겹쳐지기까지는 **천재**의 발동과는 무관하게 몇 주를 기다리는, 숨김없는 작업의 축척에 의해 드디어 완성되는 회화여! 안녕, 퇴고를 거듭한 말, 문학적 성찰, 귀중한 물상이나 정밀기계에도 견줄 수 있는 작품들을 만들어냈던 수많은 탐구여!... 이제 우리는 **순간에 살며**, 충격과 대조효과에만 신경 쓰고, 우발적 흥분 혹은 그와 유사한 것들이 비쳐주고 제안하는 것에만 사로잡히도록 강요당하고 있다. 우리는 스케치, 초안, 초고로 만족하고 평가한다. **완성**의 개념 자체가 거의 사라진 셈이다.

**

이것은 바로 시간이 문제가 되지 않았던 시대가 지나가 버렸기 때문이다. 오늘날 인간은 전혀 단축할 수 없는 것은 절대로 육성하려 하지 않는다. 차분히 기다리는 것과 변하지 않는 것, 이 둘은 우리 시대에 부담스러운 것이 되었다. 우리의 시대는 엄청난 **에너지**의 대가를 치르면서 자신의 일에서 해방되려 한다.

그것을 위한 에너지의 할당, 사전 준비가 **기계화**를 요구한다. 그리고 기계화가 우리 시대의 진정한 지배자이다. 엄청난 기계화의 진전을 위해 우리가 어떤 대가를 치르고 있는지, 어떤 대가를 치르고 지성은 일로부터 해방될 수 있는지, 그리고 힘, 정확도, 그리고 속도의 증대가 그것을 자연으로부터 얻는 인간에게 어떤 형태로 되돌아오는지를 파악해야 한다.

**

현대인은 때때로 수단의 다양함과 규모에 압도되기도 한다.

우리 문명은 적지 않은 위인과 다수의 보통인이 힘을 합쳐 이룩한 눈부신 일의 성과를 도외시해서는 살아남을 수 없게 되어 있다. 각자가 그 은혜를 확인하고, 그 무게를 몸에 느끼며, 한 세기 동안 축적된 진리와 제조법의 총계를 받아들이는 것이다. 이 엄청난 유산을 무시할 수 있는 사람은 아무도 없다. 그 중압에 견딜 수 있는 사람도 없다. 게다가 그 전체를 시야에 넣으려고 하는 사람이 있다면 완전히 압도당할 수밖에 없고, 실제로 그렇게 할 수 있는 사람은 아무도 없다. 정치적·군사적·경제적인 문제가 극단적으로 해결이 어려워진 것도 그 때문이고, 지도자도 거의 없고, 극히 작은 세부까지 소홀히 할 수 없게 된 것도 그래서이다. **모든 문제에 대응할 수 있는 사람**, 물질적으로 자기충족을 충분히 해낼 수 있는 사람은 이제는 없다. 자율성(오토노미)의 현저한 감소, 제어 감각의 후퇴, 그것과 연동되면서, 협동 작업에 대한 의존도의 증대가 나타난다 등등.

**

기계가 지배한다. 인간의 생활은 기계에 엄격하게 예속되어, 다양한 메커니즘의 무섭고 엄밀한 의지에 따르고 있다. 인간이 만들어낸 것이지만 기계는 엄격하다. 현재는 기계가 자신의 창조자들을 향해 규제를 가하고 그들의 뜻대로 지배하려 한다. 기계에는 훈련받은 사람이 필요하다. 기계에 의해서, 인간의 개인차는 소멸되며, 기계의 규칙적인 기능성과 체제의 획일성에 응할 수 있도록 훈련을 받는다. 기계는, 따라서, 인간을 자신들의 용도에 맞추어, 거의 자신들의 닮은꼴로 변혁하는 것이다.

기계와 우리 사이에는 일종의 계약이 있다. 그것은 신경계가 독극물이란 교활한 악마들과 맺는 무서운 계약과 비슷하다. 기계가 우리에게 유용하게 여겨질수록, 그것은 정말로 유용한 것이 된다. 우리 자신은 **불완전한 존재**가 되어 기계를 손에서 놓을 수 없게 된다. 그것이 유용성의 **이면**이다.

**

가장 가공할 기계는 회전하고, 달리고, 물질과 에너지를 수송하거나 변형하는 기계가 아니다. 구리나 강철로 만든 것과는 별개로 엄밀하게 전문화된 개인으로 구성된 기계가 존재한다. 즉 여러 조직, 행정기계라고 할 수 있는 것으로 정신의 **비인격적인 측면을** 본떠서 만들어진 것이다.

문명은 이런 종류의 기계의 증식 혹은 증대 정도에 따라 측정된다. 그것은 감각적으로는 둔감하며, 의식도 거의 없지만, 극단적으로 비대해진 신경계와 같은 것으로 그 기본적이며 항상적인 모든 기능을 과잉까지 갖춘 존재에 비유할 수 있다. 관계, 전달, 협약, 교감에 관여하는 것은 모두 그들의 존재에 있어서는 **세포 하나가 인간 한 사람 몫을 한다**는, 그런 엄청난 능률로 일을 한다. 종이의 섬유만큼 약한 것인데도 무한한 기억을 부여받고 있다. 이들의 모든 반사반응의 원천은 그 기억이다. 그 목록은 법률, 규칙, 규약, 선례이다. 이러한 기계는 인간에 관해서는 남김없이 모든 것을 그 구조 내에 흡수해, 어떤 것이든 조작의 소재로 삼고, 동작 사이클의 한 요소로 해 버린다. 삶, 죽음, 인간의 쾌락이나 일은 이러한 기계 활동의 세부, 수단, 사고이다. 그 지배력이 약화될 수 있는 것은 기계끼리 부딪치는 전쟁이 일어났을 때뿐이다.

**

우리는 각각 이러한 체계의 하나에 속하는 부품이다. 혹은 항상 복수의 체계에 소속되어 있다고 해야 할지도 모른다. 각자는 자기 자신의 특성의 일부분을 그것이 속하는 체계의 하나하나에 양도한다. 마찬가지로 각자는 자신의 사회적 정의와 존재 이유의 일부를 각각의 체계로부터 빌리는 것이다. 우리는 누구나 시민이며, 군인이고, 납세자이고, 이러저러한 직능자이며, 이러저러한 정당의 지지자이고, 이러저러한 종교의 신자이며, 이러저러한 조직, 클럽의 회원이다.

소속된다... 이는 참으로 묘한 말이다. 우리는 어떤 의미에서 인간 집단으로 하여금 점차 엄밀화와 치밀화의 정도를 심화시키게 하는 탐구와 분석을 통해 명확한 정의를 가진 존재가 되었다. 그리고 그 사이에 우리는 이제 투기의 대상, 진정한 사물과 다름없게 되었다. 여기에서 나는 품위 없는 말을 하지 않을 수 없지만, 싫어도 이렇게 쓰지 않을 수 없다. 즉 사람들의 관습이나 행동, 심지어 꿈까지도 모두 **무책임성, 교체 가능성, 상호의존성, 획일성**의 지배를 받게 되어 인류를 위협하고 있다고. 심지어 섹스조차 이제는 해부학적 특징에 의해서만 구별될 수 있는 사태가 되었다.

**

그뿐만이 아니다. 현대 세계는 자연에너지의 항상 보다 유효성이 높은, 보다 진화된 이용에 전념하는 세계이다. 단순히 자연

에너지를 탐색하고 영원히 변하지 않는 삶의 필요를 충족시키기 위해 소비하는 것만이 아니라 낭비하기에 이른다. 열심히 낭비하는 길을 생각하기 위해, **새로운 필요를 처음부터 창출하는 일**을 하거나(그것도 인류가 상상하지 못했던 것 같은 것을), **필요를 만족시키기 위한 수단이 발상의 원점이 되기도 하는** 그것은 마치 새로운 물질을 발명했으므로, **그 물질의 특성에 따라**, 그 물질로 치유될 수 있는 병이나 치유될 갈증을 만들어 내는 것과 같다...

인간은 따라서 낭비에 취해 있다. 속도의 남용, 빛의 남용, 강장제·마약·흥분제의 남용, 인상을 깊게 남기기 위한 반복의 남용, 다양성의 남용, 공명의 남용, 안이함의 남용, 경이의 남용, 극도로 발달한 스위치의 온 오프 남용, 이로 인해 어린아이 손가락 하나로 엄청난 결과가 야기된다. 현대생활은 이런 남용과 뗄 수 없는 관계에 있다. 우리 자신의 유기체는 점차 발전하는 물리화학 실험에 맡겨져 불가항력적으로 강요되는 그들의 힘이나 템포에 대해, 방심할 수 없는 중독증상 앞에 있을 때와 같은 태도로 대처하고 있다. 독에 적응하여 곧 그것을 요구하게 되고, 날마다 복용하는 양이 부족하다고 생각하게 되는 것이다. 롱사르가 살았던 시절에는 촛불로도 충분히 만족했다. 그 시대의 학자는 밤에 즐겨 일하곤 했는데, 출렁이는 희미한 불빛 아래서 독서를 하고--그것도 참으로 읽기 힘든 글자를!--문제없이 글을 쓰고 있었다. 오늘날에는 20촉, 50촉, 100촉의 등불을 요구한다. 우리의 감각 중에서 가장 중심적인 것은 욕망과 욕망의 대상이 손에 들어올 때까지의 시간의식, 즉 지속의식이 아닐 수 없지만 예전에는 말이 달리는 속도, 미풍이 지나가는 속도로 만족했지만 현대에는 급행열차라도 너무 느리며 전보조차 죽을 정도로 지루하게 느껴지게 되었다.

사건까지 마치 매일 먹는 음식처럼 요구된다. 아침에 일어나서 세상에 큰 불행이 일어나지 않으면 우리는 어떤 것도 대수롭지 않게 생각한다. "오늘은 신문에 아무것도 없다"고 다들 말하는 것이다.

이것이 우리 현실의 모습이다. 우리는 이런 독약에 익숙해진 것이다.

**

이상에서 말한 요점을 총동원하여, 우리가 '기능으로서의 지성'에 대해 생각하고 있는 것과 관련지어 보자. 상술한 바와 같이 강렬하며, 끊임없이 자극에 의해서 성립되고 있는 체제, 형태를 바꾼 폭력과 극단적인 능률주의, 충격을 주는 일만 우선되어 편리함과 향락의 추구에 몰두하는 것은 결국 정신의 부단한 왜곡으로 이어지며, 정신의 본질에 영원한 변혁을 초래하게 되는 것 아니냐고 물어볼 필요가 있다. 특히 정신에 이러한 **진보**를 원하게 한 자질 자체가 언뜻 자신의 힘을 행사하고 발전시키는 것 같으면서도, 남용으로 고통받고 자신이 만들어 낸 성과로 타락하며 진보의 작용으로 고갈되는 것이 아닌가 물어 볼 필요가 있다.

**

그러나 결론이라고 해야 할 것은 아무것도 없다.... 그것보다 생각했던 점 몇 가지를 조금 더 앞으로 밀고나가는 편이 좋을 것이다. 문제를 해결하는 것이 목적이 아니라고 이미 말했다. 나로서는 다음 논점으로 넘어가기 전에 위에서 간략히 시사한 생각 중 몇 가지를 약간 발전시켜 검토해 보고 싶다.

에너지에 의한 중독 증상 같은 게 있다고 했다. 거기에는 절박함의 중독이라고 할 만한 것이 관련돼 있다.

누가 말을 꺼냈는지는 모르지만, 30년도 전에 세계사의 위기 현상의 하나로 자유로운 토지의 소멸이라는 점이 지적되었다. 즉 조직된 국가들에 의해 지구상에서 거주할 수 있는 토지는 완전히 점유되어 버렸다는 것이며, 더 이상 싸우지 않고서는 영토를 확장하는 것은 불가능하며, 누구에게도 소속되지 않는 토지라는 것은 없어졌다는 것이다. 오늘날에는 거주할 수 없는 땅까지도 점유되어 보존되고 있다. 예컨대 영국(이런 경우 필연적으로 나오게 되는 나라이다)은 남극대륙에 손을 댔다. 수천 년이 지나면 분점세차分點歲差[옮긴이--지구의 자전축에 일어나는 변화로 그 주기는 2만6천년이다] 덕분에 선견지명이 있었음을 기뻐할지도 모른다.... 다만, 내가 자유로운 땅이라는 말을 한 것은 비유적인 의미에서이다. 거기에서 나는 **자유로운 시간**이라는 말을 이어가고 싶다. 내가 생각하는 것은 사람들이 통상적으로 생각하는 여가가 아니다. 언뜻 보아서 여가는 여전히 존재하고 있다. 법적 조치와 기계적 진보를 수단으로, 노동으로 인한 시간의 전유에 맞서, 여가는 자신을 보호하고 있다. 그러나 내가 말하고 싶은 것은 내적인 시간의 자유가 상실되고 있다는 것이다. 우리는 존재 깊은 곳의 소중한 평정감을 잃고 있다. 그것은 더없이 귀중한 무위의 시간으로, 인생의 가장 정묘한 요소가 생기를 되찾고 강화되는 시점이다. 이때 모든 요소는 완전한 망각으로 빠져든다. 과거도 미래도 씻겨나가고, 명확한 현재의식에서도, 이행하지 못한 의무와 숨은 기대의 암묵적인 존재의 혼란으로부터도 자유롭다. 염려, 미래, 내적 압력도 없이 순수상태에서의 활동정지라고 할 수 있는 것이 모든 요소를 본래의 자유로 돌려놓는다. 요소는 자기 자신만을 생각하면 되고 지식과의 필연적인 관계에서도, 기억에 대한 배려나 가까운 미래의 가능태에 대한 환영의 무거운 짐에서도 해방되고 있다. 우리 실존의 엄격함, 긴장, 성급함이 얼마나 모든 것을 혼탁하게, 낭비하는지를 알 수 있을 것이다.... 불면증의 만연은 주목할 만한 수준까지 왔고, 다른 모든 진보와 궤를 같이 한다. 정신적인 피로와 혼란이 가중되어, 때로는 우리는 타히티 사람들을 소박하게 부러워하는 지경에까지 이른다. 그것은 우리가 일찍이 경험해 보지 못한, 단순함과 안일함이 지배하는 천국, 완만하고 막연한 삶에 대한 부러움이다. 원시인들은 세분화된 시간의 필요를 모른다. 고대인들에게는 분도 초도 없지만, 우리의 운동은 현재 그러한 세분화된 시간에 의해 지배되고 있다. 어떤 종류의 실천 영역에 있어서는 10분의 1초, 100분의 1초를 이미 무시할 수 없게 되었다. 일반화된 기계가 그러한 정확도를 요구하게 된 것이다. 일반화된 기계는 인류에게 점점 그 존재감을 밀어붙이게 되었으므로, 우리는 그 지배의 존속과 증대를 위해 우리 시대의 정신의 작용 전부를 바치게 된 것이다.

    활기에 찬 지성 중 어떤 사람은 기계에 봉사하는 데 주력하고, 어떤 사람은 기계를 만드는 데, 어떤 사람은 더 강력한 기계를 예측하고 준비하는 데 주력하며, 마지막 범주에 남아 있는 정신이 기계의 지배에서 벗어나려고 전력을 기울인다. 이 반항적인 지성은 옛날 사람들의 영혼이 그러했던 것 같은, 자립적이고 완전한 존재 대신에 정체를 알 수 없는 열등한 악마daimon를 짓누르는 것에 혐오감을 품고 있는 것이다. 그 악마는 오로지 협력하고, 모여들고, 의존하고, 만족하며, 하나의 폐쇄계 안에서 행복을 찾을 뿐이다. 그 폐쇄계는 인간이 인간을 위하여 엄밀하게 만들수록 그만큼 자기 완결적인 폐쇄성을 갖는다. **이는 그러나 한 인간의 새로운 정의다.**

오늘날 사람들의 정신적 혼란은 인간이 자신에 대해 갖고 있는 관념에 큰 변화의 조짐이 나타나고 있음을 말해 준다.

2. 계급으로서의 지성

이제 '계급으로서의 지성'이라고 부르는 것을 조금 생각해 보자.

정신과 가지는 관계의 특수성에 따라 다른 종족과 구별되는 어떤 종족이 존재함을 우리는 다들 느끼고 있다.

그 종족에 대해 단순 명쾌하고 과부족 없게 기술할 수는 없다. 이는 앞으로 규명해야 할 하나의 사회적 성운이다. 그러나 이 성운은 눈을 가져갈수록 그 윤곽이 흐려지고 모양이 용해되어 보이지 않게 되는, 그런 모호한 성운의 하나이다. 어디까지 가도 전체의 형태에 어떻게 관련지어야 좋을지 모르는 것이며, 그렇다고 해서 그것으로부터 떼어낼 수도 없는 무엇인가가 남는다.

이 종족은 한탄하고 있다. 그런 탓에 존재하는 것이다.

**

지식인, 예술가, 다양한 자유업에 속하는 사람들… 이들 중 어떤 이들은 사회의 동물적 삶에 유익하고, 어떤 이들은 무익하다(이 무익한 사람들 중 아마도 가장 귀중한 사람들은 우리 인류의 가치를 끌어올려 주고, 지식을 축적하고, 전진하고, 창조하며, 타고난 약점에 의연하게 맞서고 있는 듯한 환상을 심어 주는 사람들일 것이다). 오늘날 그러한 사람들의 가치 하락, 권위의 추락, 궁핍에 의한 소멸을 말하는 사람이 있다. 이들의 존재는 사실 하나의 문화와 전통에 긴밀하게 연결되어 있다. 그리고 그 문화와 전통이 현대의 전 지구적인 사물의 혁명적 변화에 따라 그 장래가 어떻게 될지 걱정스러운 것이다.

**

우리 문명은 앞서 말했듯이 한 대의 기계와 같은 구조와 성질을 갖고 있거나 혹은 갖고 있는 경향이 있다. 기계는 자신의 지배가 세계적이지 않아도 고통을 느끼지 않으며, 자신의 행위와 무관하거나 자신의 기능 외부에 속하는 것이 존속해도 무방하다. 한편 기계는 자신의 활동영역 내에 들어오는 불명확한 존재와는 별로 어울리지 않는다. 기계의 정확도는 기계로서는 가장 중요한 것이지만 애매한 것이나 사회적 변덕 같은 것은 허용할 수 없다. 기계의 순조로운 가동은 변칙적인 상황과 맞지 않는다. **기계는 역할이나 존재조건이 엄밀하게 정의되어 있지 않은 인물이**

계속 머무는 것을 인정할 수 없다. 기계는 자신의 관점에서 볼 때 엄밀함이 결여된 개인을 배제하려 하고, 타인을 과거와 무관하게, 인류의 미래가 어떻게 될 것인가에 무관하게 재편성하려고 한다.

기계는 지구상에 존재하는 조직화가 늦어진 민족을 공격하기 시작했다. 원래, 법칙에 의하면(그 법칙 자체가 필요와 힘의 자각은 공격력을 낳는다고 하는 원시적 법칙에 통하는 것이다), 가장 조직화된 것이 가장 조직화되지 않는 것을 공격하게 되는 것은 필연적인 이치인 것이다.

기계는--즉 서구세계는--자신의 내부에서 발견하는, 이처럼 결단을 내리지 못하는, 그러니까 통약이 불가능한 자들에게 언젠가 덤벼들지 않을 수 없는 것이다.

이리하여 우리는 정의定義를 부여하려는 의지 혹은 필요에 의해 정의 불가능한 무리의 사람들을 공격하는 사태에 직면하게 된다. 재정 관련 법, 경제 관련 법, 노동 규약, 특히 기술 일반의 심각한 변화, 그러한 것 모두가 이러한 정의 불능하고, 본래적으로 고립되어 있는 내부 집단을 동화해, 평준화하고, 에워싸고, 질서를 세우려고 안간힘을 쓰고 있다. 그것은 지식인의 일부를 구성하는 집단이다--다른 부분은 더 흡수되기 쉬우므로 적절히 재정의·재편성의 대상이 되고 있다.

**

지금 말한 것은 다음과 같은 고찰에 의해 아마 더욱 명확해질 것이다.

시인이나 이론가, 혹은 시간을 들여 심원한 작품을 만들어 내는 예술가 등의 생활을 사회가 뒷받침해 주는 일이 있다고 해도, 그것은 항상 간접적인 형태에 지나지 않는다. 사회는 때때로 이들을 명목상의 봉사자·공무원으로서 교수, 학예사, 사서로 채용한다. 그러나 직능조합은 이에 대해 불평을 호소하며, 장관의 작은 재량도 점점 좁아지고, 기계도 점점 놀 거리가 적어진다.

**

기계는 '전문가' 밖에 인지하려고 하지 않고, 또 인지하지 못한다.

모든 것을 전문가에게 환원하려면 어떻게 해야 할까?

지성을 전문으로 하는 사람들의 특징을 결정하는 것은 참으로 쉽지 않은 일이다.

각자 자기의 정신을 사용한다. 단순 작업을 하는 인부들도 나름대로 자신의 정신을 사용한다. 그런 점에서는 철학자나 기하학자와 다를 바 없다. 그의 말이 우리에게 너무 조잡하고 단순한 것처럼 보인다면, 우리의 말은 그에게는 기묘하고 부조리하게 보일 것이다. 우리 한 사람 한 사람이 다른 사람에게는 단순 노동자인 것이다.

어떻게 그렇지 않다고 할 수 있을 것인가? 모든 인간은 때때로 꿈을 꾸거나, 무언가에 취하거나, 아니면 둘 다를 경험한다. 꿈에 있어서도, 취기에 있어서도 그가 품은 이미지를 다양하게 혼합하여, 유용성과는 분리된 곳에서, 자유롭게 조합하는 것이 언제부턴가 아무도 모르는, 아무에게도 헤아릴 수 없는 방식으로 그를 셰익스피어로 만드는 것이다. 단순 노동자가 피로와 알코올로 정신을 잃을 때, 그는 천재들이 발호하는 무대에 등장하는 것이다.

하지만, 사람들은 말할 것이다, **그는 그것을 이용하는 방법을 모른다**고.

그러나, 그건 사실, 그가 자기 자신에게는 셰익스피어일지라도 우리에게는 단순 노동자라는 것을 말해줄 뿐이다. 그에게 한 가지 부족한 점은 술에서 깨어났을 때에 셰익스피어라는 이름과 문학이라는 개념에 대한 지식이다. 그는 자신이 창작자임을 모르는 것이다.

지식인의 범주에 무당이나 신관, 혹은 제삿날의 어릿광대를 넣을까, 안 넣을까 하는 것은 누가 정할 수 있는 것일까?

도대체 누가 자신이 어떤 사람보다 더 많은 정신을 사용한다고, 아니면 누가 장사꾼이 투기를 하거나 기업을 하거나 하는 것보다 학교에서 가르치는 것이 더 많은 정신을 사용한다고 주장할 수 있을 것인가?

**

이러한 구체적인 예의 진창에 어느 정도 빠질 각오가 필요하다. 비틀거리면 때로는 두세 가지 해명의 물방울이 진창 튀기듯 튀기기도 한다.

본질적으로 혼돈되어 있고 누구에게나 불분명한 문제를 다룰 때는 각자의 시행착오, 미수에 그친 행위, 포기되거나 부정된 사고의 흔적을 있는 그대로 보여주는 것이 허용되도록--혹은 그렇게 권고되도록--하는 것이 좋지 않을까 생각한다.

나는 때때로 지식인에 대해 놀랄 만한 정의가 내려지는 것을 보았다. 회계사를 지식인으로 인정하는 사람도 있고 시인을 거기에서 배제하는 사람도 있다. 그 중에는, 그 주장하는 바를 문자 그대로 받아들이면, 가감승제나 곡선의 면적을 계산하는, 보통 사람의 능력을 훨씬 넘어 작동하는 훌륭한 기계류를 지식인으로 꼽거나 혹은 꼽지 않을 수 없다고 하는 것도 있다.

**

우연히 머리에 떠오른 계산기의 예는 나에게 어떤 생각을 시사했으므로, 그것을 내친김에 적어 두고 싶다. 기술 공정의 진보에 의해서, 위계가 변화하는 지적 활동이 있다는 것이다. 기술의 공정이 한층 엄밀해지고, 직장의 일이 각 공정의 조사로 밝혀진 단계적 방법의 적용만으로 해결이 된다면, 전문가의 개인적 가치는 점점 중요도를 잃게 된다. 우리는 다양한 분야에서 개인의 기능이나 문외불출의 기술이 수행해 온 역할에 대해 알고 있다. 그러나 지금 말한 진보는 그러한 특별한 기능·기술과는 관계없이 결과를 낼 수 있도록 하는 것이다.

만약 예를 들어 의학이 언젠가 진단과 치료의 분야에서 어떤 레벨의 정확도에 도달하여 의사는 단지 정의되고 잘 정리된 일련의 행위들을 실행하기만 하면 된다고 하면, 의사는 치료학의 비인격적인 한 매개항에 불과하게 되며 그 큰 매력의 모든 것을 잃게 될 것이다. 의사의 매력이란 인술의 불확실성, 따라서 거기에는 반드시 의사의 개인적 마술이 얼마간 부가될 것이라고 여겨진다는 데에 있다. 그것이 없어져 버리면 약사와 다를 바가 없다. 약사는 의사보다 지금까지 낮게 인식되어 왔는데, 왜냐하면 약사의 일은 의사의 것보다 학술에 의존하는 비율이 크고 천칭 위에서 이루어지기 때문이다.

**

법률용어에서 차용한 기묘한 단어를 원용해서 말하면 지식인에게는 **대체 가능한** 사람들과 대체가 불가능한 사람들이 있다고 할 수 있다. 전자는 벌써 기계에 흡수되고 있거나, 거기에 가까운 상태에 있다. 그들은 서로 교환이 가능한 사람들이기 때문에 개개인의 구별이 잘 되지 않는다.

실제로는 완전히 상호 교체가 가능한 인간은 존재하지 않는다. 그렇게 보일 때도 실제로는 근사적으로 교체 가능할 뿐이다.

서로 전혀 물갈이가 되지 않는 사람들은 바로 대체할 사람이 없다는 이유에서지만, 동시에 인간에게 이론의 여지가 없는 어떤 필요에도 대응하지 못하는 사람들이다. 따라서 우리는 지식인이라고 불리는 사람들에게는 주목해야 할 두 가지 범주가 있다고 본다. **무엇인가에 유용한 지식인**의 집단과 **아무것에도 쓸모없는 지식인**의 집단이다. 인간의 식량, 의류, 주거, 질병에 대해서는 단테도 푸생도 말브랑쉬도 아무것도 할 수 없다. 반대로 빵, 옷, 지붕, 그 외의 것들은 쓸모없는 지식인에게는 주어지지 않는 경향이 있다. 사람들이 가장 위대한 지식인들의 생존에 대해 내세우는 구실은 그저 입에 발린 **상투적인 말**뿐인 것이다...

**

지성에 대하여

이 '계급으로서의 지성'이라고 하는 문제는 새로운 문제가 아니고, 오래 전부터 있어 온 문제이다. 단지 이른바 시대성에 의해서, 전에 없이 액츄얼한, 긴급을 요하는 문제가 되게 된 것이다. 문제 자체는 조금도 새롭지 않다.

그 역사도 쉽게 요약할 수 있다.

모종의 사람들에 의해 구현되고 있는 정신에 사회가 적절한 자리를 어떻게 주느냐, 혹은 주어야 하는가 하는 문제는 어느 시대에나 해결하기 어려운 본질적 문제였다. 어려움은 단순히 어떤 정의에 따라 적절한 자리를 정해야 하느냐의 문제뿐만이 아니라 어떻게 해도 질적 평가를 하지 않을 수 없다는 데에도 있다. 어느 경우든 가장 좋은 것을 결정한다는 해결 불가능한 문제에 봉착하게 된다. 과학 세계의 용어로 말하면, 최량도 측정 aristométrie라고 할 만하다.

모든 사람이 자신의 정신을 사용하고 있다면, 처음에 인정해야 할 것은 정신의 사용 방식에 의해 어떤 계급이 다른 계급과 구별될 수 있느냐는 것이다. 또한 그러한 정신의 사용의 가치, 즉 그에 따라 만들어진 것, 혹은 진행 중인 연구를 고려하느냐 하지 않느냐는 문제가 있다.

나쁜 석공도 석공이다. 나쁜 기술자도 기술자다. 그런데 즉흥적으로 작업하는 예술가, 다른 사람들로부터 그 존재를 인정받지 못하는 학자, 철학을 모르는 철학자, 삶 자체가 시詩인 시인, 이런 사람들은 도대체 누구일까?

외부에서는 보이지 않는 준비 단계에 있으며, 기묘한 대기 상태에 있다고 하는 예술가, 학자, 철학자, 시인이란 도대체 누구일까?

데카르트가 글을 발표하기 시작한 것은 48세가 되어서였다. 세바스티안 바흐도 쉰 살이 넘어서야 작품을 내놓았다. 그 전까지는 전자가 퇴역 군인으로 은급 생활자였고, 후자는 교회의 오르간 주자였다… 오늘날에는 주지의 작품을 세상에 내놓게 된 것으로 유명한 두 사람이지만, 그 존재가 세상에 알려지기 전까지는 **그 시대의 사회적 정의**定義**가 아직 엄밀함이 결여되어 있었던 덕분에 생활할 수 있었던 것이다.**

**

이 문제의 역사에 대해서는, 또 약간이나마 말할 것이 있다.

오래전부터 이 문제에는 단 하나의 단순하고 실천적이며 난폭한 해결책이 주어져 왔다.

그것은 지능을 학력으로 판단하는 것이다. 케케묵은 양상을 간직하고 변화에 대해 주저하는 나라일수록 학교 성적에 따른 평가가 절대적이지는 않지만 여전히 중시되고 있다.

그럴 경우 '계급으로서의 지성'이란 학력 있는 사람들의 계급이 된다. 학력은 그 물적 증거가 되는 졸업장에 의해 나타난다. 고학력자, 학자, 박사, 학사 등이 지식인 계급의 구성원이며, 이들이 그렇게 불리는 것에는 아무런 문제가 없으며(왜냐하면 **물적 증거가 있으니까**), 그 수를 세는 것도 쉽다. 이 방식은 지식의 보존과 전달에는 지극히 뛰어나지만 지식의 증대에는 나쁘다고는 할 수 없어도 크게 기여하지는 못한다. 물적 증거가 그에 의해 증명되는 것보다 수명이 길며, 지식인 계급의 멤버로 인정받은 사람이 열정·호기심·정신적 정체성을 잃은 뒤에까지 증명서가 따라다니는 일도 있다.

이 시스템의 좋지 않은 점으로는 인간을 출발점에 고정시켜 버리는 결점이 있음을 지적해 두어야 한다. 미국에서는 몇 살이 되어도 두뇌노동에서 육체노동으로, 혹은 그 반대로 육체노동에서 두뇌노동으로 직업을 바꾸는 것이 가능하다고 한다.

**

이 낡고 편리한 개념을 통해 현대의 자유업의 개념에 도달하는 것은 매우 쉽다.

자유업은 자유인에게 적합한 직업이라는 뜻이다. 자유인은 막노동을 하며 살아서는 안 되었다. 자유업은 육체노동에 대립하는 것이었다. 그러나 외과 의사는, 확실히 장갑을 끼고 있기는 하지만, 손을 사용한다. 피아니스트는 손가락을 사용한다. 화가나 조각가도 손가락을 이용해 생계를 유지하려는 사람들이다. 이들은 모두 옛날에는 노동자로 여겨졌다. 베니스의 이단심문 재판에서 증인으로 환문당한 베로네세는 직업을 묻는 질문에 대답하고 있다. "나는 노동자이다 Sono lavoratore"라고.

오늘날 사정은 크게 변화했다. 외과의사는 이발사와 구분되고, 예술가는 장인과 구분된다. 여러 직업에 대한 평가, 예상되는 품격에 따라 이뤄지던 사회적 서열이 뒤바뀐 것이다. 외과술은 그저 글을 쓰기 위해 손을 사용하는 직업보다 훨씬 높은 등급으로 분류된다.

✱✱

현대 세계에서 정신의 사람, 혹은 전통적으로 그런 범주에 속한다고 여겨지는 사람이 어떤 위치를 차지하느냐는 문제에 대해서 생각을 정리하고 싶어서 시작한 시도가 얼마나 많은 대답 없는 물음을 유발하는 것인지 이제 알게 되었을 것이다….

문제를 해결하려고 하면 금세 반격을 당한다. 그러나 병이 의심되고 그 징후를 기술하기 전에 희생자를 인정할 필요가 있다. 지식인이란 무엇인가를 찾으려 했고 자유업의 특징을 발견하려 했지만 잘 되지 않았다는 것은 이미 본 바와 같다.

이런 종류의 탐구는 때때로 게임을 하고 있는 듯한 재미가 있다. 예기치 못한 일들이 무궁무진하게 나타난다. 그러한 놀라움의 근원에는 위에서 말한 심각한 사실이 있다. 곧 새로운 사회가 구舊사회에 복수를 하고 있다는 점이다. 강력하고 치밀한 조직이 약하고 모호한 조직을 공격하고 있는 것이다. 분석을 진행시켜 나가면, 아무래도 사회에 있어서의 인간 관계, 계급 문제의 복잡함 속에 들어가지 않을 수 없게 된다. 갈등을 극복하려면 이러한 관계성과 문제를 확인하고 도입하지 않을 수 없다. 도덕적이고 정치적 문제로 미래를 예측하는 것이 위험하고 무익한 것은 잘 알겠지만 현재의 혼란에는, 정확히 분석하지 못하더라도, 상당히 **위기적인** 무질서, 비참한 사태가 예측된다고 보지 않을 수 없다. 언젠가는 빵과 생필품 생산에 도움이 되지 않는 사람들에게는 빵도 생필품도 주지 않는 시대가 도래하는 것이 아닐까? 그렇다면 우리는 우선 스스로를 보호할 수 없는 사람들이 사라지는 것을 망연자실한 표정으로 바라보게 될 것이다. 남은 사람들은 그 뒤를 잇거나 궁핍을 견디지 못하고 현실적인 직장으로 돌아갈 것이다. 그리고 그러한 사람들이 말살되어 버린 후에는, 인간의 가장 단순한 생활에 필요한 것만을 고려해 만들어진 현실계의 서열이, 이 문제를 끝까지 지켜보는 관찰자에 대해서, 나타나게 될 것이다.

지중해가 주는 영감

오늘은 여러분에게 내 자신에 대한 이야기를 하려고 합니다. 그렇다고 해서 다들 가지고 있는 개인적인 비밀에 대해 말한다거나 그런 것은 아닙니다. 오늘 이야기하려는 것은 나의 정신을 형성하는 데 있어 나의 삶과 감성이 이 지중해와 어떤 관계를 맺게 되었는가 하는 것에 지나지 않습니다. 유년기부터 지중해는 항상 내 눈앞에 있는 것이었고 항상 내 정신에 떠오르는 존재였습니다. 내가 말하려는 것은 몇 개의 개인적인 인상이며, 일반적이라고 할 수 있을 몇 개의 관념들입니다.

**

그러면 이야기를 나의 출생에서 시작하도록 하겠습니다.

나는 만의 안쪽에, 언덕의 중턱쯤에 만들어진 중간 정도 규모의 항구도시에서 태어났습니다. 언덕을 구성하는 바위덩어리가 주위의 해안선과 분리되어 있어 양쪽의 사주砂州가--그 모래는 알프스 산맥의 바위가 부서진 것으로 조류에 의해 론 강의 하구에서 서쪽으로 이동하면서 퇴적한 것입니다--랑그독의 해안에 바위산을 연결시켜주지 않았다면 그곳은 섬이 되었을 것입니다. 이렇게 이 언덕은 바다와 넓은 호수 사이에 솟아 있게 되었고 이 호수는 남프랑스 운하가 시작되는 곳 혹은 끝나는 곳이 된 것입니다. 언덕에서 보이는 항구는 몇 개의 독 그리고 이 호수와 바다를 연결하는 몇 개의 운하로 이루어져 있습니다.

내가 태어난 곳은 바로 이런 곳입니다. 순진하게 말한다면 나는 내가 태어나고 싶다고 생각하는 그런 마을에서 태어났다고 할 수 있습니다. 태어나서 받은 최초의 인상이 바로 바다인 데다가 사람들이 번잡하게 활동하는 한복판이었다는 것에 대해 나는 참으로 기쁘게 생각합니다. 내게 있어 항구를 내려다보기 좋은 위치에 있는 테라스나 발코니에서 바다를 바라보는 풍경만큼 멋진 것은 없습니다. 멋진 해양화를 그렸던 화가 조셉 베르네가 '항구의 여러 일들'이라고 불렀던 것은 매일 쳐다보고 있어도 전혀 물리지 않는 것이었습니다. 항구가 잘 내려다보이는 특권적인 위치에서 보면 한편으로 탁트인 바다가 잘 보이면서 다른 한편으로는 그 옆에서 영위되는 사람들의 노동, 그러니까 거래를 하고 조합하며 조작하는 것 등이 시야에 들어옵니다. 시선은 매순간 영원히 원초적인 모습 그대로의 것, 손이 닿지 않고 사람의 힘이 미치지 않는 자연, 항상 그대로인 우주의 힘에 지배되고 있는 자연에 돌아가 태고의 사람들이 본 것과 같은 광경을 맛볼 수 있습니다. 그러나 그 같은 시선이 육지 쪽으로 향하게 되자마자 바로 거기에서는 해안을 끊임없이 변형시키는 시간의 불규칙적인 각인, 그것에 호응해서 이루어진 인간의 작업의 각인을 만나게 됩니다. 몇 겹이나 중첩되어서 지어진 건축, 여러 기하학적 형상, 직선, 면 혹은 호, 이런 것들이 자연의 형상의 무질서와 우발성에 대치된 모습은 마치 높이 솟은 첨탑이나 등대가 지질학적 자연의 함몰이나 붕괴에 대해 인간의 건축적 의지, 의지적이면서 반항적인 그 작업을 대치시켜 보여주는 것과 같습니다.

　　이렇게 해서 눈은 인간적인 것과 비인간적인 것 둘 다 파악할 수 있습니다. 이것은 참으로 저 위대한 클로드 로랭[옮긴이--Claude Lorrain. 바로크 시대의 프랑스 화가]이 체득하고 멋지게 표현한 것에 다름 아닙니다. 그는 더 없이 고귀한 방식으로 지중해의 커다란 항구들의 질서와 이상적인 광휘를 상찬했던 것입니다. 제노바, 마르세이유, 나폴리 등이 변형되어 등장하고, 배경이 되는 건축, 토지의 형상, 바다의 전망 등이 마치 연극무대처럼 조립되며, 그곳에는 단 한 명의 등장인물이 움직이고 노래하며 때로는 죽기도 합니다. 그 인물은 바로 **빛입니다**!

**

지금 말한 언덕의 중턱에 내가 다니던 중학교가 있습니다. 그곳에서 나는 라틴어 장미rosa의 격변화를 질리지도 않고 공부했지만 4학년 때 이 학교를 떠나야만 했습니다. 학생 수가 아주 적었기 때문에 우리 모두는 상당한 자부심을 얻을 수 있었습니다. 우리 학급은 네 명에 지나지 않았으므로 특별히 노력하지 않아도 확률 상 네 번에 한 번은 일등을 할 수 있는 것입니다. 철학 수업은 심지어 두 명이었습니다. 한 사람이 필연적으로 일등상을 받게 되므로 다른 한 사람이 2등상을 받습니다. 하지만 어느 정도 공평성을 맞추기 위해 2등상을 받은 학생은 작문에서 일등상을 받게 되었고 그렇게 되면 남은 학생이 (당연히) 2등상을 받습니다. 이런 식이었던 것입니다... 군악대의 음악에 맞추어 순서대로 상장과 금박을 입힌 책을 받아서 시상대에서 내려왔던 것입니다...

코르네이유는 위험이 없이는 영광도 없다고 말한 바가 있습니다.

위험 없이 이기게 되면, 승리에 영광이란 없다! A vaincre sans péril, on triomphe sans gloire!

하지만 코르네이유는 잘못을 범했습니다. 순진하게도 실수를 한 것입니다. 영광은 노력과는 무관한 것입니다. 노력은 대개 눈에 보이지 않습니다. 영광이란 연출mise en scène의 문제에 지나지 않습니다.

**

이 중학교에는 다른 곳에서는 볼 수 없는 매력이 있었습니다. 교정에서 도시와 바다를 다 볼 수가 있었습니다. 아래로부터 세 개의 교정이 있어 위로 올라갈수록 좋은 전망을 볼 수 있었는데 안타깝게도 우리의 인생은 그런 식으로 되지는 않습니다. 우리가 학교에서 놀 때, 구경거리가 모자라는 경우는 전혀 없었습니다. 왜냐하면 지상의 마을과 바다 사이에는 매일 무엇인가가 벌어지고 있었기 때문입니다.

어느 날 이 전망이 좋은 교정에서 우리들은 흔히 항구에 드나드는 객선이나 화물선에서 나오는 익숙한 연기보다 훨씬 진하고 폭이 넓은 연기가 하늘로 올라가는 것을 보았습니다. 정오를 알리는 종이 울리고 교실의 문이 열리자마자 학생들은 환성을 지르며 부두 쪽으로 달려갔습니다. 거기에는 몇 시간 전부터 군중들이 제방 한쪽으로 치워진 거대한 범선이 불타고 있는 것을 보고 있었습니다. 불꽃이 갑자기 장루까지 올라왔고, 몇 개의 마스트는 선창에서 격렬하게 타오르는 불에 의해 기부가 침식되어서 로프 등과 함께 순식간에 붕괴하면서 마치 풀이 베이는 것처럼 소멸되었고, 동시에 거대한 불의 산이 분출하면서, 기묘하면서 무거운 소음이 바람에 실려 우리들에게까지 들렸습니다. 오후 수업에 학생들이 많이 빠졌다는 것은 여러분들도 쉽게 짐작할 수 있을 것입니다. 저녁이 되자 이 아름다운 세 개의 마스트를 가진 범선은 시커먼 선체만 남게 되었고, 언뜻 상처가 없는 것 같았지만 실제로 용광로처럼 불타는 물질로 가득 찬 것이어서 그 강렬한 빛은 밤이 깊어질수록 더 심해졌습니다. 마지막에 이 지옥의 잔해는 넓은 바다로 예인되어 결국 수장되었던 것입니다.

또 다른 경우에는 우리들은 매년 찾아와 해변 1마일 정도에 정박하는 함대의 도착을 학교에서 바라보기도 했습니다. 당시의 장갑함은 '리슐리외', '콜베르', '트리당' 등 기묘한 이름을 가지고 있었고, 선수의 물을 가르는 부분은 쟁기 모양을 하고 있었으며 선미는 철판으로 된 페티코트를 붙였고 선기船旗 아래에는 우리들의 선망의 적이었던 제독이 사용하는 브릿지가 있었습니다. 이것들은 모양은 좀 추했지만 위풍당당한 데가 있었고, 아직 마스트류가 많이 남아 있었으며 좌우의 현측에는 옛날식으로 승무원 전원의 배낭이 배치되어 있었습니다. 함대에서는 육지를 향해 잘 정비되고 무장된 보트를 보내기도 했습니다. 이 장교용 보트는 물 위를 나는 듯이 전진했으며, 6조 혹은 8조의 노가 정확히 보조를 맞추어 움직이면 마치 빛을 발하는 날개처럼 5초마다 태양빛을 받아 섬광과 빛나는 포말을 내뿜는 것이었습니다. 선미에서는 물의 거품 사이로 선기의 3색과 심홍색 카페트 주변의 청색이 물에 잠긴 것 같았으며, 그 카페트 위에는 검은 옷에 금박을 단 장교들이 앉아있었습니다.

이런 현란함이 해군을 지원하는 사람들을 많이 만들어낸 것은 사실입니다. 하지만 컵을 드는 것과 실제로 입술에 대보는 것 사이, 학생의 신분으로 있는 것과 해군사관 후보생으로 실제 업무를 맡는 것 사이에는 아주 심각한 장애물이 가로놓여 있는 것입니다. 기하학의 불변의 도형, 대수학의 함정과 체계적인 수수께끼, 로그가 주는 슬픔, 사인과 코사인 형제 등에 의해 그 용기가 꺾인 사람들은 한둘이 아닐 것입니다. 절망과 함께, 바다와 자신 사이에, 꿈꾸었던 해군과 실제로 체험하는 해군 사이에 무자비한 흑판이 내려오는 것을 보는 것 같은 (마치 결코 통과할 수 없는 철의 커튼이 내려오는 것 같습니다) 기분이 들었던 것입니다. 바로 여기에서 그들은 바다를 향해 힘없는 시선을 던질 뿐이고 시선과 상상만으로 즐기는 것에 만족해야 했으며 이 바다를 향한 불행한 정열을 문학과 회화로 전환할 수밖에 없었던 것입니다. 처음에는 희망만 있으면 이러한 직업에 충분히 종사할 수 있을 것이라 생각해서, 간단히 여기에 끌려들어갔던 것입니다. 미리 예정된 자만이 이러한 직업이 가진 모든 미지의 곤란을 일찌감치 예견하고 이러한 것들에 스스로를 맞추어가는 것입니다. 이것은 어떤 프로그램이나 경쟁에 의해 얻어지는 것이 아닙니다.

이처럼 시인이나 화가가 될 수도 있는 몽상가들은 바다로부터 받는 풍부한 인상에 만족했던 것입니다--그 많은 사건들을 빚어내는 바다, 비일상적인 형식과 계획을 만들어내는 바다, 아프로디테의 어머니이며 그 많은 모험에 영혼을 불어넣어주는 바다. 내가 젊었을 때에는 역사는 아직 바다를 그 양식으로 해서 살고 있었다고 할 수 있었습니다. 우리들 어선은 그 대부분이 아직 페니키아 시대의 배가 붙이던 문장을 달고 있었으며 고대와 중세의 항해자들이 사용하던 배와 크게 다르지 않았습니다. 황혼 무렵에 나는 이러한 완강한 어선이 언제나 참치를 가득 실은 채로 돌아오는 것을 보았는데 이럴 때 어떤 이상한 감정이 나의 마음을 지배하곤 했습니다. 하늘은 맑기 그지없었고 아래쪽이 약간 분홍색을 띠고 있었지만 위로 갈수록 녹색이 짙어지는 것 같았습니다. 바다는 이미 어두워진 상태였으며 극단적인 하얀색으로 이루어진 파도가 터지는 것 같았고 동쪽으로는 수평선 바로 위로 탑과 성벽의 신기루가 보였습니다. 그것은 에귀모르트[옮긴이--남프랑스 카마르그 지방의 성곽도시]의 환상이었습니다. 어선단의 모습은 처음에는 그 고대 라틴풍의 앞이 뾰족한 삼각의 돛밖에 보이지 않았습니다. 그것이 점차 가까워지면 그 배들이 가지고 돌아오는 거대한 참치의 산이 보일 정도가 됩니다. 이 완강하고, 어떤 것들은 거의 인간 정도의 키가 되는 이 물고기들은 번쩍이는 빛과 피로 덮여져 있어 마치 해변 가에 운반된 전사들의 시체를 연상케 하는 데가 있었습니다. 거기에는 서사시적인 스케일을 가진 한 편의 타블로 같은 느낌이 있었고 나는 주저하지 않고 '십자군의 귀환' 이라고 이름을 붙였던 것입니다.

하지만 이 고귀한 스펙터클은 또 하나의 다른 스펙터클을 만들어내며, 그것은 끔찍한 아름다움을 가지고 있는 것이므로 그것에 대해 묘사하는 것을 용서해주기 바랍니다.

어느 날 아침, 수백 마리 대형 참치를 잡는 성과를 올린 다음 날에 나는 바다로 수영을 하러 갔습니다. 나는 아침의 멋진 햇살을 즐기려는 생각에 우선 작은 제방으로 향했습니다. 문득 시선을 아래로 내렸을 때, 나로부터 몇 걸음 떨어진 곳의 맑고 투명한 물 아래로 처참하면서도 장엄한 혼돈이 있다는 것을 깨닫고 몸을 떨지 않을 수 없었습니다. 가슴을 답답하게 할 정도의 시뻘건 무언가가, 미묘한 분홍색과 어둡고 음침한 주홍색의 덩어리가 거기에 있었던 것입니다... 나는 깜짝 놀라면서도 그것이 어부들이 버린 어젯밤 바다의 신[넵튠]의 내장과 창자라는 것을 깨달았습니다. 내가 눈으로 보는 것으로부터 도망칠 수도, 그렇다고 그걸 견딜 수도 없었던 것은, 이 고깃덩어리가 야기하는 혐오의 감정이 내 안에서 그 유기적인 색채의 혼란 및 그 끔찍한 전리품이 주는 기묘한 미적 감각과 다툼을 벌였기 때문일 것입니다. 내장에서는 아직 피가 섞인 연기가 올라오고 있는 것 같았으며, 푸르죽죽한 색을 가진 채 흔들리는 창자는 맑은 물 안에서 어떤 이유인지 서로 얽힌 것 같았고, 그 사이에서 느린 물결이 투명한 두께를 통해 이 도살장 전체에 연한 금빛의 흔들림을 주는 것 같았습니다.

마음이 혐오하는 것을 눈은 사랑했던 것입니다. 반감과 흥미, 도피와 분석 사이에 분열된 나는 극동의 예술가, 예를 들면 호쿠 사이 같은 재능과 호기심을 가진 인간이라면 이 스펙터클에서 무엇을 끌어낼 것인가를 애써서 상상하려 했습니다.

참으로 멋진 판화를, 여러 다양한 모티브를, 그라면 끌어낼 수 있었을 텐데! 이어서 나의 연상은 고대인의 시에서 볼 수 있는 그 난폭함과 그 피투성이의 느낌에 미칩니다. 그리스의 시인들은 잔혹하기 그지없는 정경을 묘사하는 데 전혀 주저가 없었습니다.... 영웅들은 마치 도살자인 것처럼 행동했습니다. 신화도, 서사시도, 비극도 다 피투성이였던 것입니다. 하지만 그 예술은 우리가 그 끔찍한 것을 보았을 때의 물의 투명하고 맑은 두께에 비견할 수 있는 것입니다. 그것은 우리들에게 모든 것을 똑바로 볼 수 있는 시선을 주는 것입니다.

**

젊은 시절 바다에 대한 감상을 말하기 시작하면 끝이 없습니다... 내가 여러분에게 항구의 부두에서 나를 기쁘게 하고, 끌어들이고, 매혹시켰던 것들을 전부 말하려고 한다면 너무 많은 시간이 걸릴 것입니다. 이를테면 이제는 아예 볼 수 없게 된 배들에 대해, 증기와 석유가 쫓아내버린 옛날 배들의 몇 개의 타입에 대해 묘사할 수도 없을 것입니다. 한 예로 그 이상한 모습을 한 쉐벡 chebec 범선[옮긴이--지중해의 소형 범선으로 세 개의 돛과 노가 장착됨]은 동양 스타일의 우아한 모습을 하고 있으며, 배의 앞이 뾰족하면서도 기묘한 곡선을 그리고 있고, 세 개의 돛은 마치 펜처럼 날카로운데, 아마도 사라센인이나 베르베르인들이 공포의 방문객으로 우리들 해안에 찾아와 부녀자들을 약탈할 때 쓰던 배와 같은 유형일 것입니다. 하지만 내가 아는 쉐벡 범선은 우수한 제품들의 운반에 사용되던 것들입니다. 선복은 노란색과 강렬한 녹색(압도적으로 순수한 톤을 가진 색이었습니다)으로 칠해져 있었고 데크에는 포르투갈 산의 레몬과 발렌시아 산의 오렌지가 쌓여 있어 강렬한 색채의 피라미드를 이루고 있었습니다. 배 주변의 조용한 녹색의 수면에는 갑판에서 떨어지거나 내던진 이들 노란색과 빨간색의 과일이 많이 떠다니고 있었습니다.

또 나는 여기에서 그 여러 종류의 냄새가 복잡한 도취를 자아내며 항구의 공기를 일종의 취각의 백과사전이나 교향악으로 만든 것을 찬미할 생각은 없습니다. 그 석탄, 타르, 알코올류, 생선 수프, 지푸라기, 코프라[옮긴이--코코아씨에서 추출한 액체를 건조한 것]의 냄새가 발효하고 서로 다투면서 우리들의 연상의 영역에서 패권을 다투고는 있습니다만...

그 대신 나는 이 작고 상대적인 회고에서 구체적인 것으로부터 추상적인 것으로, 인상에서 사상으로 나아갈 생각입니다--여기서 내가 여러분에게 환기하고 싶은 것은 보다 단순하고, 보다 깊고, 보다 완전한 감각, 그러니까 존재 전체가 안게 되는 감각을 말하는 것으로 그 감각이 색채나 냄새와 맺는 관계는 이야기의 형식과 구조가 그 이야기에서 사용되는 수식어, 이미지, 형용구와 맺는 관계에 유사한 것입니다.

이 전체적인 감각이란 어떤 것일까요?

내가 여러분들 앞에서 미안하게 생각하는 것은 자신이 빛과, 나아가서는 물과, 진정한 도취를 경험한 적이 있다는 것입니다.

나의 놀이, 나의 유일한 놀이(유희)는 놀이 중에서 가장 순수한 것으로 바로 헤엄치는 것입니다. 이것에 대해 나는 시 비슷한 것을 만든 적이 있고, 그것을 **비의지적인** 시라고 부른 것은 그것이 운문의 형식에까지는 이르지 못했기 때문입니다. 그것을 만들었을 때의 나의 의도는 헤엄치는 상태를 노래하는 것이 아니라 묘사하는 것--이것은 노래하는 것과 완전히 다른 것입니다--에 있으며 그것이 어떻게든 시의 형태를 이루고 있는 것은 오로지 그 주제 자체, 헤엄치는 것 자체가 시로서 성립하고 기능하기 때문일 것입니다.

<u>헤엄치는 것</u>

나는 이 보편적인 물이라는 것에 돌아오게 될 때 아무래도 자신을 되찾고 재확인하는 것 같다. 밀의 수확이나 포도의 수확에 나는 아무것도 느끼지 못한다.

베르길리우스의 "농경시"는 내게 아무런 감정을 불러 일으키지 않는다.

그런데 물속에서 흐름에 몸을 맡기고 몸의 구석구석에서, 목덜미에서 발톱까지 움직이며, 이 순수하고 깊은 물질 안에서 몸을 비틀면서, 신성한 바다의 소금기를 흡수했다가 내뱉는다. 이것은 내게 사랑에 비견할 만한 놀이이며 나의 육체 전체가 의미와 힘이 되는 행위여서, 가령 하나의 손이 열렸다가 닫히는 것은 그 자체로 말하고 행동하는 것이 된다. 여기서는 몸 전체가 자신을 던지고, 되찾으며, 이해하고, 소비하며, 자신의 가능성을 다 시도하려 한다. 그[나의 몸]는 그녀[바다]를 휘저으며, 잡으려 하고, 안으려 한다. 그는 생명의 힘과 그 자유로운 움직임에 푹 빠져 그녀를 사랑하며, 내 것으로 삼고, 그녀와 함께 많은 기묘한 관념들을 생산한다. 그녀에 의해 나는 자신이 되고 싶은 그런 남자가 된다. 나의 몸은 정신에 바로 응답하는 그런 악기로 변하면서, 정신이 품게 되는 모든 관념의 작가가 된다.

모든 것이 내게 명료해진다. 나는 사랑이란 것이 어떤 것이 될 수 있는지를 충분히 이해한다. 현실의 과잉! 애무하는 것은 인식하는 것이 된다. 사랑하는 사람들의 행위는 바로 작품을 만드는 데 있어 모델이 될 것이다.

그러므로 헤엄쳐라! 너를 향해 다가오는 물결을 향해 돌진하라! 물결은 너와 함께 부서지면서 너를 뒤집어버릴 것이다.

한참동안 나는 바다에서 나올 수 없는 것이 아닐까 생각했다. 바다는 나를 내쫓았다가 다시 그 주름 한복판에 집어넣는다. 모래 위에 나를 뱉어냈던 거대한 물결은 물러나면서 나를 모래와 함께 감싼다. 나는 그 모래 안에 팔을 집어넣지만 모래는 나의 몸 전체를 끌어안는다.

내가 한참 발버둥치자 훨씬 강한 물결이 몰려와서는 나를 마치 난파선의 잔해처럼 수영금지 구역까지 내동댕이쳐버린다.

바람을 빨아들인 나는 떨면서 광대한 해변을 걷는다. 힘찬 남서풍이 물결을 옆에서 포착하면 물결이 쭈그러들고 주름투성이가 되면서 그 위에 비늘 모양을 만들고, 그 위에 그물처럼 두 번

째 물결이 겹쳐지면 그것을 짊어지고 물결은 수평선에서 사구를 향해 움직이고 부서지면서 포말이 되어 떨어진다.

맨발로 걷는 행복한 인간으로서 나는 한없이 부드러운 작은 물결에 의해 끊임없이 그 표면이 연마되는 거울 위를 걷고 있는 것이다, 그저 걷는 것 자체에 취한 상태로.

**

나는 여기서 이 회고담의 톤을 조금 올리기로 합니다.

앞에서 말한 항구, 어선, 생선, 냄새, 헤엄치는 것 등은 실은 일종의 전주에 지나지 않는 것이었습니다. 나는 이제는 고향의 바다가 나의 정신에 미친 보다 깊은 작용에 대해 말하지 않으면 안 된다고 생각합니다. 하지만 이런 것들에 대해 아주 정확하게 말하는 것은 어려운 일입니다. 나는 **영향력**이라는 말을 그다지 좋아하지 않는데, 이것은 이 말이 일종의 무지 혹은 선입견을 의미할 뿐으로, 그러면서도 비평의 세계에서 아주 커다랗고 아주 편리한 역할을 수행하고 있기 때문입니다. 어쨌든 나는 자신에게 명백한 것을 말할 생각입니다.

확실히 나는 학교에서 공부할 때 어딘지 집중을 못하고 멍한 것 같은 데가 많았는데, 실제로는 서너 개의 아무리 보아도 신적인 존재인 바다, 하늘, 태양이란 것을 무의식적으로 숭배하면서 보냈던 시간만큼 나를 형성하고, 관통하며, 교육하고 혹은 구축했던 것은 없었던 것 같습니다. 나는 자신도 의식하지 못한 채로 뭐라고 할까 원시인을 방불케 하는 그런 경악과 심적인 앙양을 찾아냈던 것입니다. 어떠한 책이나 저자도 내가 젊은 시절에 경험했던 그런 풍요로운 방심放心, 명상, 영적인 교류의 상태를 나의 마음에 심어주고 길러낼 수는 없을 것이라고 생각합니다. 아마도 어떤 독서보다도, 어떤 시인이나 철학자보다도, 명확한 대상을 가진 사유나 정의할 수 있는 사유를 하지 않으면서도, 그저 시선을 던지는 것 혹은 자신의 주의력을 일상의 순수한 여러 힘들 위에 두는 것, 그러니까 우리의 생활공간에서 가장 압도적으로 단순하면서 오감으로 다가오는 물상物象 위에 머무는 것, 그리고 이들 물상 덕분에 무의식적으로 우리들이 모든 사건, 모든 인간, 어떠한 표현이나 세부도 바로 우리 눈앞에서 가장 큰 것, 가장 안정적인 것과 관계를 지어 인식하는 습관을 갖는 것이 중요합니다. 이런 것은 우리들을 단련시키고, 우리들을 인도해서 익숙해지게 하고, 자신의 본성이 진정으로 거대하다는 것을 특별한 노력이나 성찰 없이도 자각시켜주며, 자신의 안에서 최고이면서도 '인간적인' 레벨에 도달하는 길을 특별히 고생하지 않고도 발견할 수 있도록 해주는 것입니다. 우리들은 말하자면 만물과 자기 자신을 모두 측정하는 척도를 소유하고 있는 셈입니다. 프로타고라스의 유명한 "인간은 만물의 척도이다"는 말은 **전형적이면서도 본질적으로 지중해적인 것**입니다.

    도대체 그는 무엇을 말하고 싶었던 것일까요? '측정한다'는 것은 무엇일까요?

    그것은 우리들이 측정하려고 하는 대상을 인간의 무언가의 행위의 상징에 의해 대체하는 것이어서 그 행위를 단순히 반복하는 것으로 대상을 소진시킬 수 있다는 것이 아닐까요? 인간이 만물의 척도라는 것은 요컨대 세계의 다양성에 대해, 인간의 능력 전부 혹은 몇 개를 모아서 대항시키는 것이고, 우리들이 경험하는 계기의 다양성 혹은 우리들이 갖는 인상이 변하기 쉽다는 것에 대해서, 나아가서는 우리들 개성, 즉 각자의 개별적이고 부분적인 인생에 갇혀 있는 전문화된 우리들의 독특한 인격이라는 그 특수성에 대해, 어떤 '나'를 대항시키는 것이고 이 '나'는 우리들의 특수성을 요약하고 지배하며 포함하는 것입니다. 마치 법칙이란 것이 개별적인 케이스를 포함하듯이, 혹은 자신의 능력을 자각하는 것이 우리들이 할 수 있는 모든 행동을 포함하듯이 말입니다.

우리들은 이 보편적인 '자신'을 자신 안에서 느끼는 것입니다만 이것은 무수한 조건과 우연의 일치에 의해 결정된 우리들의 우발적인 인격과 완전히 다른 것입니다. 왜냐하면 (우리들 사이니까 하는 말입니다) 우리들 안의 많은 것들이 마치 제비뽑기에 의해 결정된 것처럼 보이기 때문입니다!... 어쨌든 내가 여러분에게 하고 싶은 말은 **우리들이 그것을 느끼기에 합당한 때**에 이 보편적인 '나'를 느끼는 것이어서 이 보편적인 '나'는 고유명사도 경력도 갖지 않으며, 이 '나'에게 있어 우리들의 객관적 생활, 우리들이 받아들이고 영위하고 견디고 있는 생활이란 것은 이 불변의 자신이 선택할 수 있는 무수한 생활 중의 하나에 지나지 않는다는 것입니다...

**

부디 용서해주기 바랍니다. 나는 분위기에 휩쓸려 너무 길게 말을 한 것 같습니다... 하지만 여기에 '철학'이 있다고 생각해서는 곤란합니다... 내가 철학자라고 한다면 그건 주제넘은 짓일 겁니다...

만약 내가 너무 길게 말을 했다면 그것은 바다를 본다는 것이 어떤 가능성이 있는 것을 본다는 것이 되기도 하기 때문일 겁니다... 그렇긴 하지만 가능성이 있는 것을 본다는 것은 아직 철학이라고 할 수는 없지만, 아마도 철학의 싹이며, 태어나고 있는 상태의 철학이라고 할 수 있지 않을까 합니다.

애초에 철학적 사유가 어떻게 해서 태어나는가를 잠깐 생각해보기 바랍니다. 내 경우, 이런 질문을 나에게 할 때 대답하려고 하면, 반드시 나의 정신은 곧바로 어딘가 화창하고 멋진 바다 쪽으로 나를 데리고 갑니다. 거기에는 가장 보편적인 사유, 가장 포괄적인 질문이 싹을 피우는 정신의 상태에 있어 불가결의 여러 요소들(오히려 영양소라고 할 수 있을)과 감각적인 소재들이 합쳐집니다. 그리하여 빛과 공간, 여가와 리듬, 투명함과 심원함이 나옵니다... 여기에 있을 때, 이러한 자연의 여러 조건이 모습을 보이고 조화를 이루는 가운데에서 우리들의 정신이 강하게 감지하고 발견하는 것은 인식하는 것이 갖는 모든 특질과 속성, 요컨대 명석함, 심원함, 광대함, 절도節度 같은 것이 아닐 수 없습니다... 정신이 눈으로 보는 것은 정신이 본질적으로 소유하고 있거나 혹은 소유하고 싶다고 원하는 것을 의미합니다. 정신이 바다를 보고 있으면, 그에게는 무언가 특수한 것을 얻게 되면 만족하게 되는 그런 욕망보다도 더 크고 광대한 욕망이 태어나는 것입니다.

정신은 보편적인 사유로부터 유혹을 받고 그에 의해 개안開眼하게 됩니다. 다만 여기서 내가 무언가 아주 오묘한 이야기를 시작했다고 생각하지 않기 바랍니다. 우리들이 하는 어떠한 추상적 사유도 처음에는 이러한 개인적이고 특수한 경험에서 시작하는 것입니다. 애초에 추상적인 사고를 표현하는 어떠한 언어도 대단히 간단하고 범속한 관용법에서 채택된 언어인 것이며, 이것을 철학하기 위해 우리가 남용한 것에 지나지 않습니다. 여러분들은 세계monde라는 말이 유래된 원래의 라틴어가 단순히 '장식parure'을 의미하는 말이었다는 것을 알고 있나요? 여러분도 알고 있다시피, 가정hypothèse, 실질substance, 영혼âme, 정신esprit, 관념idée 같은 말들, 생각한다penser든가 이해한다comprendre든가 하는 말들이 둔다poser, 옮기다mettre, 잡다saisir, 숨을 쉬다souffler, 본다voir와 같은 기본적인 행위의 명칭이었고 이것들이 조금씩 특별한 의미와 여운을 띄게 되었으며 혹은 역으로 이것들의 실질적인 무제한의 조합을 방해하던 것들이 서서히 제거되어 결국 없어졌다는 것입니다. 무게를 달다peser라는 개념은 이제 와서는 생각하다penser라는 개념 속에 전혀 보이지 않으며 '숨쉰다'는 말도 이제 정신이나 영혼 같은 말에서 전혀 엿볼 수가 없게 되었습니다. 이러한 언어의 역사가 우리에게 추상화의 탄생을 알려주는 것인데 이것은 우리들의 개인적인 체험에서도 재현되는 것입니다. 이것과 마찬가지로 이 하늘과 바다와 태양--우리가 앞에서 일상의 순수한 자연의 여러 힘이라 부른 것--은 명상하는 정신에 대해 무한이라든가 깊이나 인식이나 우주라는 개념을 암시하고 심어주는 것이어서 이들 개념은 언제나 형이상학적 혹은 물리학적 사변의 대상인 것입니다. 그리고 우리들이 보기에 이들 개념의 기원은 아주 단순한 것이어서 과잉이라고 할 정도의 빛과 넓이와 유동성 안에 있으며 또 장엄함과 전지전능이 편재한다는 인상이나 때로는 지고한 존재의 변덕, 숭고한 신의 분노, 최종적으로는 반드시 빛과 평안이 돌아와서 자리를 잡게 되는 대지의 여러 요소들의 혼란 등과 같은 인상 안에 있습니다.

나는 방금 태양의 이야기를 했습니다. 여러분들은 태양을 정면으로 본 적이 있나요? 이런 일을 여러분들에게 권유할 생각은 전혀 없습니다만 나는 젊었을 때 약간 영웅심에서 그렇게 해보려다가 혹시 실명하지 않을까 하는 생각이 들었습니다. 여기서 반복해서 말하자면, 여러분들은 태양의 직접적인 중요성에 대해 생각해본 적이 있나요? 여기서 내가 말하는 것은 천체물리학의 태양이나 천문학자의 태양이나 이 지구상의 생활에 있어 필요불가결한 그런 태양이 아니라 단순히 **감각적인 체험**으로서 혹은 **지고의**souverain **현상**으로서의 태양이며 그리고 이것이 우리들의 사고의 형성에 미치는 힘을 말하는 것입니다. 나는 이 압도적인 물체가 가져다주는 모든 영향들에 대해 전혀 생각하려 하지 않습니다... 이 항성의 존재가 원시시대 사람들의 영혼에 어떤 인상을 주었을 것인가를 상상해보기 바랍니다. 우리들이 보는 모든 것은 이 태양에 의해 **구성된 것**입니다만 구성이라는 것의 의미는 눈에 보이는 것이 갖는 질서와 하루 사이에 펼쳐지는 광경을 성립시키는 어떤 질서의 아주 느린 변용을 말합니다. 그림자의 지배자인 태양이라는 것은 천체의 한 부분이면서 동시에 한 모멘트이며, 빛나는 한 부분이면서 동시에 항상 하늘을 지배하는 한 모멘트이기 때문에 분명 인류가 했던 최초의 성찰에 초월적인 힘, 유일의 지배자로서의 규범을 보여주었음에 틀림없습니다. 게다가 이 비견할 것이 없는 물체, 이 직접 쳐다볼 수 없는 빛의 배후에 숨어 있는 물체는 마찬가지로 과학의 근본적인 사상의 세계에서 명백하면서도 중요한 역할을 했던 것입니다. 태양이 던지는 그림자를 관찰하는 것만으로 기하학의 한 분야, **투영**기하학이라고 요새 불리는 것의 기초를 조감하는 데 있어 크게 도움이 될 것임에 틀림없습니다. 만약 하늘이 줄곧 구름에 가려져 있다면 아마도 그런 것을 생각해내지도 못했을 것이고 시간의 측정을 시작하는 것도 불가능했을 것입니다. 이것 또한 원시시대 사람들의 또 하나의 승리였던 것인데, 처음에는 뾰족한 연필의 그림자의 이동을 이용해서 행해졌지만, 오래되고 유서 깊은 물리학의 도구 속에서, 피라미드나 오벨리스크 같은 거대한 해시계가 등장했고, 이처럼 종교적이고 과학적이면서도 동시에 사회적인 성격을 가진 모뉴먼트라는 것은 달리 없었던 것입니다.

이리하여 태양은 탁월하고 전능한 지고의 힘이라는 관념과 자연을 통할하는 질서의 관념, 일반적인 단위라는 관념을 만들어냈던 것입니다.

이제는 여러분들도 이해할 것입니다. 그 맑디맑은 하늘, 명확하고 깔끔한 수평선, 우아한 해안선이 단순히 생활을 즐겁게 하고 문명을 발전시키는 일반적인 조건일 뿐 아니라 나아가서 사유라는 것과 거의 구별할 수 없는 독특한 지적인 감각을 자극하는 요소이기도 하다는 것을.

**

그런데 여기에서, 이제까지 말한 모든 것을 요약하는 것 같은, 중심적인 생각에 도달하게 된 것인데, 이것은 '나의 지중해 경험'이라 부를 수 있는 것의 정체를, 내 자신에게도 보이는 것입니다. 이를 위해서는 어떤 하나의 넓게 유포된 개념을 명확히 하면 되는 것인데, 이 개념이란 지중해가 그 물리적 특질 탓에 유럽적인 정신의, 혹은 역사상의 유럽의 형성에 있어, 유럽과 그 정신이 인류의 세계 전체를 바꾸었다고 하는 의미에서, 그 나름의 역할 혹은 기능을 수행했다는 것입니다.

지중해의 자연, 지중해가 제공해온 자원, 지중해가 결정하거나 부과한 모든 관계라고 하는 것이 단기간에 깊은 곳에서 유럽인을 그 이외의 인간들과 나누고, 현대를 그 이전의 시대에서 나누는 심리적이고 기술적인 놀랄만한 변용의 근원에 있습니다. 이 지중해인이야말로 여러 다양한 방법의 엄밀화라는 쪽으로, 정신의 힘을 신중하게 행사하는 것에 의해 여러 현상의 필연성을 탐구하는 쪽으로, 처음으로 확실한 발걸음을 내딛었던 것이고 우리들이 지금 살고 있는 이런 드물게 보는 모험으로 인류를 이끌고 간 것이어서, 그 모험이 전개되는 행선지는 누구 하나 예견할 수 없으며 그 가장 현저한 (아마도 가장 불안하게 하는) 특징은 생명의 원초적이고 자연적인 조건에서 명백히 끊임없이 멀어지고 있다는 점에 있습니다.

이러한 인류 전체에 미치는 변모를 달성한 지중해인의 거대한 역할은 몇 개의 아주 간단한 관찰에 의해 설명(요컨대 무언가를 설명하는 것이 가능하다고 하면 말이지만)될 수 있습니다.

우리들의 이 바다는 주위에 의해 둘러싸여진 내해內海가 되어 있으며 그 주변 어딘가 한 지점에서 다른 지점으로 가기 위해 해안을 따라가든, 육로를 이용하든, 최대로 잡아도 며칠이면 갈 수 있습니다.

세계의 세 개의 '부분', 즉 대단히 성격이 다른 세 개의 대륙이 이 광대한 함수호鹹水湖를 둘러싸고 있습니다. 동부에는 아주 많은 섬들이 있으며, 조석의 차도 그리 큰 편이 아니며 있다고 해도 거의 무시해도 좋을 정도입니다. 하늘이 오랫동안 흐린 상태로 있는 경우도 별로 없어서 항해에도 아주 좋은 조건입니다.

마지막으로 이 닫힌 바다는 말하자면 인간의 원시적 도구의 수준에 잘 어울리는 곳으로 완전한 온대기후 한복판에 위치해있습니다. 이 지구상에서 가장 좋은 장소를 점하고 있다고 해도 좋을 것입니다.

이 연안에서는 여러 이질적인 민족들, 여러 기질들, 다양한 감수성과 다양한 지적 능력이 서로 접촉을 하게 되었습니다. 앞에서 말한 이동의 용이함 덕에 이들 민족은 모든 종류의 관계를 맺었던 것입니다. 전쟁, 교역, 의도적이든 아니든 간에, 물품과 지식과 방법의 교환이 있었고 피와 언어와 전설과 전통의 혼합이 일어났던 것입니다. 시대의 흐름과 함께 나타나거나 혹은 경합하기도 하는 여러 인종적 요소의 수, 거기에 다양한 풍속, 언어, 신앙, 법률, 정치체제의 수는 꾸준히 지중해 세계에 드물게 보는 활력을 가져다주었습니다. 경쟁이란 것(이것은 현대의 가장 두드러진 특징 중의 하나입니다만)은 지중해에 있어 아주 일찍부터 아주 격렬한 것이었고, 상업적인 경쟁이 있는가 하면 영향력의 경합도 있었고 종교의 경쟁도 있었습니다. 지구상의 어느 지역에서도 이처럼 다양한 조건이나 요소가 긴밀하게 모인 적은 없으며, 이처럼 풍부함이 만들어지고 거기에다가 몇 번이나 이것이 갱신되는 일도 없었던 것입니다.

그런데 유럽문명의 주요한 요인 전체가 이상과 같은 상황의 산물인 것이어서, 바꾸어 말하면, 이 지방적인 locale 상황이 보편적인 의미와 가치의 효과(그것도 아주 뚜렷한 효과)를 미쳤다는 것이 됩니다.

특히 인간으로서 인격을 확립한다는 생각이나 인간을 보다 완전하고 완벽하게 발전시킨다는 이상理想은 우리들 지중해의 연안에서 싹트고 또한 실현된 것입니다. 만물의 척도로서의 인간, 정치적 요소로서 그리고 도시의 구성원으로서의 인간, 법률에 의해 규정되는 법적 실체로서의 인간, 신 앞에서 평등하며 **영원의 모습 아래**sub specie oeternitatis 있는 것으로 간주되는 인간, 이것들 모두는 지중해의 창조물이며 이것들이 미친 그 엄청난 영향력은 굳이 말할 필요도 없을 것입니다.

**

자연과학에서의 법칙이든, 시민사회에서의 법률이든 간에,

법의 원형 자체는 지중해적인 정신에 의해 명확해진 것입니다. 다른 어느 곳에서도 언어의 힘이라는 것이 이 정도로 의식적으로 통솔되고 제어되며, 충분하면서도 유익하게 발전한 곳은 없습니다. 여기서의 말은 논리에 의해 질서가 잡히며, 추상적인 진실의 발견에 도움을 주고, 기하학의 세계와 정의를 실현하는 여러 관계의 세계를 구축하고 혹은 광장forum이라는, 정치에 불가결한 수단이면서 권력의 획득이나 유지에 반드시 필요한 도구를 지배했던 것입니다.

몇 세기에 걸쳐 이 지중해 연안의 어떤 민족들로부터 더 할 수 없이 귀중하고, 정말로 순수한 지적인 발명들이 태어나는 것을 보는 것처럼 상찬할 만한 일은 없을 것입니다. 다른 곳이 아닌 바로 여기에서, 과학은 경험법칙이나 실용성에서 분리되었고, 예술이 그 기원인 상징성에서 탈피했으며, 문학이 자신의 확실한 모습으로 차별화하면서 자신의 독자적인 장르를 확립했고, 결국에는 철학이 우주를 고찰했고 그러면서 또한 철학 자신도 고찰할 수 있는 가능한 거의 모든 방법을 시도했던 것입니다.

다른 어느 곳에서도, 이 정도로 좁은 지역에서, 이 정도로 단기간에, 이처럼 인간의 정신이 발효되고 이처럼 풍부한 부富가 만들어진 적은 없었던 것입니다.

파리의 존재

내가 바다에 있는 꿈을 꾸었다... '파리'가 그런 나를 꿈에서 깨도록 했다. 풍요로운 소음이 내가 파리에 돌아오는 것을 환영해주었다. 이 소음은 침묵하고 있는 나를 벽의 저쪽에서 일어나는 모든 것으로부터 떼어놓은 다음에 혼자 있는 내게 다가와 살게 되었다.

내가 귀를 기울이면, 긴장하고 있던 내 감각이 여러 가지를 분별하게 되고 내 정신이 여러 가지를 분석하게 된다. 내 귀에 들리거나 혹은 들리지 않거나 하는, 여러 미지의 사건이나 보이지 않는 사건이 뒤섞여서 내는 소리를 말이다.

무수한 바퀴가 돌아가는 소리에서 영원히 생성되고 있는, 거대한 강과 같은 소음을 배경으로 일종의 소음에 의한 원근법이 형성되며, 그것이 그리는 소리의 회화는 순간적으로 나타났다가 사라지는 것이지만 무언가 거대한 행위의 관념을 연상시킨다. 그것은 수많은 사건들이 각각 개별적인 것이면서 차례차례 발생함으로써 자신을 유지하는 것처럼 보인다.

나는 각각에 대해 나와 떨어진 거리를 잴 수 있으며 이것저것 그 이름을 붙일 수가 있다. 개가 짖는 소리, 나팔을 부는 소리, 쇠가 마찰하면서 나는 소리, 도르래에서 나오는 케이블이 내는 날카로운 비명, 줄로 다듬어지는 돌이 내는 소리. 굴삭기가 자신이 담고 있던 모래를 땅에 내려놓을 때의 그 끔찍한 소리, 멀리 사라지는 기차의 점점 작아지는 기적소리, 확실히 들리는 인간의 목소리, 희미하게 들리는 화를 내는 소리 등.

바로 아래에서는 어떤 거지의 탄식하는 듯한 노랫소리가 들린다.

무언가 부딪히거나 마찰하면서 내는 소리가 청각에 연상시키는 것이 내게 이러한 이름과 이미지의 무질서를 떠올리게 하지만, 그럼에도 이것들은 내 기억과 기대의 지평에서 나온 것들이다. 나는 듣는 것이다, '파리' 안에서 활동하고 물질을 학대하는, 기계적인 힘의 거대한 무리가 외치고, 울부짖고, 서로 충돌하는 것을 말이다.

벽의 저쪽에 숨어 있는 '파리', 공간을 움직이는 힘이고 다양한 형태를 취하는 원천이며 돌과 생명으로 이루어진 강력한 존재인 '파리'. 무거운 웅성거림에 폭발 소리가 섞인 이 소음의 흐름은 결코 끊어지지 않음으로써 자신의 존재를 드러내는 데 이것이 이제 나의 사고 안에 자신의 모습을 드러내려고 하고 있다.

이렇게 내 안에서 태어나고 그러면서 나를 절망시키는 어리석은 열망은 바로 **'파리'를 사유한다**penser PARIS는 것이다.

이처럼 거대하고, 다양한 관계를 가지며, 차이점들이 집중화된 괴물을 굴복하게 해서 무언가 이해 가능한 형식으로 환원시키려면 어떻게 생각하면 좋을 것인가? 장소 자체로서 가치를 가지며 2천년에 미치는 작품인 '파리', 위대한 민족의 손과 자본과 정치에 의해 산출된 '파리', 감미로움과 고통이 함께 하는 장소인 '파리', 많은 정복자들의 욕망의 대상이어서 이들 중 일부는 그 명성으로, 다른 사람들은 그 무력으로, 정복하려고 한 '파리', 보물로서의 '파리', '혼효混淆'로서의 '파리', 도박판이어서 그 주위에 행운을 자신하는 이들이 모이고 운명의 모든 배당이 참가자들의 눈에서 빛나던 '파리', 그리고 세계적으로 중요한 여러 사건의 작품이며 현상이자 무대였던 '파리', 그 자신이 최고의 중요성을 갖는 사건이며 반은 통계적이고 반은 의지적인 창조였던 '파리', 그러나 모든 사항에 있어 '파리'는 가장 높은 지위의 '정신적 인격'이며 가장 고귀한 직함의 가장 유명한 계승자이고, 가장 아름답고 가장 어두운 기억을 가지면서 동시에 영원한 정신적 사명을 자각하는 존재인 것이다.

**

파리를 사유한다고?.... 그런 일을 시작하면 나는 바로 길을 잃고 만다. 떠오르는 생각들은 어느 것이나 내가 응시하기 시작하면 가지를 치기 시작한다. 나의 정신적 노력의 지속과 논리 아래 하나의 생각이 나타나면 바로 그 생각에서 생기는, 그것을 부연하는 것 같은 다른 많은 생각 속에서 나는 길을 잃게 된다. 이 다른 생각들은 그 각각에서 백 권의 책이 생길 수 있는 것들이다. 이 '거대도시'의 감각적인 미와 추상적인 성격이 너무나도 많은 것을 가지고 있어 나는 떠오르는 생각들과 그것의 가능한 조합의 숫자의 포로가 되고 만다, 마치 외국에서 와서 산책하는 사람이 파리의 그물망 같은 거리에 주저하고, 소음에 놀라며, 그 움직임에 당혹하는 것처럼. 그리고 이 비유적인 이미지까지 힘을 얻어 내 안에서 발전을 시작하고 결국 기묘한 유사성을 눈치채게 한다. 아무래도 내게는 '파리'를 사유하는 것이 정신 자체를 사유하는 것과 닮아 있으며 그것과 혼동될 수도 있다는 것이다. 내가 이 거대한 도시의 지형도를 떠올리게 될 때 우리의 사념의 영역, 사유의 잠깐 동안의 모험이 펼쳐지는 그 신비적인 장을 무엇보다도 선명하게 연상하게 하는 것은, 어떤 것은 우연처럼 뽑히고 또 어떤 것은 명확하고 직선적인, 수많은 거리가 만들어내는 미로에 다름 아니다…

그리고 나는 생각한다, 우리의 내부에는, 거리도 있으며, 교차로도 골목도 있으며, 이상한 곳도 수상쩍은 장소도 있을 것이다. 동시에 매력적인 장소, 신성한 곳도 존재한다. 영혼에게는 묘지도 몇 개 있으며 마찬가지로 승리의 기념비나 자부심에 찬 건조물도 들어 있다. 나의 내면의 '도시'에서는 매순간이 나의 삶이 내딛는 한 걸음이므로 끊임없이 활동이 선과 악, 허위와 진실, 미와 추라고 하는 서로 모순하는, 참으로 인간적인, 인간을 인간답게 하는 모든 것을 만들어내는 것을 우리는 인정하고 있는 것이다, 마치 하나의 수도에 그러한 것이 필연적으로 모여 강렬한 대조를 이루고 있는 것처럼.

**

'파리'를 사유한다? 그렇게 말을 해도 어떤 식으로 '파리'를 생각하면 좋을 것인가? 우리는 간단한 하나의 유기체에 대해서, 그 시스템을 이해하는 것도, 그 기능과 본질 사이의 정합성을 파악하는 것도, 그것이 환경에서 무엇을 취하고 무엇을 배제하며 무엇을 배출하는가를 아는 것도, 어떤 식으로 형성되고 성장하는지, 체내에서의 여러 관계를 어떤 식으로 발전시키고, 주위를 어떻게 변화시키는지, 어떻게 서서히 하나의 개체가 되며, 다른 존재와 비교할 수도 없는 존재가 되는가를 상상하기도 힘들며 그 존재에만 고유한 역사, 반응의 방식, 공감 혹은 반감에 의해 자신의 다른 동류로부터 어떻게 구별되는가를 상상하는 것도 제대로 하기 힘든 것인데 말이다.

**

내가 끊임없이 듣게 되는 이 소음, '도시'라는 영원히 새로 태어나는 현실의 흐름이 내게 던지는 이 소음, 이 여러 움직임을 품고 있는 풍부한 소음, 나는 이것을 말하자면 현실을 현실로 만드는 여러 가지가 섞여서 내는 소리처럼 생각해 이것저것 추리해 보기도 하지만, 이것은 많은 수數라고 하는 것에서 태어나는 소녀인 것이다. '파리'의 이 '수'가 나의 정신을 점유하고 들리게 하며 고민하게 한다.

여기 파리에서 공존하고 있는 많은 거주자들이 모든 상상 가능한 방식으로, 또는 상상하기 힘든 방식으로, 모든 종류의 개성이 끊임없이 충돌하면서 서로 작용하고 작용을 받는 모습을 나의 사고가 고찰하자마자 얼마나 많은 관계, 결말, 접근, 결합이 이 사고의 앞에서 빛을 발할 것이며, 얼마나 많은 시작과 종말이 빛을 발할 것인가!... 내 생각하는 눈에는 이 수십 킬로미터 사방의 공간에서 삶 자체의 내적이며 격렬한 변질, 상상도 못할 정도로 소비되는 여러 사건과 행동, 여러 계획의 숙성, 여러 표현과 행위, 의지와 감정 사이의 항상 긴장된 교환, 그리고 이들 가치, 광휘, 접근, 효과가 하루의 모든 시간에서 서로 호응하고, 서로 강화하고,

서로 파괴하는 모습이 보이는 듯하다. 무수히 많은 연결이 순간마다 이루어졌다가는 다시 풀리기도 한다. 많은 신비가 여기에 몸을 숨기고 있으며 그 안쪽에는 어디에도 사람들이 살고 있고, 마치 벌집이 쌓인 것 같이 되어, 운명이 놀라울 만큼 활발하게 활동하는 모습을 나는 상상하곤 한다.

몽상을 좋아하는 물리학자라면 틀림없이 꿈속에서 이 도시의 내적인 에너지를 계산해보고 즐거워할 것이다… 요컨대 수백만의 자유로운 인간들을 한정된 토지 안에 압축하는 것은 그 아날로지로 인해 여러 가지를 떠올리게 한다…. 아마도 이러한 말도 안 되는 질문은 입으로 말하면 바로 사라져버려서, 그저 우문愚問처럼 보일 것이다. 하지만 명확히 이것을 말하는 것만으로도 '파리'라는 거대한 덩어리에서 생산되고, 소멸하며, 연소하는 생명의 양에 대한 거의 환상적인 개념을 얼핏 살펴보기에는 충분할 것이다. '파리'에서 하루 동안에 사람들이 걷는 발걸음의 총수를, 혹은 여기에서 발음되는 모든 음절의 총수를, 여기에서 전달되는 모든 뉴스의 총수를 생각하기만 해도 우리의 사고는 압도되고 만다. 나는 여기서 더 상상을 해보게 되는데 각자의 마음에 나타나는 모든 유혹, 결심, 번뜩임, 어리석음 같은 것들을 생각하며 매일 반복되는 행운과 연애와 명성의 탄생과 죽음도 생각한다--이것들은 정신적 레벨에서도, 사회적인 레벨에서도 호적부에 등록된 인구의 움직임을 모방하는 것이다… 이상은 현실에 바탕을 둔 상상적인 관찰이지만 그 결과 우리들은 이 거대한 도시를, 우리들의 지적 능력의 한계선에 위치한 채 여러 사건이 일어나는, 하나의 성운이라고 생각하지 않을 수 없다.

**

하지만 지구에는 이와 필적하는 도시는 많이 있으며, 더 광대한 도시도 몇 개는 있다. 그렇긴 하지만 '파리'에는 '뉴욕', '런던', '베이징' 등의 수백만의 인구를 가진 괴물적인 도시와는 확실히 구분되는 점이 있다... 사실 이들 '바빌론' 중에서 여기 이상으로 개성적인 도시는 없으며, 여기 이상으로 많고 다양한 기능을 모은 도시도 없다. 왜냐하면 지난 수 세기 동안에 하나의 민족이 가진 모든 분야의 엘리트가 이처럼 집중된 곳은 없기 때문이며, 거기에 대략 가치 있는 것들이 다 모이고, 인지되며, 비교의 시련을 겪고 비평과 질투와 경쟁, 야유, 경멸에 드러나지 않을 수 없었기 때문이다. 한 민족의 통일성이 이 정도로 현저하고 다양한 환경의 지속 그리고 재능도 방법도 다른 인간들의 협력에 의해 준비되고 완성된 도시는 달리 없다. 실제로 다른 곳이 아닌 이 '파리'에서 유럽에서도 가장 복합적인 우리 민족이 대단히 강렬하고 정반대인 여러 두뇌의 불꽃에 의해, 말하자면 그것의 화합열에 의해, 용해되고 새로 주조되었던 것이다.

바로 그런 이유로 '파리'는 단순히 정치적 의미의 수도, 공업의 중심지라는 것과는 다른 것이며 단순히 제1급의 항구, 모든 가치의 시장, 인공의 낙원, 문화의 성역과도 별개의 것이다. 그 유니크함은 우선 이 모든 특질이 여기서 결합하며 서로 관계없는 것으로 머무르지는 않는다는 점에 있다. 극도로 서로 다른 전문가들이 고민해서 선별한 것들이 최종적으로는 항상 여기에서 만나, 그들의 정신적인 부富를 서로 교환하는 것이다. 이처럼 아주 귀중한 교역이 성립하는 것은 여러 세기에 걸쳐 한 민족의 모든 분야의 엘리트가 소집되고 보존되는 장소가 아니면 불가능할 것이다. 뛰어난 프랑스인은 모두 이 강제수용소에 들어갈 운명에 있는 것이다. '파리'는 그런 사람들을 호출하고, 흡수하며, 명령을 내리고, 때로는 소모해버리기도 하는 것이다.

'파리'는 프랑스란 국가가 갖는 본질적인 복합성에 호응하는 도시이다. 바로 그렇기 때문에 그 정도로 서로 닮지 않은 여러 지방, 민족, 습관, 방언 등이 상호관계의 유기적인 한 중심, 상호이해의 중개물과 기념비를 필요로 했던 것이다. 실제로 바로 이런 것이야말로 '파리'의 위대하면서도 그 본연의 영광스러운 기능인 것이다.

'파리'는 프랑스의 문자 그대로의 머리여서 프랑스는 여기에서 그 가장 예민한 지각과 반응의 수단을 집결시켰던 것이다. 그 아름다움과 빛에 의해 '파리'는 프랑스에게 하나의 얼굴을 부여했으며, 그 얼굴 위에서 때로는 이 나라의 지성이 빛을 발하는 순간이 있다. 강한 감동이 우리들 국민을 포착할 때, 피가 이마에까지 올라오며 자부심의 강한 감정이 이것을 비추어준다.

'파리'를 사유한다?

그런 것을 생각하면 할수록 역으로 (우리가) '파리'에 의해 사유되고 있는 것이 아닌가 하는 생각이 든다.

대對 동양

나는 관념의 유령, 대략적인 전망에 지나지 않는 사상, 그리고 정신의 눈에 노출되면 바로 그 의미가 숨어버리는 그런 어휘는 별로 좋아하지 않는다. 나는 애매한 것에는 별로 참을성이 없다. 결국 이것은 일종의 병, 삶에 대한 특수한 짜증(분개)에 다름 아니다, 왜냐하면 근사치에 어느 정도 만족하지 않으면 그 삶은 불가능해지기 때문이다. 외적 상황의 극단적이고 우발적인 다양성으로 인해 정확성을 원하는 것이 무리한 요구가 되기 때문이다. 이처럼 사건의 예측 불가능성은 세상에서 가장 확실하고 일관성 있는 법칙이지만 이것은 우리들의 조직이 갖는 어떤 유희(게임)로 구성되어 있다. 그리고 이 유희야말로 살아있는 존재를 우연 속에서도 존속하게 하고, 존재로 하여금 전에 했던 말을 뒤집거나 모순된 말을 하는 것을 허용해준다.

하지만 나의 이런 엄격한 기질도 여러 가지 말을 만나면서 긴장이 풀려 그것들에 유혹되어 버리는 경우가 있다. 이 말들은 아주 부정확하고 내용을 다 표현하기도 힘든 것임에도 불구하고 우리를 매혹해서 대단한 풍부함과 심오함을 얻은 듯한 환각을 가지게 할 정도이므로 난 이 매혹의 상태를 거부하기 위해 상당히 주의를 기울이고 있다. 그래서 나는 이런 말들에서 중요성을 제거하도록 한다. 즉, 제대로 된 성찰을 할 때는 이런 말들을 절대 사용하지 않으며 멍하게 시간을 보낼 때를 위해 이 말들을 남겨 놓는다.

예를 들어 '자연'이라는 말을 들으면 나는 취해버리고 만다, 그것이 정확히 어떤 의미를 가지고 있는지 제대로 알지도 못하면서 말이다. '철학'이라는 말도, 아무 것도 모른 채로 학교와 관련된 것이라고 생각하지 않고 들으면, 내게 거의 마술적인 말이라는 것을 여기서 고백해야 할 것 같다. 나는 이들 말 자체에 대해 매력을 느낀다. 그것은 사랑을 예지로, 예지를 사랑으로 바꾸어버리는, 아주 고결하고 조용한 어떤 사람의 매력 같은 것이다.

**

언어의 이런 모든 주제 중에서, 특히 나의 쾌락을 위해 그 불확실한 공명과 기적적인 가치를 보존하고 있는 것 중에서 '동양(오리엔트)'이란 이름은 내게 있어 보물이나 다름없는 말 중의 하나이다.

나는 여기서 중요한 지적을 해야겠다. 이 이름이 누군가의 정신에 완전한 효과를 나타나기 위해서는 무엇보다도 이 이름이 가리키는 애매한 지역에 **결코 가본 적이 있어서는 안 된다**는 것이다.

이 곳을 안다고 하더라도 이미지, 이야기, 독서 혹은 어떤 오브제 등을 통해서 얻은 덜 아카데믹하고 부정확한 것이며 심지어 혼란스럽기까지 한 그런 유의 지식이어야 한다. 그렇게 해서 그건 우리의 몽상의 좋은 소재가 될 수 있는 것이다. 공간과 시간의 혼합, 사이비 진실과 확실한 거짓의 혼합, 미세한 세부와 광대하기까지 한 시각의 혼합이 있어야만 한다. 바로 그것이 정신의 '동양'이다.

**

'동양'이란 이름이 뭔가를 그래도 의미한다면 그것은 **지리상의 한 지점**을 가르키는 것일 것이다. 우주의 형상이 보다 인간적으로 된다면, 그러니까 지구가 지금 우리가 보는 상태가 되고 태양이 매일 바다에서 솟아오르게 된 무렵, 우리들 서양 사람들은 이처럼 눈에 확연히 드러나면서 동시에 환상을 만들어낼 정도인, 이 신이 나타나는 방향에 생각할 수 있는 가장 경이적이고 기이하며 독창적인 것들이 사는 영역이 있다고 생각했다. 신기루란 것은 욕망으로 엄청나게 부풀어 오른 눈에 보이는 것 이상을 보게 하는 광학적 현상이다. 하지만 동양에 대해서는 확실히 다르게 말해야 한다. 상상력이 자신의 자극제가 되길 바라는 것을 발명하기 위해 자신을 소모하는 일은 없다. 반대로 상상력은 약해지면서, 경시되던 최근의 직접적인 기억이 표상해달라고 제안하는 것조차 보유하려는 걸 포기한다. '동양'의 방향으로 향하는 사람들은 거기서 얻게 되는 이름들과 이미지의 현기증 속에서, 명확한 형상과 한정된 사고를 분리하는 것이 불가능하다는 것을 느끼게 된다.

**

지구의 위에 동경 20도와 55도 사이, 북위 40도와 20도 사이에 곡선으로 그려진 다각형을 만들어보면 좋을 것이다. 그렇게 함으로 인해 우리의 눈앞에 하나의 멋진 '동양'이 떠오르게 된다. 오늘날 무역의 발전으로 인해 동양을 더욱 광대하게 정의하고 있다는 것은 나도 알고 있다. 그것은 3단계로 이루어지고 있어 '근동', '중동', '극동'이라고 말한다. 하지만 굳이 일본에서 멈출 필요가 있을 것인가? '극동'이라는 표현에는 무언가 부조리한 데가 있다. 상대적인 것에 극한이라는 것은 있을 수 없으니까. 그러므로 나로서는 위에서 말한 지구의의 다각형을 밀고 나갈 것이며 이 지역의 놀랄 만한 특성에 찬탄을 보낼 것이다.

**

세계의 모든 학문, 거의 모든 예술, 가장 섬세한 쾌락에서 가장 추상적인 지식에 이르기까지, 모든 것이 지구상의 이 지역의 자연적인 산물 같은 것이어서 그것은 포도주와 보리, 장미와 자스민, 테레빈유油와 고무를 분비하는 관목, 몰약과 향에 대해서도 같은 말을 할 수 있다. 최강의 조직을 자랑하는 종교, 가장 고도로 지적인 철학이 태어난 것도 여기이다. 여기에서 우상숭배는 놀랄만한 장엄함과 미의 화신을 창조했고 엄밀한 사고는 확고한 순수성의 걸작을 만들어냈다. 많은 빛나는 도시가 꽃피었다, 니느베에서 베니스까지, 아테네에서 이스파한까지...

이 '정신의 동양'은 도취된 사유에 더 없이 감미로운 무질서, 더 없이 풍요로운 여러 가지들의 혼합을 제공한다. 여러 가지들이란 명사, 상상력의 산물, 사건, 신화시대나 거의 그것에 가까운 것, 교리, 작품과 행위, 인물과 민중 같은 것들을 말한다. 나는 꿈과 깨어남 사이에 내 몸을 둔다. 여기에서는 논리도, 연대기도, 우리의 기억을 구성하는 여러 요소 사이의 독자적인 결합이나 조합에 개입하지 않는다. 이것들은 순간적인 기쁨을 찾아 모이게 되고 그 결과 직접적이고 바로크적이며 기괴하고 그러면서도 매력적인 효과를 만들어내게 되는 것이지만 그것에 대한 반론이나 부조리하거나 자의적인 감각이 생기기 이전에 분해되어 사라져 버린다.

징기스칸의 기마부대는 에덴의 정원이라는 숙명적인 땅을 유린한다. 이 과수원의 두 개의 흉흉한 나무는 불길하면서 눈에 띄는 모든 나무를 생각하게 한다. 이를테면 반란을 일으켰다 도주하던 압살롬의 머리털을 붙잡은 나무. 역사상의 많은 배신자들 중에서도 가장 유명한 배신자[가롯 유다]를 목매달기 위해 왔던 나무. 그리고 나무에서 풀로 이야기를 바꾸면 이집트인들의 '연꽃'과 그 파피루스가 등장한다. 파피루스는 연필로 사용되던 갈대와 가까운 편으로 이 두 개가 합쳐지면 쓰는 것의 안이함을 선동하는 혐오스러운 존재가 된다...

우리 '동양'의 '동물'은 그 종류에 있어서도 '식물'에 못지않으며 놀랄 만큼 풍부하다. 거기에 포함되는 것은 애매한 고대의 기록 중에서도 유일하게 등장하는 희귀종들이다. 따오기, 링크스(살쾡이)lynx, 고양이, 웃는 악어 등에다가 아라비아의 순혈종 말, 질주하는 사막의 그레이하운드에서 아킬레스가 쫓아가는데 실패한 거북이까지 일일이 열거하기 힘들 정도이다.

얼마나 많은 놀라운 동물, 혹은 영리한 동물, 때로는 중요한 사명을 짊어진 동물이 존재하는 것인가... 불사조와 뿔이 날카로운 일각수는 장식예술에 있어 잘 쓰이는 테마가 되었다. 그 기름이 빅토르 위고가 말하는 바에 따르면 '늙은 토비의 먼 눈을 치료해주었다'는 바빌로니아의 물고기. 자신의 위장에다 예언자 요나, 선원 신드바드도 전혀 구분하지 않고 많은 당황한 승객들을 집어넣고 헤엄치던 거대한 고래. 아리온의 돌고래, 팔라스의 부엉이, 그리고 말할 필요도 없는 것은 논의를 불러일으키고 유혹하는 '뱀', 무당들과 얽혀 있는 뱀, 수수께끼를 내놓는 스핑크스, 자신의 사랑을 강요하는 '숫소', '록의 새', 올림푸스산의 독수리, 예언자들에게 먹을 것을 주는 까마귀, 자기 자신을 먹는 메뚜기, 안드로메다를 감시하고 이폴리트의 죽음을 초래하며 페르세우스에게 죽음을 당하는 용, 벨레르퐁, 생 조르쥬, 두외 도네 드 고종 등등... 깜빡 잊어먹을 뻔 했지만 아시리아의 무서운 라이온, 네메아의 라이온, 크레타의 문어, 히드라, 스팀팔로스의 괴조 등도 있다. 마지막으로 이 철과 불의 시대에 관해 말하자면 첫째로 익사한 악마를 잡아먹고 배가 부른 돼지의 무리들, 둘째로는 새벽의 빛을 발하면서 부리에 올리브 가지를 문 비둘기를 어떻게 생략할 수 있단 말인가? 비둘기는 노아의 방주에서 날아올라 이제 화해를 달성한 지상에 조용한 나날들이 찾아올 것이라는 희망, 세계의 평온함과 관용성이 널리 퍼질 것이라는 희망을 퍼뜨리는 것이다.

**

내가 위에 열거한 동물의 수는, 그것이 유일하냐 아니냐는 별개로, 사용빈도를 제곱을 해볼 필요가 있다. 왜냐하면 시, 조형예술, 문헌학, 해석학, 고고학, 종교학, 나아가서는 자연과학, 고생물학, 동물학 등이 각각의 방법으로 이들 동물과 관련을 맺고 있기 때문이다.

내가 이들 동물들을 언급한 것은 어떤 특별한 점에 관해서,

그러니까 생각나는 대로 상상의 동물원에 대해 진술함으로써, '동양'의 다각형 속의 삶이 얼마나 풍요로운 것인지를 독자가 느끼길 바라기 때문이다. 위에서 말한 동물들이 거의 전부 신화의 세계에 속하는 것임에도 불구하고 나는 '삶'이라는 말을 사용했다. 분명 '우화'는 '삶'이 아니지만 '우화'의 창조는 '삶'의 힘을 가장 강렬하게 보여주는, '삶'의 한 행위인 것이다. '우화'의 창조는, 더할 나위 없이 풍부한 산물을 낳는 자연 속에 있으면서도, 인간은 거기에 자신의 창조물에 더하지 않으면 안 된다는 것을 보여주고 있다. 인간은 독수리에게서 날개를, 사자에게서 동체를 가져온다. 여성의 상반신에 물고기의 꼬리를 붙인다. 당나귀나 파충류에게 언어를 주기도 한다. 여러 기계, 무기, 생물의 지각 및 방어의 기관을 새롭게 조합하기도 한다. 도처에서 인간은 공상적인 동물을 만들어낼 수 있는 고유의 기술을 가지고 있어 원한다면 그 기술을 따로 도출해서 정의할 수도 있을 것이다. 이것은 우리의 '동양'이 수세기에 걸쳐 켄타우로스, 케르빔, 그리폰, 이르코세르 등을 만들어낼 수 있었던 바로 그 기술이다.

하지만 이러한 풍부한 창조적 일탈을 통해, 변형된 다양한 것들 중에서, 두 개의 계통이 특권적인 존재로 나타난다. 그 산물의 논리성과 명석성이 이 두 계통을 특징 지운다. 내가 염두에 두고 있는 것은 그리스의 예술과 아라비아의 예술이다. 아라비아인들은 끈기있게 작업을 거듭함에 의해 도형의 구축을 조용한 착란의 경지에까지 밀고 나갔다. 그 원리는 헬레니즘적인 기하학에서 배운 것이었다. 가장 섬세한 연역적인 상상력을 사용해 수학적인 엄밀성이 이슬람의 계율의 엄밀함과 멋지게 융합되도록 함으로써 아라베스크의 문양을 만들어냈다. 이슬람의 계율은 조형예술에서 존재의 닮은꼴을 추구하는 것을 종교적으로 금하고 있다. 나는 이 계율을 좋은 것이라 생각한다. 이것은 예술에서 우상숭배를 배제하고 눈속임의 그림, 일화, 신뢰성, 자연과 삶의 모사 같은 것들--모든 **순수하지 않은 것**, 모든 창조적이 아닌 것을 배제한다. 창조행위란 것은 잠재능력을 개발하고, 스스로의 한계를 획정하며, 오직 **스스로가 활용하는** 기능의 실제적인 필요와 자유에서만 연역될 수 있는 형식의 체계를 구축하는 것을 지향한다. 이를테면 음악에서 언어에 의한 **자연음의 모방**은 2차적이고 조잡한 기법으로 생각되는 것이 당연한 것처럼 말이다. 인간이나 사물을 모방하고 묘사하며 표상하는 경우, **자연을 그 창조행위에 있어 모방하는 것이 아니라, 자연이 만들어낸 사물을 모방한다는 것이 되며, 이 둘은 상당히 다른 것이 될 것이다.** 만약 자신을 창조자('자연 Natura'에는 생산자라는 의미가 있다)에 비견한다면, 완전히 반대로, 우리의 감수성과 행동의 영역을 빠짐없이 탐색해서 여러 요소의 조합을 추구하지 않으면 안 된다. 우리에게 주어진 사물이나 존재는 이러한 요소의 특이한 집합이고 아주 특수한 케이스에 지나지 않으며 우리가 보거나 생각할 수 있는 총체의 일부라고 생각해야만 할 것이다.

'아라베스크의 예술가'는 텅빈 벽이나 아무 것도 없는 판자를 앞에 두고 창조를 촉구 받지만 사물의 기억에 의존하는 것이 금지되어 있으므로, 눈앞의 자유로운 공간, 그 사막을 어떤 것에도 닮지 않은 형태의 번식에 의해 메꾸어야 한다. 그것은 몇 개의 점에서 시작해서 몇 개의 법칙에 따르게 된다. 교차와 투사를 반복함에 의해 증식하고, 끝없이 번식하며, 서로 분리되거나 교차하기도 한다. 아라베스크의 예술가는 스스로가 유일한 원천이다. 그는 타인의 정신에 미리 존재하는 이미지에는 결코 의존할 수가 없다. 그가 무엇인가를 **기억해내는 것**은 결코 있을 수 없다. 반대로 그에게 부과된 것은 **무언가를 환기하는 것**이다...

 나는 그를 질투할 뿐이다...

외과 학회에서의 강연

신사 여러분!

여러분들 중 어떤 분들과의 우정이다 일동의 후의 덕분에 잠시나마 그 의미가 상당히 깊은 이 자리에 서게 되었습니다만, 여기서 나는 이런 곳에 서게 된 것에서 비롯된 기이한 느낌과 함께 여러분들에게 연설을 하지 않으면 안 된다는 입장으로 인해 온갖 마음의 동요와 곤혹을 느끼는 바입니다.

애초에는 여기에 지극히 완수하기 쉬운 두세 가지 의무밖에 없는 것이 사실입니다. 그것들은 명백하고 즐거운 일입니다. 나는 이 강연의 초반에 대해서는 별로 걱정하지 않습니다.

나로서는 무엇보다 먼저 여러분께서 내려주시는 이 명예에 감사해야 한다는 것은 당연합니다. 그리고, 나의 감사가 의례적이라고는 하지만, 여전히 정직성의 원천에서 비롯된 것임을 믿어주시기 바랍니다. 자신의 일은 완전히 지적인 것으로, 만들어 낸 것은 전혀 사실에 의한 검증이나 정당화를 갖지 못하며, 확인할 만한 가치도 없는 입장에서 여러분들처럼 무엇인가 확실한 것을 알고, 무엇인가 실증적인 것을 할 수 있으며, 자신의 행위의 결과가 끊이지 않는 감독 하에 사고하고 행동하시는 분들로부터 존중과 공감의 표시를 받는 것만큼 고마운 것이 또 있을까요. 여러분들의 직업은 대체로 세상에 있는 가장 잘 완비된 직업 중 하나입니다, 그것은 '완전한 인간'의 존재와 헌신을 요구합니다. 나의 직업은---만약 그것이 하나의 직업이라면--몇 개의 그림자를 쫓는 것을 전문으로 할 것을 요구할 뿐입니다.

만약 내가 두 번째 나의 의무를 게을리 한다면, 이번에는 여러분들이 매우 놀랄 것입니다. 두 번째 의무라는 것은 외과 의학에 대한 저의 완전한 무능력이라는 것입니다--마치 여러분들이 이 사실을 잘 모르는 것처럼 나 자신이 이 사실을 잘 모를 수 있어 미리 말씀드리는 것입니다. 어느 영역에서 무지한 자가 가장 모르는 것은 필연적으로 자신의 무지 그 자체이며, 그것은 그 넓이를 재거나 깊이를 재는 방법을 갖고 있지 않기 때문입니다.

이제 여러분들에게 나의 감사의 뜻을 표명하고 무능을 선언한 후에 나는 의무로서 여러분의 기술(예술)이 날로 그 위력이 증대하고 있다는 것, 여러분들이 예술가로서 보여준 비범한 공적과 재능, 인류에 두루 베푸는 그 혜택, 때로는 기적이라고 부르는 것이 적절할 것 같은 그런 혜택을 칭송해야 할 것입니다. 여러분들의 손길이 만들어낸 걸작은 내가 아는 바로는 그 가치를 두 개의 대조적인 방식으로 무조건 인정하게 만드는 유일한 것입니다. 즉 첫째로는 그것들은 현자(전문가)들에게 감탄을 받는 경우가 있고, 둘째로는 다른 많은 사람들에 의해 감사와 축복을 받는 것입니다.

이상의 모든 것은 앞에서 내가 완수하기 쉽다고 한 바로 그것을 요약하여 말하고 있는 것입니다. 나는 충심으로 여러분에게 말씀드리는 것이며, 이는 내가 말로 표현하는 것보다 훨씬 강하게 느끼고 있다는 것을 강조합니다.

하지만 나의 감사의 뜻과 나의 무능력과 나의 감탄이 각각 자신의 말을 말해 버리면, 이제 나는 여러 사람들이 모인 이 자리에서 주저하게 됩니다, 내 자신의 침묵의 입구에 머뭇거리면서.

　외과의사분들에게 무슨 말을 하면 좋을까요. 상대가 외과의사이기 때문에 외과 의학에 관한 것이어야 하지만, 또 내가 외과의사가 아니기 때문에 그와 관계없는 것이어야 합니다. 이것은 분명히 하나의 문제입니다.

　하지만 여러분들은 온갖 고백에 익숙한 사람들일 뿐만 아니라 고백만으로는 만족할 수 없는 사람들입니다. 그리하여 진실을 찾아 나섭니다. 여러분들은 우리 존재의 고동치는 실체 속에 눈과 손을 넣습니다. 신체의 병고를 드러내는 것, 아픈 연민의 육신을 탐색하는 것, 가장 화려한 사회적 외모 아래서 육신을 갉아먹는 구더기를 지켜보는 것, 이것이 여러분들의 전문입니다. 그렇다면 여러분들 앞에서 무언가를 숨기는 것이 무슨 의미가 있을까요. 왜 차라리 자신에게 떠오르는 대로의 관념, 필연적으로 그 무질서한 감상일 수밖에 없는 관념을, 바로 자백해 버리지 않는 것일까요. 가능한 경우에는 사람은 그러한 무질서한 느낌을 벗어나 마침내 순수한 문체의 명료한 선을 가진 담론을 내세워 지적인, 형식적인 완벽의 인상을 줄 수 있다고 생각하면서 말입니다.

　그래서 고백하자면, 나는 우선 왜 여러분들이 한 외과 학회의 연단에 외과의사가 아닌 사람을 부르는 아주 주목할 만한 관습을 채택했는지를 자문해 보는 것부터 시작했던 것입니다. 아니면 여러분은 이것을 일종의 생체실험으로 여기는 것일까요? 혹은 어떤 일에 대해 조예가 있는 사람들, 그 주제에 평생을 바치고,

그 위력, 가능성, 현재의 한계, 희망을 지켜보는 사람들에게는 이 일에 대해 세상 사람들이 상상하는 대로만 아는 정직한 남자를 출두시켜, 이에 자신들의 학문과 기술 및 그것들을 실천하고 있는 사람들에 대해 어떤 관념을 갖고 있는지를 묻는 것이 유용하거나 적어도 흥미롭다고 생각한 것일까요?

이 아마추어의 대답은 정의상 아무런 중요성도 가질 수 없습니다. 하지만 이 고찰이 소박하기는 하지만, 이를 듣는 박학한 정신들에게 어떤 중요성이 전혀 없을 것이라고는 나도 그렇게 분명히 단언할 수는 없습니다. 정열을 가지고 추구되고 연구되는 한 학문이 미묘한 흐름과 정묘한 구조로 나아갈 때, 어떤 기본적인 어려움, 어떤 당초의 규약 등을 잃어버리는 일이 거의 필연적으로 일어날 수 있으며, 지나가는 사람의 순진함이 그것들을 갑자기 되살리는 것은 꼭 나쁘지만은 않을 것입니다.

그러니까 여러분들은 이 지나가는 사람을 불러 세운 셈이 되는데, 이 사내는 내가 그 대신 말하고 있다고 해도 될 정도로 상당히 나를 많이 닮았다고 나는 가정합니다. 그리고 여러분은 그에게 '외과'라든가 '외과의사'라는 말이 어떤 식으로 들리는지 설명하도록 촉구합니다.

글쎄요, 라고 그는 말합니다. 이런 말은 때에 따라 매우 다르게 들립니다... 어떤 경우에는 정신에게 의미하는 것은 하나의 학문이라든가 기술이라든가 직업입니다. 하지만 어떤 때는 그것과 결부되어 있는 것은 우선은 아주 격렬한 비장감입니다. 여러분은 살려고 하는 의지의 가장 과감한 집행인입니다. 하지만 또 여러분들은 우리로 하여금 공포에 떨게 하기도 합니다. 매일같이 여러분들 시선 쪽으로 향하는 불안한 시선이 있으며, 그것은 그 시선 속에서 생각을 읽어내기를 원하고 또한 두려워하고 있습니다. 두려움을 확산시키며 구원을 가져오는 것은 여러분 일의 한 가지 기묘함입니다. 확실히 외과라는 것이 떠올리게 하는 것이 옛날처럼 그렇게 몸을 떨게 하는 것은 아닙니다. 백 년 전만 해도 외과 행위는 내장에 가해져야 하는 것이어서, 사지 절단이나 부상에는 없어서는 안 되는 복원에만 머물지 않는 경우에는, 아직도 극도로 두려워하는 것이었고 최후의 수단이었습니다. 당시 수술을 결정케 한 것은 극단적인 긴급함이었고, 거의 절망이라고 하는 것이었습니다. 하지만 외과는 그 무렵 이래 위력과 대담성이란 점에서, 수단과 결과라는 면에서, 거의 엄청나게 발달했기 때문에 수술의 빈번함과 안전성은 같은 비율로 세인의 감정을 바꾸어 놓았습니다. 여론은 여러분들의 놀라운 진보를 인정한 셈입니다. 만약 역사가 현재 하고 있는 것보다 조금 더 인생 그 자체라는 것에 마음에 두었다면, 분명 이 주목할 만한 인심의 변화를 기록했을 것입니다. 게다가 여러분들 기술의 이 진보 자체가 역사극의 주역들의 생존 그 자체에 중대한 영향을 미치기도 하는 것이니까 말입니다. 크롬웰의 수뇨관에 들어간 유명한 결석 같은 것은 지금이라면 바로 제거되었을 것입니다. 클레오파트라의 코에 이르러서는, 이것은, 요컨대 아주 평범한 정형외과의 문제입니다. 이 해로운 미모를 좀 추하게 만들었다면 세계의 면모는 아마 덕분에 좋아졌을 텐데 말이죠.

그러나 소박한 성찰이란 것은 과거 어느 곳에 현재 있는 것의 뿌리, 배아, 제1항 같은 것을 상상하는 쪽으로 시선을 보내지 않을 수 없습니다. 만일 이러한 성찰이 태초에 기원을 두는 여러분의 기술에 대해 깊이 생각한다면, 그것은 지금이야말로 정밀하게 되어 있지만, 일종의 본능의 발달이 아닐까, 우리가 느끼는 아픔을 진압하려고 하고, 우리의 행위와, 사물에 대하여 이용하려는 같은 수단을 이용하고, 우리의 몸이 아픈 곳을 외적 같은 것으로 다루고, 이것을 변경하려고 하고, 우리의 손동작과 같은 자연의 동작으로 이것을 변경하려고 하면서, 그것이 출발하는 것은 아닐까라고 자문하는 것입니다. 만약 고통이라는 감각의 방해가 없었다면 인간은 상당히 빈번하게 불구가 될 수도 있을 것 같습니다. 이것이야말로, 어떤 종류의 생물에서는 실현되어 자동 작용(오토마티즘)의 완벽성에 도달하기까지 하는 본능적 자위입니다. 그것은 손발이 다치거나 잡히거나 하면 절단되어 저절로 떨어지는 동물들을 말합니다.

  여러분은 통증에 대해 직접 작용을 가하고, 손에 무기를 들고 이 통증과 싸우려는 이 충동을 정밀성과 대담성의 극단에까지 도달하도록 했습니다. 산 자에게 가해지는 이런 행동이란, 생각하면 기묘한 것입니다. 인간이 스스로 마음에 품을 수 있었던 최초의 생물학의 개념은 **'죽게 하는 것이 가능하다'** 는 것이 아니라고는 할 수 없습니다. 생명의 첫 번째 정의는 생명은 어떤 행위에 의해 근절시킬 수 있는 하나의 고유성이라는 것입니다. 또한 생명은 정상적으로는 식물 또는 동물의 형태로 생명 자체를 먹는 것에 의해서만 보존됩니다. 생명의 한 커다란 흐름 전체가 다른 생명의 심연 속에 끊임없이 삼켜지고 있는 것입니다.

하지만 생명을 파괴하는 지극히 자연스러운 행동, 그리고 그것이 의식적이거나 조직적이 될 때 범죄가 될 수 있는 행동이 있다고 해도, 다행스럽게도 인간의 천부적인 것에는 이와는 전혀 다른 정반대의 행동을 끌어안고 창조한다는 일이 일어납니다. 인간이 이처럼 강력하게 광범위하게 불러일으키고 확산시킬 수 있는 이 죽음에도 인간은 이와 싸우는 법을 알게 된 것입니다. 죽음을 부르는 상처에 직면하여 인간은 그 상처를 통해 구원의 여지를 마련하고 깊이 파고드는 것을 감행했습니다. 이것이 바로 인간의 기도 중 가장 과감한 것이 될 것입니다--우리 신체 조직으로 직접 들어가서 이것을 변경하는 것 말입니다. 그리고 이것은 조직 내에서 가장 중요한 것에도, 가장 민감한 것에도, 접촉하는 것을 꺼리지 않았으며--뇌, 심장, 대동맥 등, 즉 그것들을 몇 초만 잃게 되어도 갑자기 전존재를 잃는 것을 초래할 수 있을 정도로 시간이 귀중한 기관들에 메스를 대는 것을 두려워하지 않았습니다.

이처럼 해서 여러분의 손에 따라 생명 보존을 위한 인간 행위의 형태가, 그 과정도 아주 다르며 거의 상상하기 힘든 자연의 여러 형성의 형태와 대립되는 것입니다. 우리의 행동은 지극히 변할 수 있는 어떤 관념이나 모델에 따라, 외적인 재료에 대해, 일일이 개별적인 행위들로 구성됩니다. 그리고 많은 경우, 그러한 잇따른 행위는, 결과가 그 영향을 받지 않으면서, 어떤 시간적 간격에 따라 격리될 수 있는 경우가 있습니다. 그러나 이와는 반대로 우리가 '자연'이라고 부르는 것은 연속적 발전과 점진적 분화에 의해 만들어집니다. 소재라든가 만들기라든가 형식이라든가 하는 것은 여기에 있어서는 불가분의 것입니다. 하나의 생명체계는 다른 특별한 변수로 우리를 인도하지 않으며, 그리고 우리가 시간, 공간, 물질, 에너지 등으로 부르는 것을 식별하고 조성하는 우리의 분석적 개념작용은 이 부문의 현상을 정확하게 표상하는 힘은 없는 것 같습니다. 예를 들면, 이 생명을 가진 어떤 자연은 한 존재에게, 그 여러 부분의 자유도를 결코 주지 않지만, 우리는 우리의 메커니즘(기계장치)의 여러 부분에 이것을 줄 수 있습니다. '자연'은 바퀴라는 것을 모릅니다. 모든 동물은 하나의 판처럼 되어 있습니다. 즉 자연은 분해될 수 있는 동물을 만들지 않았습니다. 이 자연제自然製라는 것이 열등한 점은 분명히 중대한 결과를 가지고 있습니다. 우리는 거기에 '외과'의 진보의 대부분을 빚지고 있습니다. 개체의 살아 있는 부분을 복구하는 데 인류의 예지, 교지, 발명력을 이용하는 것은 바로 여러분들이 해야 할 일이었습니다. 그리고 이것은 바로 자연에 반하는 행동입니다. 그러나 자연은 더군다나 이것이 잘 진행될 길을 마련해 주었고, 이를 통해 여러분의 계획이 가능했습니다. 자연은 어떤 조직을 재조직하는 데 동의합니다. 즉, 상처를 봉합하거나 뼈를 다시 만들거나 합니다. 그 밖에 대해서는, 우리는 자신의 내장을 일거에 떨쳐 버리고, 그 새로운 활동을 천천히 재형성할 수 있는 해삼보다도 불행한 존재라고 해야 할 것입니다.

그러나 여러분의 행동은 자신의 행동법과 여러 기계적 수단이란 것을 생명물질이 가진 불확실한 방식과 결합해야 하며, 하게 하는 것faire과 하도록 내버려두는laissez-faire 것을 합성하고, 삶과 죽음을 나누는 평형면 안에 존재하지 않으면 안 되는 이상은, 또 그것이 사람들의 반응과 감정을 고려하지 않으면 안 되기 때문에, 이것은 아마도 생각할 수 있는 모든 행동 중 고려해야 할 독립변수들이 가장 많은 행동이 될 것입니다. 여러분의 잘 계산된 대담성은, 가장 다종다양하여, 아주 드물게 밖에 겸비되지 않는 여러 미덕을, 한 몸에 모아 잘 조정할 것을 요구합니다. 나는 때때로 여러분들이 근무하는 날에 수시로 사용될 수 있는 상태로--시간의 압력, 도덕적, 때로는 사회적, 또 때로는 감정적인 압력에 시달리면서 잠재성에서 행위로, 뜻하지 않은 문제에서 결정으로, 결정에서 실시로, 언제라도 옮겨갈 수 있는 태세를 취하며--유지하지 않으면 안 되는 모든 잠재적 성질들을 생각해 봅니다. 그리고 행동 자체가 있습니다. 여러분의 손에 의해 여러분의 눈앞에서 특수한 사례가 교과서적인 문제의 지위를 차지하기도 하며, 현실이 새롭게 조명되면서 진단과 각종의 검사에 의해서 일찍이 가지고 있던 관념이 많든 적든 확증되거나 뒤집히거나 하기도 합니다. 그리하여 예상치 않은 결과나 많든 적든 재미없는 발견이나 직접적인 행위를 동반하는, 그 자리에서 즉흥적으로 결정하지 않으면 안 되는 여러 가지 새로운 결정 등이 나옵니다.

이러한 모든 것은 여러 능력의 매우 풍부한 집합, 매우 신속하고 풍부한 기억, 지극히 확실한 학식, 지극히 일관되고 변함없는 성격, 대단히 담백하고 날렵한 정신, 상당한 육체적 내구력, 지각의 예민함과 동작의 정확을 요하므로 한 개인 안에 그 많은 다른 자질이 동시에 모인다는 것은 외과의사라는 것이 과연 현실적으로 존재할 수 있는가 하는 의문이 들게 할 정도이며 그 존재에 대해서는 판돈을 걸지 않는 것이 무난할 것입니다. 그런데도 불구하고, 여러분들은 현실적으로 존재하고 있습니다...

하지만 여러분에 대해서는 다들 알고 있는 것만을 알고 있는 사람은 여러분들을 생각할 때, 여러분들이 극적으로 일을 수행하는 모습을 상상하지 않을 수 없다는 것은 짐작하기 어렵지 않을 것입니다. 여러분들의 직무는 오늘날에는 크리스털의 태양이 발하는 그림자 없는 빛을 받는, 잘 닦인 금속과 하얀 린넨의 일종의 호사 속에서, 거의 종교적 엄숙함으로 수행됩니다. 고대인이 저승세계에서 돌아와서 여러분이 흰옷을 입고 흰 마스크를 쓰고, 이마에 마법의 램프를 달고, 주의를 기울이는 신관들에게 둘러싸여, 면밀한 전례서에 따르듯이, 마술의 잠에 깊이 잠들어, 여러분의 장갑을 낀 손아래에 몸을 열고 있는 인간 위에서, 팔을 흔들고 있는 모습을 본다면 무언가 어떤 희생의 제의, 고대 여러 종파에 있어 비의에 통하는 자들 사이에서 행해지는 그 비밀스러운 종류의 제의를 거행하는 것에 입회하고 있다고 생각할지도 모릅니다. 그러나 여러분들이 이처럼 학식을 다 쏟아 붓고, 정연하게 이 이상한 성의를 가지고 집행하는 것은 곧 질병과 죽음의 희생이 아니겠습니까?

도중에 잠깐 주의하면, 이 전례의 외관, 즉 여러 막 혹은 국면으로 분할되어 잘 조직된 신비로운 상징적 조작의 외관은 '방부처치asepsie'가 요구하는 극도의 엄밀한 고려에 의해 여러분의 생명에 대한 현실적 조작[수술] 주변에서 자연스럽게 만들어진 것입니다. 아셉시(방부처치)는 시기심이 많은 여신으로 그리스인, 로마인이라면 분명 의인화하지 않을 수 없었을 것이고 그 제단을 차려놓고 어떤 예배를 드렸을 것입니다. 아셉시란, 즉, 일체의 더러움을 멀리하는 것, 어떤 **청정성**淸淨性의 실현과 보전입니다. 그리고 여기에서 생각하지 않을 수 없는 것은 **청정성**의 관념이 모든 시대에 모든 종교에서 수행한 절대적인 역할이고, 또한 육체의 청결과 영혼의 청결 사이의 주목할 만한 평행론에 따라 이러한 관념이 겪은 발전입니다. 파스퇴르는 여기에 새로운 의미를 부여했습니다...

이 고찰은 오늘날까지 그 절차는 전해져 왔지만, 실용적 가치는 소멸되어 버린 어떤 의식을 이해하는 데 있어서, 우리의 도움이 될 수 있을지도 모릅니다.

하지만 전에 말씀드린 대로 여러분, 이 나는 여러분들이 의식을 집행하고 있는 것을 본 적이 없습니다. 그걸 보면 내가 견딜 수 있을지 없을지, 굉장히 불안합니다 --이건 꽤 통속적인 약점입니다. 젊은 의학생들 중에는 수술 광경에 충격을 받아 정신이 혼미해지고, 방을 나가야 할 정도에 이르는 사람이 꼭 있다는 것은 나도 알고 있습니다. 이 반사적 실신은 가장 신비스러운 실신 중의 하나입니다. 예전에 나는 세 살도 안 된 아이가 어른 옆에서 놀고 있다가, 어른이 아주 작은 상처를 입어 그 베인 상처에서 나온 몇 방울의 피가 떨어지자 아이가 기절하는 것을 본 기억이 납니다. 그 아이는 피의 비극적 의미 따위는 전혀 생각하지 않았을 것이며, 다친 어른은 단지 자신의 옷을 더럽힌 것에 당황한 표정을 지을 뿐이었습니다... 이 작은 사실은 내게는 끝내 설명할 수 없었습니다. 이러한 사항에 대해 설명을 요구해서는 안 된다는 것은 틀림없을 것입니다. 참으로 사람들은 언제나 이러한 감성 현상에 대해, 어떻게든 얼버무리는 말로서, 언어에 의해서 해석할 수는 있을 것임에 틀림없지만, 그러나 나는 극단적인 착각을 잔뜩 쌓아놓은 다음, **나 자신이 가진 이해라고 믿는** 교묘한 수단으로 이를 남용하는 것은, 의미가 없다고 생각합니다...

**

이런 종류의 충격은 여러분들에 대해서는--정의상--그 영향을 미치지 않습니다. 여러분은 피 속에 살고 있으며, 한 사람의 피뿐만 아니라 우리의 정서적 반향의 가장 강력한 흥분제인 고민, 고통, 죽음 등과의 끊임없는 관계 속에 살고 있습니다. 다른 여러 생활의 위기상태, 절박한 표현들이 여러분의 일상의 큰 부분을 차지하고, 그것들이 사람들의 생존 속에서 구성하는 기이한 일들과 비극을, 특정한 범주 아래 여러분들의 정신의 틀 안과 통계표 속에 배열해 나가는 것입니다. 요컨대 여러분은 끊임없이, 가장 절박하고 가장 미묘한 사정 속에서 가장 중대한 책임을 떠맡고 있는 것입니다.

이러한 모든 것은, 앞에서 분명히 말씀드린 증인의 소박한 눈으로 볼 때, 여러분들을 특별하게 비정상적인 존재로 만들고 있으며, 사람들은 이를 이해하기보다는 우선 감탄부터 하게됩니다.

하지만 저는 실례일 수 있지만 여러분이 느끼게 해야 하는 여러 가지 경이驚異에 대한 분석을 좀 더 진행해 보겠습니다. 아마 조금 지나칠지도 모릅니다만...

그렇습니다, 외과의사의 존재는 그 기술의 집행에 없어서는 안 되는 모든 특질의 어떤 한 사람에 대한 집중으로 지금 말씀드린 것과 같은 감탄의 마음을 내게 느끼게 한다고 해도, 여러분을 만나 내가 경탄하게 되는 것에는 전혀 다른 한 조건이 있는데, 이것은 내가 지금까지 지적한 여러분 신상의 모든 특징보다 아마 대체로 주목을 못 받고 있는 것입니다. 다시 말해서 나는 여러분을 인간적인, 오직 인간적인, 인간적인 것만의 본성 속에서, 즉 여러분의 외과적인 생활 속에서 고찰하는 일이 있을 때에는 내 정신 속에서 여러분에게 어떤 수수께끼를 발견하게 됩니다.

나는 여러분들에게 대담하게 내 생각을 표명해야 할까요? 감히 외과의사를 절개하는 일을 시도해보도록 할까요? 그러나 지금 나는 여기서 여러분을 붙잡고 있으니 어찌 이 생체관찰을 시도하고자 하는 유혹을 거역할 수 있겠습니까? 게다가 나는 호기심의 길이 인도하는 길로 계속 가지는 않을 것입니다. 나는 절개하고 그리고 또 금방 닫아버립니다.

여러분들은 곤혹스러움과 감동을 가득 담은 엄하고 통절한, 가공할 일에 대해 내가 얘기한 바를 모두 짊어지고 있으며, 그리고 선명하게 견디고 계시지만, 그러나 여러분은 또한 자신들의 지식도 짊어지고 있습니다. 여러분은 인간 존재의 깊은 형태와 구조와 용수철에 대해 항상 정밀한 지식을 부단히 소유하고 있습니다. 그러나 이렇게 인간적인 것은 달리 없을 것입니다…

이 존재가 여러분에게 갖는 의미가, 지식이 없는 우리에게 갖는 의미와 같을 리는 없습니다. 이는 더 이상 여러분들에게는 그 안에서 생명 보존의 신비와 외적 행동능력의 준비의 신비가 숨겨져 있는 그 밀폐된 용기, 그 신성한 비의의 그릇이 아닙니다. 이를 위해서는 심장, 내장과 관과 실의 한 미궁 전체, 증류기와 여과기가 살아있는 설비 전체가 필요하다는 사실을 우리는 특별히 알 것을 강요받지 않은 채로 살아가고 있습니다. 이러한 설비 덕분에 우리 안에는 원자에서 세포까지, 또 세포에서 우리 몸의 눈에 보이고 촉지할 수 있는 덩어리까지, 물질의 모든 정도의 크기와 에너지의 형식과의 끊임없는 교환이 이루어지고 있습니다. 이 모든 장비들은 그 간혹 발생하는 장애와 고통에 의해서만 그 존재를 추측하게 하는 것인데, 이 장애와 고통은 이러저러한 곳에서 의식을 불러일으키고, 이리하여 우리 자신에 대한 기능적 무지無知라는 자연스러운 흐름을 중단합니다…

기능적--나는 우리들 단순한 인간들이 갖는, 우리 신체에 대한 무지를 말하는 데 있어 **기능적**이라고 했습니다. 이 그럴듯 해 보이긴 하지만, 나로서는 결코 사용하지 말아야 할 용어를 (다소나마 편의적으로) 빌려온 것에 대해 사과드립니다. 하지만 나에게는 이 말은 이 경우 좋을 것 같고, 또 이 말의 조합은 무언가를 말하는 것 같기도 합니다. 그런데 그것은 다음과 같이 말하고 있는 것입니다. 우리의 내적이고 정신적인 경제의 체제에 대한 무지는 우리의 기능 중 어떤 것의 수행에 적극적인 역할을 하고 있다는 것입니다. 어떤 기능은 그러한 활동의 명석한 의식과는 상충되지 않거나 혹은 거의 상충되지 않으며, **존재**와 **인식** 사이에 분할을 허용하지 않으며, 지적 주의가 무 내지 거의 무가 아닌 한 자극에 대해 행위로 대답하지 않는 것이라고. 때때로 의식적인 사람은 반사적이어야 하고, 그렇지 않으면 있을 수 없는 행위의 수행을 스스로 얻기 위해서는 자신의 정신을 빗나가게 하지 않을 수 없는 일도 발생합니다. 그때 사람들은 다음과 같은 묘한 일이 생기는 것을 보게 됩니다. 즉 의식과 의지가 협력해서 반사작용 쪽으로 편들게 되는 거죠, 현상을 관찰하고 그것으로 인해 현상을 그 고도로 자연스러운 흐름 속에서 정체시키는 인식의 경향을 버리고 말입니다.

요컨대 빛보다 그림자를 선호하는 기능 작용의 유형이 있습니다. 적어도 어둑어둑함을, 즉 그러한 행위들로 하여금 수행의 준비를 시키기 위해서 혹은 움직이게 하기 위해서, 필요로 하고 충분한 최소한의 정신의 현존을 선호하는 것이 있는 것입니다. 이들은 기능 감퇴 혹은 정지로써 위협하면서 감성과 운동력의 순환이 행위의 기원에서 생리적 한계에 이르기까지 감시도 중단도 없이 수행될 것을 요구합니다. 우리의 여러 자동작용의 이런 질투, 이런 종류의 수치심은 주목할 만합니다. 여기에서 어떤 완전한 철학이 나올 수도 있는 것인지 모르며, 나는 그것을 다음과 같이 요약할 것입니다. **때때로 나는 생각하고, 때때로 나는 존재한다고.**

정신은 그런 이유로 무엇에 대해서도 참견을 해서는 안 되는 것입니다--그런 사명을 스스로 발견했다고 하더라도 말입니다. 그것은 원래 우리의 외적인 용건에만 이용되도록 해야 한다는 것입니다. 그 외의 것, 우리의 기본적인 활동에 대해서는, 일종의 국가적 이유가 그것들을 은폐하고 있습니다. 기밀이라는 것이 그것들에는 필수적이며, 이 고찰은 또는 우리의 다양한 기능 작용이 갖는 생명에서의 중요성을 측정하는 데 있어 주의를 기울이는 의식에 대한 그들의 불관용을 이용해 이루어지는 것이 가능할지도 모릅니다. 살기 위해서는 정신은 산만해져야 합니다…

그러나 어찌 산만해질 수 있을 것입니까, 어찌 생명의 기구에 어두운 상태로 있을 수 있겠습니까, 그것을 관찰하는 일만 하고, 그 부품을 다루고, 톱니바퀴 장치를 상상하며, 그것들의 운전과 변조에 대해서만 생각하고 있을 때에 말입니다. 여러분들, 나는 때때로 자문하게 됩니다, 어째서 여러분이 가지고 있는 지도, 정밀한 인체의 지식, 여러분들이 소유하는 가장 중요한 부분과 접촉하는 인체의 지식, 여러분들이 소유하는 인체의 가장 깊이 있는 부분에 대한 이미지가--자연적 존재란 거기에 때때로 장애가 발생하기 마련이며, 무지라기보다는 오히려 기능적 순진함이 식물적 생활을 영위하게 하는 영혼으로 하여금 최단경로를 찾도록 합니다--자신의 운명을, 이론물리학으로부터 빌려온 말을 쓰자면 자신의 세계선世界線이라고 할 수 있는 것을 답파하는 것을 허용하는 것일까요.

하지만 내가 묻는 질문은 또한 대단히 이론적인 것입니다. 사실은 여기에 충분히 대답을 하고 있습니다. 과학과 자연은 서로 아주 잘 타협이 되어 있다는 것을 우리 모두 알고 있습니다. 여러분의 지적, 전문적 비인간성은 여러분의 인간성--그것은 무릇 배려심이 풍부하고, 때때로 대단히 상냥합니다--이란 것과 아무런 어려움 없이, 심지어 지나치다 할 정도로, 잘 양립합니다. 관찰은 여러분의 생활 속에서 아는 것과 할 수 있는 것과 느끼는 것 사이에, 사는 것과 아는 것 사이에, 명석한 자제와 내가 다소라도 정확하게 기능적이라고 부른 그 천진함에, 때에 따라서는 부딪히는 것 사이에, 대단히 완전한 조화를 쉽게 발견할 수 있습니다.

따라서 이 문제는 존재하지 않습니다. 하지만 경이는 존재하고, 절대로 이것만이 외과의사를 진찰했을 때 우리가 감탄하게 되는 유일한 것은 아닙니다.

**

여러분 안에는 한 예술가가 필연적으로 존재합니다. 나는 연필이라든가, 붓이라든가, 끌 같은 것을 사용해 예술품에 만드는 사람들에 대해서 말하는 것이 아닙니다. 그 사람들에 대해 할 말이 있을 것이고, 서로 용납할 수 없는 여러 활동들 간의 상호 교류의 이익도 추구해야 할 것이 틀림없습니다만.

그러나 이제 나는 여러분에게 특유한 예술, 살아있는 육신을 재료로 하여 인간에게 미치는 인간의 작용이라는, 이 긴급하고 열정을 자아내는 중대사의 가장 명백하고 가장 직접적인 경우가 무엇을 구성하는지에 대하여 말씀드리겠습니다.

예술가란 무엇인가. 무엇보다 먼저 그것은 자신의 사고思考의 집행자입니다, 이 사고는 몇 가지 방식으로 실현될 수 있습니다. 따라서 개성이 이제 거기에서 관념이 형성되고 배열되는 순전한 정신적 단계에서뿐 아니라, 행위 자체에 간섭할 때의 집행자입니다. 관념은 그 자체로는 아무것도 아니고, 요컨대 아프지도 가렵지도 않습니다. 외과의사가 예술가라고 불리지 않으면 안 된다는 것은, 그 일이 몰개성적인 행위 프로그램의 한결같은 집행에 귀결되지 않기 때문입니다. 한 권의 수술 매뉴얼은 한 명의 외과의사가 아닙니다. 그리고 내 생각엔, 자르거나 꿰매는 방법은 한 가지에 그치지 않고, 각각의 방식은 각자에게 속합니다. 그렇다는 것은 외과적 스타일은 하나에 그치지 않는다는 것을 의미합니다. 나는 이것에 대해 확실히 아는 것은 없습니다. 하지만 확신합니다. 전 세계의 모든 학식을 동원한다 해도 한 사람의 외과의사는 완성되지 않습니다. 외과의사에게 권위를 부여하는 것은 '만드는 것', 그것뿐입니다.

**

여러분들의 직업 이름 자체가 이 만드는 것을 명시하고 있습니다. 왜냐하면 만드는 것은 손의 특성이기 때문입니다. 여러분의 손은 절개와 봉합에 숙달되어 있고 그에 못지않게 손바닥과 손가락 사이의 틈새로 외피로 된 원문을 읽는데 능통한 바, 이 원문은 여러분들에게는 투명한 것이 됩니다. 혹은 탐진한 복강에서 손을 꺼내면, 이 손으로 그 암중모색에서 만지거나 촉지한 것을 그림으로 그릴 수 있습니다.

Chirurgie (수술), manuopera (손짓), manoeuvre (손짓),

oeuvre de main (손짓). 모든 사람은 자신의 손을 사용합니다. 그러나 12세기 이래로 이 Oeuvre de main(솜씨)이라는 용어가 이제 치유에 사용되는 손짓만을 의미할 정도로 특수화된 것은 의미심장한 일이 아닐 수 없습니다.

어쨌든 무릇 손이 안 가는 게 있을까요? 나는 지금의 일 때문에 외과에 대해 생각하지 않으면 안 되었을 때, 이 대단한 기관에 대해 상당히 오랫동안 여러 가지 생각을 하기 시작했습니다. 이 기관이야말로 인류의 거의 모든 힘이 모이는 곳으로, 이로 말미암아 이것은 자연에서 유래한다고는 하나 이리저리 자연에 대립하는 것이 됩니다. 사물의 흐름을 곳곳에서 저지하기 위해서. 물체를 바꾸어 우리의 임의적인 의도에 적합하도록 강요하기 위해서는 손이 필요합니다. 단순히 실현만 하는 것이 아니라 가장 단순한 발명을 직관적 형식 아래 품기 위해서도 손이 필요합니다. 동물의 계열 전체를 통해서 실의 매듭을 기계적으로 만들 수 있는 것은 아마도 인간 이외에는 단 한 존재도 없다는 것을 생각해보십시오. 또 한편, 이 흔한 행위는 쉬운 행위이지만 지적 분석에는 매우 곤란한 점이 있어, 가장 정묘한 기하학적 수단을 사용해도 이것이 암시할 수 있는 문제들을 극히 불완전하게밖에 해결할 수 없을 정도입니다.

한 언어를 설정하기 위해서도, 그 이름이 말하는 대상을 가리키기 위해서도, 말이 될 행위를 몸짓으로 나타내기 위해서도, 담론을 구분하고 장식하기 위해서도, 역시 손이 필요합니다.

하지만 나는 한 걸음 더 나아가도록 하겠습니다. 나는, 우리의 손이 우리에게 부가하는 언제나 움직이는 손의 속성들의 이 영묘한 연상과 우리의 사고 사이에는, 가장 중요한 관계라 해도 좋을 하나의 상호관계가 존재함에 틀림없다고까지 말할 것입니다. 노예는 주인을 부유하게 하고 다만 그 명을 따르는 데 그치지는 않습니다. 이 봉사의 상호성을 증명하기 위해서는 우리의 가장 추상적인 어휘에서는, 손에 의한 가장 단순한 행위나 기능에 의한 것 이외로는 공급될 수 없었던 용어가 다수 존재한다는 사실을 주목하기만 하면 됩니다. mettre(놓다)-prendre(취하다)-saisir(포착하다)-placer(위치시키다)-tenir(들다)-poser(거치하다) 그리고 다른 쪽에는 synthèse(종합, 함께 놓다) thèse(논제, 놓는 것) hypothsèse(가설, 아래 놓는다) supposition(가정. 아래에 두다) comprehension(이해, 함께 붙잡다) 등등. addition(부가)은 donner(주다)에 관계가 있고 multplication과 complexité는 plier(접다)와 관계가 있습니다.

그것뿐이 아닙니다. 이 손은 철학자입니다. 심지어는 불신의 왕 성 토마스 이전에 이미 회의의 철학자였습니다. 손이 닿는 곳이 현실입니다. 현실이란 그 밖의 정의를 가질 수 없고 가질 수도 없습니다. 다른 어떤 감각도 한 고체의 저항이 정신에 전달하는 그 독특한 확실성을 우리들 사이에 일으키지 못합니다. 책상을 두드리는 주먹은 정신에 권력의지의 관념을 부추기고, 형이상학에 침묵을 주기를 원하는 것처럼 보입니다.

나는 때때로 세상에 『손에 대한 논술』같은 책이 한 권도 존재하지 않는 것에 놀라기도 합니다. 가장 미묘한 차이를 파악하는 감성을 가장 예민한 힘과 조합하는 이 놀라운 기관의 무수한 잠재적 성질에 대해 깊은 연구가 하나도 없습니다. 그러나 이것은 끝이 없는 연구입니다. 손은 셀 수 없는 도구와 수단의 한 묶음을 우리의 본능에 부여하여, 우리의 요구를 이롭게 하고 우리의 관념에 제공합니다. 교전 시에 구타도 하고 축복도 하고, 받고, 주고, 몸을 기르고, 선서하고, 장단을 맞추고, 맹인에게는 읽어주고, 벙어리에게는 말을 해주며, 친구를 향해 뻗치고, 적에게는 치켜올려지게 됩니다. 해머이며, 족집게이고, 알파벳 역할도 하는 이 기구에 대해서 어떻게 한 가지 정식만을 발견하겠습니까... 그 밖에 뭐가 있을까요. 이 거의 서정적인 무질서만으로 충분합니다. 차례차례로 기구가 되고, 상징이 되고, 담론을 이용하며, 계산을 실시하는--**만능의 동인agent**인 이것을 **가능성의 기관**이라고 칭할 수는 없는 것일까요, 한편으로 이것이 **실증적 확실성의 기관**인 것처럼 말입니다.

그리하여 이 손은 일반성에 따라 오직 한 가지 일을 할 수 있는 기관과 구별되는데, 그 일반성에서 파생되는 모든 개념 사이에 그 이름이 외과라는 이름과 밀접하게 연결되는 하나의 개념이 있습니다.

외과는 수술을 하는 기술입니다. 수술이란 무엇인가. 그것은 서로 확연히 다른 행위들, 그리고 명확한 목적을 향해 어떤 순서로 연달아 이루어지는 행위를 통해 얻을 수 있는 하나의 변형입니다. 외과의사는 한 유기체의 상태를 변형합니다. 그러면 생명에 접촉하게 되는 것입니다. 외과의사는 생명과 생명 사이에 미끄러져 들어가지만, 어떤 행위체계와 조작의 정밀함과 그 연속과 실시에 있어서의 엄밀함을 가지고 있으며, 이를 통해 그의 간섭[수술]에는 어떤 추상적인 성격이 부여됩니다. 손이 인간을 다른 생물로부터 구별하는 것과 마찬가지로 추상적인 길은 예지의 방법을 자연의 변형법으로부터 구별하는 것입니다.

여기서 여러분, 나에게 마음껏 상상을 하도록 허락해 주셨으면 합니다... 실례를 무릅쓰고 시인으로서의 방종을 잠시 행사하도록 하겠습니다.

나는 여러분들이 범하는 유기체가 느낄 극도의 놀라움, 경악을 상상합니다. 여러분이 갑자기 가장 깊은 곳까지 공기와 빛과 힘과 메스를 침입시켜, 우리에게는 그 자체로 미지의 것이면서도, 우리를 구성하고 있는 이 불가해한 생물체의 물질에, 외계의 충격을 주면서, 여러분은 그 고동하는 보물을 밝은 곳으로 가져오는 것입니다... 이 무슨 타격, 이 무슨 조우일까요...

그러나 이것은 동시에 현대 세계의 모든 부분에서 일어나고 있는 일의 한 특수한 경우이며, 하나의 이미지가 아닐까요? 모든 것은 거기에 인간에 의해 창조된 수단이 이 인간에게 미치는 작용, 거의 정신을 뒤집어버리는 그 결과를 나타내고 있습니다. 이 무슨 충격일까요? 그리고 여러 시대를 통해서 완만하게 형성되고 발전되어 온 이 관계, 관습, 개념의 유기체가, 최근 수십 년 이래, 그것이 마침내 의지할 수 있게 된 초인적으로 비인간적인 힘의 시련에, 복종되고 있다기 보다는 스스로 자진해서 복종하고 있을 때, 이 유기체 전체에서 어떤 일이 일어나는 것일까요. 우리의 친애하는 회장님이 아까 우리에게 치료학의 급속한 변천에 대해 웅변적으로 말씀하셨지만, 그는 우선 물리학 일반의 각별한 의미를 우리에게 설명하셨어야 하는 것이 아닌가 합니다. 이 현황은 다음과 같이 요약될 수 있다고 나로서는 생각됩니다. 우리는 엄청난 양의 간접적인 지식을 획득했지만 이것은 중계기(계전기) relais를 통해 작동하며, 우리의 감각과 어떤 관계가 있는 크기의 여러 정도와는 매우 멀리 떨어져 있기 때문에, 우리가 지금까지 세계를 생각하고 있던 모든 종류의 개념이 더 이상 단서가 되지 않는, 그런 크기의 정도에서 일어나고 있다는 것입니다. 말하자면 더 이상 신호에 의해 우리에게 전달되는 것이 아닙니다. 과학적 이미지의 오류가 선고되었습니다. 이러한 정도에서 물체, 위치, 지속, 물질, 에너지의 개념은, 말하자면 상호간에 교환이 가능합니다. 현상이라고 하는 말 자체는 의미가 없어지고 아마 언어 그 자체는, 채용하는 언어가 무엇이든지 간에 그 실명사와 동사로써는 우리의 정신 속에 오류밖에 도입될 수 없을 것입니다. 수에 대해서 보면, 그 정확도에 의해 탈락됩니다. 수는 이제 그 정확성 자체가 그리 쓸모가 없는 것이 되어서, 어떤 개연성을 대신하는 한정된 새로운 용도를 받을 것입니다.

**

사물의 직접적인 재현은 요컨대 미세한 것들의 깊은 곳에서 우리 곁으로 오는 극히 간접적인 정보에 의해 영향받고 교란되고 있지만, 그러한 정보 덕분에 우리는 그 깊은 곳에 대해 많이 알게 되고 힘도 얻게 됩니다. 그러나 우리가 이해하는 것은 더 적어지며, 아마도 점점 더 이해하지 못하게 되는 것입니다. 이것이야말로 **중계기**의 결과입니다. 한 **중계기**를 통해 어린아이도 새끼손가락을 움직이는 사소한 행위에 의해 그 노력과는 전혀 어울리지 않는 폭발이나 화재 등을 일으킬 수 있습니다. 한 과학자가 현대적 수단을 구사하여 중계기에 의해 현저한 결과를 불러일으킬 수 있고, 이것을 그는 한 원자를 폭발시켰다고 표현하는 것이겠지만, 그러나 그는 이것은 전혀 가설적인 표현에 지나지 않는다는 것을 인정하지 않으면 안 되며, 예를 들면 전자라는 명칭은 실증적인 용어로서는 시종일관 관찰할 수 있는 현상을 우리의 감각에 나타내기 위해 필요한 장치와 행위의 총체에 지나지 않는다는 것을 인정해야 합니다.

그러므로 우리의 과학은 더 이상 어제의 과학처럼 법칙과 지식의 집중 혹은 수렴을 바랄 수는 없습니다. 약간의 공식이 우리들의 일체의 경험을 요약할 수 있어야 하고, '역학' 방정식이 형성하고 있는 것과 유사한, 또는 동일한 평형관계와 변환의 최종적 일람표야말로 과학적 지성의 일의 목적이자 종점이어야 한다고 사람들은 예전에 생각했었습니다.

하지만 수단의 증가는 새로운 사실을 엄청나게 증식시켰기 때문에 과학은 그 자신에게 미치는 작용에 의해 그 대상으로까지 변경되었습니다. 그 수단과 함께 수와 다양성에서 증가하는 이러한 **미발표의** 사실들과 가동적인 균형을 유지하기 위해 과학은 거의 시시각각 그 이론적 개념을 변경하도록 강요받고 있습니다. 정연한 지식전서 같은 것이 옛날에는 탐구의 본질적 목표이자 흔들림 없는 정점이었으나 지금은 더 이상 그렇게 생각할 수 없습니다. 이론적 학식은 부분적인 여러 이론에 의해 분해되고 이것들은 불가결하고 흔히 훌륭한 도구입니다--하지만 결국 **도구**일 뿐입니다. 취급되고, 버려지고, 그 용도가 많든 적든 간에 일시적인 편리함과 풍요함 외에는 가치가 없는 도구입니다. 그 결과 이들 이론이 서로 드러낼 수 있는 모순은 더 이상 해제의 사유가 되는 하자의 성격은 갖지 않는 것이 됩니다.

이것은 관념과 가치의 일대 변화라고 할 수 있습니다. 학식은 앞으로는 그 작용하는 힘에 의해 지배됩니다.

**

여러분, 나는 여러분이 열심히 들어주셨음에도 불구하고 그에 상응하는 것을 드리지 못한 것 같아 죄송함을 금할 수 없습니다. 여러분들 안에 있는 피수술자는 수술자 못지않게 참을성이 있다는 것을 나는 잘 알고 있습니다. 나는 확실히 모든 한도를 넘어섰다고 생각합니다. 주어진 시간을 이미 초과해버린데다 학자가 과학자에게 이야기할 수 있는 것의 한도를 넘어서버린 것 같습니다. 우리는 무언가를 알고 있다고 생각하지만 실은 우리는 언어의 세계에서만 움직이고 있는 것에 지나지 않습니다. 여러분의 헌신적인 사무총장[옮긴이--앙리 몽도르는 외과의이면서 문학도 했던 사람이다]은 메스와 펜과 브러시를 잡고 이 세 개의 극히 날카로운 도구를 더할 나위 없이 잘 구사하는 사람인데 어느 누구도 이 사람처럼 될 수는 없을 것입니다. 그가 방금 전 별 볼일 없는 명예회장인 나에게 어떤 방식의 피부이식을 행했는가는 여러분들이 이미 본 대로입니다…

　나로서는 여러분들에게 다음과 같이 이야기하는 것으로 매듭을 지으려고 합니다. 나는 현대 외과 의학에서, 이 수십 년간에 점점 속도가 빨라지면서 더욱 격화하는 것처럼 보이는, 인류의 이 이상한 모험의 가장 고귀하고 가장 정열을 느끼게 하는 국면을 보게 된다고 말입니다. 한편으로 우리는 인간과 사건 안에서 가장 중대한 증상, 즉 나로서는 무언가 알 수 없는 섬망, 강직경련적인 양상과 무언가 알 수 없는 흥분과 침체의 신속한 교체를 인정하지 않으면 안 된다고 해도, 또 사람들이 파괴와 자멸의 수단을 호사스럽게 사용해 자신을 끝내려고 하는 것처럼 보이는 한 문명의 최후의 순간에 입회한다는 생각을 너무도 자주 느낀다고 해도, 여러 발견, 방법 및 기술적 진보를 자신들의 동포의 원조와 구제에 적용할 수 있는 것 외에는 결코 유지하지 않으려 하는 사람들 쪽에 주의를 돌리도록 하는 것은 좋은 일이 될 것입니다.

볼테르

　가끔 나는 어떤 특이한 작품을 꿈꾸곤 합니다. 그것을 쓰는 것은 어렵지만, 불가능하지는 않은 것이어서 언젠가 누군가가 실현할 것이고, 그 때는 우리가 문예의 보물을 전시하는 행사를 한다면 『인간 희극』 옆에 나란히 놓이게 될 작품입니다. 『인간 희극』의 바람직한 발전형 중 하나로 여겨질 만한 것으로, 지성의 모험과 열정에 바쳐진 작품일 것입니다. 이른바 '지성 희극'이라 할 만하며 이해와 창조에 평생을 바친 사람들의 드라마입니다. 그 작품을 읽으면, 사람들은 인간이 인간인 이유, 인간을 단조로운 동물적 조건으로부터 조금이라도 끌어올리는데 공헌한 것은, 모두, 일정한 제한된 수의 개인의 업적에 빚진 것임을 알 수 있습니다. 우리는 살기 위한 식량을 농민에게 빚지고 있듯이 사고의 양식을 그들에게 빚지고 있다는 것을 알 수 있는 것입니다.

　어쨌든, 우리는 잘 알고 있습니다. **문명화된 국가, 즉 사고에 실생활에서 필요로 하는 것 이상의 중요도를 부여하는 국가**는 다른 나라에서 볼 때 그 국어를 보편적 가치의 표현으로까지 높인 여러 명의 작가들의 이름들로 대표되고 있는 것처럼 보인다는 것입니다. 셰익스피어, 세르반테스, 톨스토이는 곧 영국, 스페인, 러시아를 뜻하는 것입니다.

　그러나 이러한 위대한 이름들은 단순히 국가의 이름이나 훌륭한 작품을 환기시키는 데 그치지 않고, 창조 생활의 여러 전형, 내가 방금 말씀드린 지성의 희극에 필수적이라고 생각되는 여러 가지 성격에 대해 시사점을 주고 있습니다.

    프랑스는 그런 일류급의 인물이 전혀 부족하지 않습니다. 그 영광스러운 실체는 그들의 불멸의 존재감에 의존하는 한편, 널리 알려진 명성에 의지하고 있습니다. 몽테뉴, 파스칼, 루소는 일반적으로 저술가의 영역을 넘어선 사람들입니다. 그들은 인생에 있어서의 유익한 태도의 다종다양한 본보기를 보여 주고 있습니다. 그러므로 그들의 인간을 생각하지 않고서는 그들의 작품을 생각하는 것은 불가능합니다. 그들의 작품을 거의 읽어본 적이 없는 사람들에게조차 몽테뉴는 무언가를 의미하며, 파스칼이나 볼테르도 마찬가지입니다. 그들은 중요한 의미를 띤 개인으로 존재하고 있습니다.

    몽테뉴, 파스칼, 볼테르라는 이름을 거명했지만, 물론 그것이 들어야 할 이름의 전부는 아닐 것입니다. 다만 이 세 가지 이름을 언급하는 것만으로도 이 국민적 특징의 다양성을 보여주기에 충분할 것입니다. 이 국민은 한 인종에 결코 환원되지 않으며, 그보다 훨씬 미묘한 구성물인 것입니다.

    우리의 다채로움은 볼테르에서 가장 두드러지게 나타나는 것 같습니다. 생각건대, 그는 사람들이 기꺼이 프랑스인들에게 부여하는 거의 모든 결점을 가지고 있었습니다. 그리고 우리의 장점에 대해서는 그 모든 것을 갖추고 있다고는 할 수 없지만 그중 몇 개는 더없이 힘 있게 소유하고 있었습니다. 우리는--이것은 취향의 문제일 것입니다만--고백하느냐 아니면 선언하느냐를 정해야 합니다. 즉, 볼테르는 뭐니 해도 프랑스인이며, 프랑스 이외의 나라에서는 생각할 수 없는 타입, 아니 파리가 아니면 생각할 수 없는 타입의 인간이라는 것입니다. 그 결과 그의 이름은 250년이 지난 지금까지도, 여전히 우리 사이에 아주 두드러진 모순된 반응을 불러일으켰습니다. 어떤 사람들은 자신들의 신념의 대상을 조롱하고, 신앙에 파괴적인 웃음을 계속 퍼부어대며, 성경말씀에 대해 심원한 의미나 정신에 반하는 해석을 하며 재미있어 하는 인물로서 그를 두려워하고 미워하고 있습니다. 다른 사람들은 그에게서 사상의 자유를 창도하는 자, 모든 인간이 모든 인간에게 부여해야 할 침해받지 못할 권리의 옹호자를 발견합니다. 어쨌든 복음서와 인권은 개인에게 무한한 가치를 인정한다는 점에서 일치하고 있습니다.

프랑스는 어떤 이상理想의 분열이나 그와 유사한 감정의 대립 없이는 넘어갈 수 없는 나라처럼 보입니다. 저주하든 격찬하든, 그 이름을 입에 올리자마자 바로 우리 정치판에 영원히 대립할 구성분자들을 부각시키는 볼테르는 그래서 계속 살아가고 지속할 것입니다. 그는 항상 현실적인(액추얼한) 존재입니다.

**

볼테르는 루이14세가 죽었을 때 21살이었습니다. 그리고 유럽 정신을 구현한 왕자王者로서 그가 죽었을 때는 84세였습니다. 그는 한 시대를 스스로 매장한 것입니다. 그 시대의 엄청난 기묘함, 극도의 독자성은 우리에게는 이제 잘 알 수 없게 되어 버렸습니다. 그만큼 우리는 어렸을 때부터 그 시대의 언어, 그 시대의 당당한 질서에 익숙해져 있습니다. 그 시대는 요란하고 단순화하는 경향이 있어 논리와 독단을 결합하여 사고에 있어 극도의 엄밀함과 겉모습의 호사가 공존하고, 의지가 예술의 모든 형태에 각인되어 인공적인 것에 의해 자연을 추구하였으며, 때로는 추상에 의해 자연을 획득하기도 했습니다. 거기서는 엄격함과 연극적인 것이 조합됩니다. 군주 자신의 생활에서도 진지한 믿음과 종교적인 의무의 준수가 부단한 애욕과 공존하였으며, 그리하여 태어난 사생아들은 공공연히 인지되었고 국가의 중요한 자리에 올랐습니다.

볼테르는 그러한 세기를 매장한 것입니다. 그러나 이 얼마나 존경스러운 마음으로 그는 그 세기를 영광 속에 안치했던 것인가요!

그는 그 세기에 '왕'의 이름을 부여합니다[옮긴이--볼테르가 『루이 14세의 세기』라는 책을 쓴 것을 말한다]. 유럽이 이 왕의 대에 지도적 사상이나 정신의 산물의 일반적 양식 또는 여러 의식의 분야에서 프랑스의 우위를 인정한 것을 최초로 지적한 것은 그입니다. 그러한 우위는 왕권의 남용, 실정 혹은 왕국의 국고의 최종적 고갈에 의해서도 흔들리지 않았습니다. 그리고 그는 역사서에 대상이 되는 시대의 '문예'나 '예술'의 상황을 알려주는 도표를 삽입한다는, 전에 없는 참신하고 유용한 생각을 했습니다. 그리고 그는 우리가 오늘날 고전파라고 부르는 대작가들의 리스트를 작성했습니다. 그 목록에는 오류나 누락이 없어 후세가 이름을 삭제하거나 추가할 필요가 없는 것이었습니다.

그가 바로 이 유명하고, 제어하기 힘든 것이며, 지극히 프랑스적인 개념, '고전파'라는 개념을 만들어낸 진정한 발명자입니다. 그는 거의 원숙기에 더없이 명석한 눈으로 시대의 제1급 문학작품을 보고, 이제 작품이 나왔으니, 이 작품이 앞으로 완벽함의 본보기를 보여주는 하나의 체계와 같은 것이 될 것이라고 생각했습니다. 이 문학은 그 구조와 극적 구성에 있어서는 고대의 가장 순수한 모델에서 직접 배운 것이며, 한편 불가타[옮긴이--라틴어역 성경을 말한다]의 가공할 간결함과 데카르트 이래 모종의 기하학적 취미가 교양 신사들honnêtes gens에게 전수한 엄밀성 지향의 영향 아래 만들어진 것입니다.

하지만 볼테르는 평생 이 위대한 세기의 유물, 그 전통과 신앙, 영광의 잔해를 뜨거운 불로 파괴하고 소진하려고 노력하지만, 그 시대가 낳은 작품은 남겨두었습니다. 그가 청춘을 보냈던 시대와 세상을 떠난 시대 사이에는 정말 놀라운 대조가 있었습니다. 만약 그로부터 10년 더 살아서 열월熱月(테르미도르)까지 살아남았다면, 일찍이 루이 14세를 본 그는 '공포정치'의 종말을 목격했을 것입니다.

그래서 그는 그 야누스 신을 사람들에게 상기시킨 것입니다. 야누스는 로마인이 두 얼굴을 부여한, 시작과 끝을 관장하는 신입니다. 청년 볼테르의 얼굴은 장엄한 슬픔이 가득한 황혼을 바라봅니다. 황혼의 어두운 주홍빛 속에 태양왕은 자신의 영광에 짓눌려 밤에 몸을 맡기고 더 이상 두 번 볼 수 없는 장엄한 태양으로 가라앉아 갑니다. 그러나 이 야누스의 다른 얼굴, 늙은 볼테르의 얼굴은 오리엔트에서 거대한 먹구름을 비추는 서광과 같은 것이 비치는 것을 봅니다. 지평선에 닿을락 말락 수많은 섬광이 깜박이고 있습니다.

**

그의 긴 인생의 시작과 끝, 그 사이에 엄청난 활동이 있었습니다.

그는 대단히 정신적인 사람이며, 인간 중에서도 가장 예민하고, 가장 민첩하며, 가장 명석한 사람입니다. 그에 비하면 다른 사람들은 다 자고 있거나 공상에 잠긴 것처럼 보입니다. 그는 잘못을 저질러도 금방 그것을 일소할 수 있는 사람입니다. 그는 모든 영역에서 질문을 하고, 모든 곳에서 답을 합니다. 그는 모든 일에 대해 때로는 졸속으로 생각되기도 하지만, 척척 의견을 개진합니다. 그에 있어서는 그러한 민첩성이 나이가 들면서 점점 두드러지는 것 같습니다. 이 사람은 생리학적 경이입니다. 그는 활력 그 자체였지만, 허약한 육체, 병들기 쉬운 몸에다 무기력함, 탈진감에 시달리고, 늘 불평을 늘어놓는 육체를 부려먹고, 닳고, 병과 회복의 반복 속에서 어느덧 엄청난 고령에 이르러, 몸은 뼈와 가죽만 남으면서, 마지막 날까지, 언제 마를지도 모르는 정신의 반발력을 유지하고 있었습니다.

아마 유명인의 얼굴 중에서 나폴레옹 보나파르트의 얼굴을 제외하고, 이 볼이 홀쭉하고, 광대뼈가 튀어나오고, 안와가 깊게 패인 노인의 얼굴만큼 잘 알려진 얼굴은 없을 겁니다. 거기에 번진 해부학적 미소가 그 얼굴을 데스마스크에 가깝게 합니다.

그러나 해골 같은 안와 안쪽에는 평범한 인간의 그것과는 비교가 되지 않는 생생한 눈이 빛나고 있습니다. 그리고 이 세상의 어리석은 것, 부정의, 증오스러운 것 일체가 그 눈에서 벗어날 수 없습니다. 그것은 그가 죽을 때까지 예민하게 반응하고 화를 낸 것에서 잘 알 수 있습니다. 자신이 재미 삼아 만들어 낸 것 같은(사실은 그것이 그에게는 생리적으로 필요했겠지만) 수많은 적, 몰려다니는 적들에게 둘러싸여 납치되고 흥분하고 취한 것처럼 그는 말 그대로 산 것이든 추상적인 것이든 적을 먹고 살았습니다. 풍속, 작품, 인간 속에 있는 취약한 부분, 독설을 퍼붓고 싶어지는 그런 부분에, 그처럼 민감하게 반응한 사람은 없습니다. 뛰어난 역사화가로 그는 출발했지만, 곧 천재적인 풍자화가로 등장합니다. 몇 마디 말로 현자, 점성술사, 판사, 귀부인들에 대하여 상상력이 풍부하며, 실로 진실되고 멋진 그림을 그려냅니다. 그 중에는 놀라운 독일인을 그린 것도 있습니다. 그것은 우리 시대의 위대한 도미에를 떠올리지 않을 수 없을 정도의 솜씨입니다. 위대한 예술가 도미에에게 『캉디드』나 『자디그』의 삽화를 그려달라고 할 것을 아무도 생각하지 못했다는 것이 지금 와서 후회될 정도입니다. 실로 우리나라 예술에 있어서의 불행이라고도 할 수 있는 큰 손실, 생각하기에도 안타까운 호기의 상실입니다.

원래 볼테르의 생애 자체가 그가 쓴 콩트 중 하나 같은 양상을 띠고 있습니다. 거기에는 보드빌, 요정극, 드라마 단편, 대단원(아포테오즈apothéose) 같은 데가 있습니다. 그는 타인에게 더할 나위 없이 다양한 감정을 불러일으켜, 철천지원수나 경신가 혹은 광신가를 스스로에 대해 만들어냈고 어떤 인간에게도 무관심할 수 없었습니다. 그리하여 일종의 백과전서적인 교양을 가지고 대응하여, 사람들로부터 찬탄이나 숭배를 받는가 하면, 혐오을 받고, 미움을 받고, 경외를 받는가 하면, 몽둥이로 두들겨 맞았고, 결국에 왕관을 쓰기도 하는 것입니다. 인간에 관한 일로서 그에게 무관심해도 되는 것은 아무것도 없으며, 결코 만족하지 않는 호기심이 그를 괴롭힙니다. 모든 것이 그의 내적인 지식욕과 문제들을 따지고 논박하려는 욕망을 자극합니다. 모든 것이 그에게는 식량이며, 그의 안에서 새빨갛게 타오르는 불을 먹여 살리는 데 봉사합니다. 그 불 안에서 무궁한 변질이 일어나고, 열광이 연속되며, 그의 살아 있는 세기에 명맥을 유지하면서, 나태한 정신에 여전히 힘을 발휘했던 허망의 진실이 하나둘씩 해체되어 갑니다.

후세의 철학자들은 그가 철학자philosophe이기를 조금도 원치 않을 것입니다. 그가 살던 시절에는 모든 사람이 그에게 주었던 이 칭호를 후세의 철학자는 그에게 주길 거부합니다. 그들은 철학자란 용어의 사용에 대단히 까다로운 사람들이라고 생각합니다. 마치, 말에는 각자의 정신 속에서 사용되는 개개의 장소나 순간을 초월해, 보다 많은 일관성이나 심원성이 갖추어져 있는 것처럼. 하지만 볼테르는 그런 철학자들의 머리 위를 넘어 날아갑니다. 아마도 그는, 타고난 예민한 신경에 의해, 정신의 가치는 한순간의 가치이며, 정신은 삶 그 자체이고, 그리고 삶은 본질적으로 변화하는 것임을 정확하게 잘 알고 있다고 생각됩니다.

그렇죠, 그는 철학자가 아닙니다. 그는 모든 장르, 모든 것에 손을 댄 사람입니다. 비극, 풍자시, 역사, 서사시, 콩트, 에세이 그리고 그 방대한 서한이 있습니다. 셰익스피어를 유행시켰고, 라신의 영광을 확정지었으며, 최선을 다해 뉴턴을 연구해서 그를 칭찬하고 시로 노래한 사람입니다. 라이프니츠를 조롱하거나 종교에 대해 일종의 끝없는 게릴라전을 지휘하던 사람이면서 신을 위해 작은 교회를 세우고 봉헌했으며, 페르네[옮긴이--볼테르가 만년에 거주했던 스위스 국경 근처의 작은 마을] 입구에 '볼테르, 이것을 신을 위해 건립하다DEO EREXIT VOLTAIRE' 라고 기록했던 사람입니다.

그 자신이 방대한 작품을 썼지만 그에 대해 쓰여진 것도 아주 많아서, 세평에는 부족함이 없는 인물입니다. 그에게 감탄하면서도 그 인물을 싫어했던 조제프 드 메스트르는 자신의 교의와 기호를 조합한 대조법 (안티테즈antithèse)를 이용하여 다음과 같은 판결을 내렸습니다. "나는 **그를 위해 동상을 세우고 싶다, 사형집행인의 손으로.**" 그렇습니다, 이 악마적인 인간은 전혀 철학자가 아닙니다. 이 사람의 활발함, 영리함, 모순이 구성하는 인격은, 음악, 그것도 월등히 활력이 넘치는 음악이 아니면 끝까지 따라갈 수 없는 것입니다. 84세인 그는 가만히 있을 수 없어서 파리로 몸을 옮깁니다. 파리의 극장에서는 대성공이 기다리고 있었습니다. 그는 그곳에서 왕관을 하사받게 됩니다. 그리고 죽습니다. 이 우상파괴자는 스스로 우상이 되어 죽었습니다.

그러나 철학자들이 그를 그들의 철학에서 추방했듯이, 다가오는 신세기의 아이들, 차세대의 시인들도 그에게 시의 천품을 인정하지 않을 것입니다. 그들은 볼테르의 시가 건조하고, 따뜻함과 색채가 없으며, 개탄할 만한 회의주의에 빠져 있다고 생각합니다. 하긴 그의 시구는 음악성이 부족하고 최상의 시구는 좋은 산문에 가장 가깝다고 감히 말한 달랑베르의 유감스러운 감각에 너무 부합하는 것 같습니다. 하지만 그런 식으로 판단한 낭만파 시인들이 장차 어떤 평가를 받게 될지 누가 알겠습니까?

볼테르의 시대에, 롱사르는 절망적인 상태에 있었습니다. 1840년 무렵의 라신은 상당히 쇠퇴한 모습으로 보였습니다. 문학적 영원에 있어서는, 완전히 죽어 버린 것처럼 생각되었던 자들이 부활의 기회를 가지는 경우가 있는 반면, 어느 시대에 대접받았던 자들은, 그만큼, 망각의 도서관에서 빨리 퇴색해 갈 위험이 큽니다.

이처럼 볼테르를 깎아내리는 거의 모든 논의는 그에게 지나치게 재치esprit가 많다는 점을 향하고 있습니다. 이렇게 재기 발랄한 인간은 모름지기 피상적인 인간임에 틀림없다는 것입니다. 재치가 있으니까 진심이 없을 것이라는 것입니다. 하지만 속담이 말하는 것과는 반대로, 아무도 볼테르보다 나은 재치를 가지고 있지 않으며, 바로 우리 모두가 바보일 수 있습니다. 세상에 일어나는 일들은 안타깝게도 종종 그런 사실을 보여줍니다. 사건이란 세상에 대한 모든 사람들의 일반적 반응의 결과이기 때문입니다.

그러나 뛰어나게 정신적 인간이었던 이 인물은 갑자기 그의 인생의 마지막 3분의 1에 접어든 마당에 그 정신을 발휘할 기회가 아직 자신에게 충분히 주어지지 않았다는 듯이, 마치 40년 동안 자신의 정신을 가장 고귀한 싸움에 사용하기 위한 무기로 단련하고, 함양하고, 닦았으며, 독을 발라 온 것처럼 완전히 새로운 천직과 정열을 찾아냈습니다. 사람들은 그에 대해 윤기가 없고 표면적이라고 말합니다. 좋습니다. 하지만 얼마나 심원한 사람이, 얼마나 감성적인 사람이, 이 회의론자, 이 경박한 볼테르가 당시 했던 일을, 인류 일반을 위해서, 해냈다고 할 수 있을까요? 그의 '추한 미소'가 많은 추한 일들을 조사하고, 그것들을 근절하기 위해 거쳐야만 하는 길을 발견해주었다는 것을 확실히 인정해야 합니다.

그의 이름을 불후의 것으로 한 그 생애의 결정적인 사건은, 그가 인류의 친구, 인류의 옹호자로 변모했다는 것입니다. 보통 평생의 활동이 끝나는 나이, '문학'이 개인에게 줄 수 있는 모든 명성을 받아들이고 사방에서 칭송을 받고, 돈도 손에 쥐는 나이, 그 지성에 도취되어 지성의 황금시대였던 백과전서파적인 분위기에 휩싸여 가벼운 보편성을 누리기만 하면 되었던 때에 이르러, 그는 갑자기 변신하여 오늘 우리가 여기서 현양하는 인물이 된 것입니다. 만약 그가 60세에 죽었다면, 그는 현재 거의 잊혀져 있을 것입니다. 그리고 우리가 이곳에 엄숙하게 모여 "메로프 Merope"와 "자이르Zaire"와 "라 앙리아드La Henriade"[옮긴이--볼테르의 작품 중 비교적 덜 알려진 것으로 앞의 두 개는 희곡이고 세 번째 것은 서사시이다]의 작가에게 경의를 표할 일도 없을 것입니다. 오늘 이 모임의 진정한 목적은 한 사람의 위대한 인간의 탄생을 축하하며 그 사람과 작품이 얼마나 탁월한 빛으로 가득 찬 것인지에 대해 경의를 표하기보다는 그의 가장 일관되고 너그러운 열정, 정신의 자유에 대한 열정을 우리 프랑스인으로서 크게 현양하고자 하는 것입니다. 이 자유의 가치에 대해 우리는 잘 알고 있습니다. 그게 얼마나 고가인지도 잘 알고 있습니다. 그러나 그 이상으로 그 가장 적절한 사용법, 그것을 증명하는 것과 그 지속을 담보하는 것은 모든 것을 의문시하며 재검토에 부치는 정신의 귀중하고도 가공할 힘에 대한 자기 규제, 스스로에게 부과하는 한계에서만 존재한다는 것을 더 잘 알아야 합니다. 그러한 자주 식별하기 어려운 경계를 일탈하면 정신의 자유는 바로 위기에 빠지고, 상실되고 맙니다.

볼테르는 이리하여 60세가 다 되어 사법부의 문제를 근간으로 한 진정한 정치 활동에 들어갔습니다. 어느 시대에도 재판에 관한 논쟁이 국가의 공적 생활에서 큰 역할을 해 온 것은 주지의 사실입니다. 사법의 오남용을 출발점으로 볼테르는 일련의 분쟁 사건을 다루어 말 그대로 자신의 손으로 모든 것을 창조한 것입니다. 그리고 그의 위광과 재능에 의해 그 사건들은 오늘날까지 전해지는 큰 반향을 일으켰습니다. 그는 몇몇 소송 사건을 잊기 어렵게 만들었고, 그 이름은 현대의 소송에까지 거론될 정도입니다. 만년이 되어 그는, 그때까지 계층화된 사회의 존재에는 (필요조건은 아니라고 해도) 피할 수 없는 것으로 생각되어 온 법적 강요나 불공평에 대해서 적극적으로 관대함을 요구하거나, 참신한 감성을 발휘하도록 하게 했습니다. 당시 사람들의 정신의 진화에 동반해서 점차 그 타당성이 의문시되는 것임에도, 여전히 무서운 형벌이 내려지는 형사 안건이 있었습니다. 고문이라는 떳떳하지 못한 관행에다 피고의 변호를 보장해 줄 만한 것이 없는 비참한 상태를 유지하고 있었던 것입니다. 볼테르는 그 사건의 근원으로 되돌아가서 제기된 사실을 음미합니다. 그 진위를 측정하고, 증언을 검토하며, 죄상의 가벼움과 형벌의 과대함을 비교합니다. 그는 이성을 내세우지만 **심정에도 호소합니다.** 누가 진리와 연민의 연합을 이길 수 있겠습니까? 진리와 연민은 인간 안에서도 가장 인간적인 존재로서, 인간이 자신의 삶을 있는 그대로 살 수 있으며, 법전이 말하는 것처럼 증오와 두려움이 없을 때 마음속에 살아 숨쉬는 것들로 작용합니다. 그러나 그것은 사회생활을 지배하는 제도에 간섭하는 것이었습니다. 그것은 말하자면 인지할 수 없는 개인의 힘이며, 굳이 공권력과 정면으로 맞서 그 개입 목적의 무사성無私性과 개입 자체의 고도의 필요성을 증명함으로써 정당성이 입증되는 힘입니다. 거기에 의지하는 것은 재능, 재능뿐입니다. 아닙니다! 재능뿐만 아니라 용기와 신념도 필요합니다. 그는 자신이 맡은 안건을 사법의 협량한, 거의 기계적인 판단, 무관심 혹은 직업적 냉혹함에서 떼어내 '인간'이라는 재판관 앞으로 끌어냈습니다. 다만 당시 '인간'은 아직 자신이 최종적인 판단을 내리는 존재라는 의식이 거의 없었고, 자신의 능력이나 권력에 대해서도 무지했습니다. 그는 '인간' 앞에서 법을 해석하는 겁니다. 확실히 그것은 질서를 어지럽히는 일이 됩니다.

    그렇긴 하지만 국민의 평균적인 의식 전체 속에는 곳곳에 썩은 부분--과거에는 진리였으나 이제는 그렇지 않은 것--을 용해시키며, 부식시키지 않을 수 없는 분노와 파괴의 동인이 되는 것이 있었을 것입니다. 그것은 오래도록 썩지 않고 남아 있는 것을 털어내고, 새롭게 태어나야 할 것과 태어날 수 있는 것을 돕는 것입니다. 그다지 변화 없는 안일, 지나치게 보증된 재력과 권력 안에서 쉬거나 잠자고 있는 사람들은 가끔 공격 당하고 자신에게 죄가 있다는 것을 눈으로 보지 않으면 안 됩니다. 왜냐하면 오랫동안 자각 증상이 없는 악성의 병이라는 것이 존재하기 때문입니다. 고통을 느끼는 사람 자신이 남에게 호소하거나 그것으로부터 몸을 지키고 싶어도, 어떻게 설명하면 좋을지 모르는 고통이라는 것이 존재하기 때문입니다. 볼테르는, 별로 내키지 않는 일임에도, 사람들이 여전히 참고 따르게 되는 관행을, 사법 운용과 불가분한 관계에 있다고 생각되는 여러 관행을, 모든 사람이 볼 수 있도록 처음으로 밝힌 사람이며, 그렇게 하는 것에 가장 열심이었던 사람이었습니다. 그는 어떤 유의 소송절차에 대해 전에 없었던 세심한 주의를 환기시켰고, 사람들의 의식 밖에 있던 두려움에 눈을 돌리게 한 것입니다. 황공하게 여겨져 온 오랜 관행이 무익하고 부당하며 극단적인 엄격성임을 사람들에게 인정하게 해 준 것입니다. 이리하여 그는 일종의 새로운 유형의 입법자가 되었습니다. 왜냐하면 그는 완전히 새로운 범죄를 정의하고 제정했기 때문입니다. 그동안 형법은 사회질서 위반과 불경, '국가'나 '국가' 종교에 대한 범죄에만 적용돼 왔습니다. 그러나 볼테르는 인도에 반하는 범죄, 사상에 대한 범죄가 있음을 선언하고 그

죄를 고발한 것입니다. 그는 형벌 자체가 때로는 범죄가 된다는 것을 이해시킵니다. 왜냐하면 가공할 형벌을 목격하면 어떤 사람들은 자신에게 잠재된 잔인함을 일깨우고 함양하는 한편 다른 사람들의 눈에는 그저 불쌍한 범죄자에 지나지 않았던 것을 거의 억울한 희생자로 바꾸어 버리기 때문입니다. 만약 공권력이 범죄자의 신체에 넋을 잃고 달려들고, 분노에 몸을 맡겨 일종의 복수를 하려 한다면 재판을 하는 '국가'라는 추상적이고 순수한 관념 자체가 그로 인해 변질되고 훼손됩니다. 사람들은 국가 자체가 본능에 의해 움직이고 있음을 깨닫게 됩니다. 국가는 그런 본능을 구현해서는 안 되며, 그걸 체현하게 되면 자신의 존재 이유 자체를 위태롭게 합니다.

그 자신이 직접 검토한 이런 범죄 사건을 통해 볼테르는 인류에게 소송을 겁니다.

오로지 펜의 힘으로, 정신 이외에는 아무것도 가지지 않은 채로, 그는 그의 시대를 흔들고, 요동치게 했습니다(이 일은, 잘 생각해보면, 터무니없는 일입니다). 그가 한 일은 16세기가 이미 눈부신 본보기를 보인 '거대한 돌격'과 같습니다. 그것은 고독한 지적 영위로 지배 권력 하에서 태어나 활동하는 것이지만 그럼에도 불구하고 지배 권력을 그 자체로 위협하는 것입니다. 지배 권력이란 현실의 힘이라기보다는 허구적인 힘의 체계이며, 사람들의 다소나마 의식적인 지지에 의해서만 유지되는 것입니다. 거기에서는, 특히 사람들이 적극적인 의사 표명을 하지 않는다는 것이 중요합니다. 사회 조직은 그것을 지탱하는 데 필요한 힘이 작으면 작을수록 견고한 법입니다.

    사람들은 이미 오래 전부터 문학이 독서의 즐거움 이외의 목적으로 사용될 수 있다는 것을 알고 있었습니다. 문학이란 결국 사람들의 여가에 우화나 형식미의 즐거움을 제공하기 위해 언어에 부여된 기능을 남용할 수 있는 자유에 다름 아닙니다. 그러나 그러한 구실이나 매력적인 장르의 치장 밑에, 취미와 오락의 회로를 통해서, 풍속이나 법, 당대의 권력자나 권력에 대한 비판을 은밀하게 잠입시켜, 독을 주입하는 것입니다. 그 독은 입에 달고 먹기 쉬운 만큼 한층 효과가 있습니다. 18세기 초 정신은 도처에서 발효 상태에 있었습니다. 그러나 지략을 짜내야 했습니다. 몽테스키외는 페르시아인으로 변장했습니다. 완전히 익명의 형태로, 그리고 그 상태는 그 후로도 오래 계속 되었지만, 생시몽은 그의 『회상록』을 위해 그 놀라운 문체를 창조해낸 것입니다. 그 독설과 경탄할 만한 생략어법으로 구성된 장대한 문장은 후세의 문학애호가들을 감탄시키게 됩니다.

    그러나 볼테르는 무수한 개인적인 논전으로 인해, 과거 백년 전 『프로방시알』의 가공할 작자[옮긴이--파스칼을 말한다]가 체현했던 것보다 엄밀함에서는 다소 뒤떨어지더라도, 더 민첩하며 적에게는 역시 위험한 검술 솜씨를 갖출 수 있었습니다. 청년 시절에 익혔던 선인들의 빈틈이 없는, 울림감 좋은 당당한 문체 대신 독자적으로 명석하고 공격적이며 기민한 문체를 고안해냈습니다. 많은 독자의 입장에서 보면, 그러한 전대의 중요한 작가들은 난해한 작가들이기도 했습니다. 그들은, 너무나도 우아하게 짜여진 공들인 구조의 문장을 가지고 놀며, 성급하거나 혹은 교양이 낮은 사람들을 곤혹스럽게 했고, 결국에는 이미 계산해낸 추상적 구절들을 늘어놓는 추론에 매몰되어 가는 것이 일반적이었습니다.

볼테르는 그런 답답한 논의 대신 스피드와 날카로운 찌르기와 페인트, 그리고 사람을 애태우는 아이러니로 대처했습니다. 그는 논리에서 해학으로, 양식에서 순전한 환상으로 재빨리 변화해 적의 허점을 찌르고 상대를 우스꽝스러운 존재로 몰아붙이거나 아예 구제할 수 없는 끔찍한 존재로 만들었습니다.

그렇게 해서 그는 하나의 큰 성과를 거두었습니다. 이에 대해 사람들은 충분히 주의를 기울이지 않았던 것 같습니다. 여론이라고 불리는 것은 그동안 베르사유의 궁전 주위에 형성되어 왔습니다. 그것이 '수도 파리'로 번졌고, 그곳에서 일정한 시간이 지나 지방 귀족이나 교양 신사층의 극히 제한된 사람들에게 전달되었습니다.

볼테르는 이 순환의 회로를 끊고 글의 행동범위를 확대합니다. 그의 문체, 정의를 호소하는 그의 부름에 대한 사람들의 관심의 크기, 호소력이 일으킨 큰 파문이 왕국 전체에, 또 국경을 넘어 엄청난 수의 독자를 낳았던 것입니다.' 궁정'과 '수도'의 감정이었던 것이 **공중**public의 의견이 됩니다. 단순한 형식의 변화가 얼마나 중요하고 의미 있는 것인지 이제 알 수 있을 것입니다. **이해하기 쉬운 형식이 공중을 창조한 것입니다.** 이 수를 더 늘립시다, 말을 묶고 있는 모든 제약을 더 완화하여 공중이 즉시 이해할 수 있도록 하고, 공중으로부터 구어적이거나 생생한 표현을 빌립시다, 그러면 문어를 대상으로 해서 감동시키고 설득하는 사람들의 총체는 더 이상 공중이라는 것이 아니게 됩니다. 그것은 **민중** peuple이라고 할 만한 것이 되며, 확실히 프랑스 혁명 그 자체가 되는 것입니다.

생각컨대 볼테르는 문학으로 인해 얻은 명성을 이용하거나 남용한 문학가의 계보에서 맨 처음에 해당하는 사람이었습니다. 그들은 문학적 영광의 정점에 다다랐을 때 보다 만족스러운, 보다 더 사람들의 부러움에 값진 영광을 갈구하지 않을 수 없었습니다. 그들은 정치세계에서 새로운 길을 찾는 것에 열정을 기울입니다. 그때까지는 지식을 주고 감동시키거나 이미지나 노래를 제공하는 데 그쳤는데, 지금은 사람들을 자기들 뜻대로 움직이는 것을 꿈꾸기 시작한 것입니다. 샤토브리앙, 라마르틴느, 빅토르 위고, 졸라 같은 작가들도 저마다의 방식으로 정치의 악마에 사로잡혀 그들의 동시대인들에게 손을 벌리고, 자신의 천재가 낳은 순수 문학적인 작품으로 사람들의 영혼을 흔든 것처럼, 영혼에 의해 사건을 조작하려 했습니다.

볼테르는 입법 의회의 의석을 바라거나 장관의 자리를 바라거나 하는 일은 할 수 없었던 것 같습니다. 따라서 남들이 뭐라고 하든 그를 사랑하든 말든 그는 그 생애의 마지막 3분의 1을 오직 공중의 이익만을 생각하며 산 것처럼 보입니다. 만약 그가 다시 살아난다면 그는 무엇을 보고 뭐라고 할까요?

앞에서 나는 '지성 희극'이라는 것에 대해 이야기를 했습니다. 언젠가 쓰여져 발자크의 『인간 희극』 옆에 배치될 작품이라고 말씀드렸습니다만, 우리 시대는 어쩌면 가공할 만한 '야수 희극'을 만들어 낼지도 모릅니다. 뭐라고 해야 할까요! 우리에게 어울리는 신화는 그런 것일지도 모릅니다. 우리는 영웅과 괴물에 둘러싸여 살고 활동하고 있습니다. 어떤 때는 인간적인 감정 일체가 결여되어 있는 듯한 가공할 개인이 있습니다. 어떤 때는 알 수 없는 백성이 있고, 그들에게는 경신과 난폭함과 우매함이 조직화되며, 장치되어 있고, 규율화되어 있습니다. 그리고 전대미문의 상황이지만, 이들은 각종 자기 현시욕과 결탁해 상상력과 과학이 함께 어우러져 만들어낼 수 있는 한도 내에서 최고의 악을 가능한 한 교묘하게 실현하려는 의식에 위험한 형태로 연결되어 있습니다. 또 어떤 때는 꼭 풀어야 할 사활문제가 있습니다. 그 복잡함은 당대 최고의 두뇌가 주도면밀하게 계산하고 이해하려고 해도 여전히 따라잡지 못할 정도인데, 이것이 현대의 칠두사(히드라), 스핑크스, 우두인신牛頭人身 미노타우로스, 메두사입니다. 그러나 우리에게는 우리의 테세우스와 페르세우스도 있습니다. 우리가 오늘 이곳에 모여 자유롭게 이야기를 나눌 수 있는 것은 바로 그들, 우리의 영웅들 덕분입니다.

볼테르는 확실히 그 나름대로 일종의 영웅이었습니다. 하지만 오늘 살아있다면 그가 무엇을 할 수 있었을까요? **정신의 인간이 무엇을 할 수 있을까요?** 오늘날 온갖 다른 목소리를 짓누르고 울려 퍼지게 할 수 있는 목소리는 어떤 것일까요? 폭탄 작렬음이나 기계의 소음, 모든 곳에서 시도 때도 없이 집집마다 들려오는 선전 문구의 바벨적인 수다를 능가하는 소리는 어떤 것일까요? 현대 세계를 고발하는 볼테르는 어디에 있을까요? 그렇다면 우리의 사고의 노력, 실증적 지식의 미증유의 증대, 그것들은 모두 인류를 파멸시키기 위해 압도적으로 봉사하는 수단입니다. 그리고 무엇보다도 우선, 수세기 이래 인류의 성질을 온화하게 하는 일에 걸었던 희망을 분쇄했습니다. 과연 우리는 어떤 잔학도, 야만도, 악의적으로 냉혹하게 준비되는 행위도 어차피 이 지구에서 추방되어 완전히 모습을 지울 일은 없을 것이라 봐야 할까요? 고문을 폐지한 왕령은 어떻게 되었을까요? 그 조약과 규약, 헤이그에서[옮긴이--헤이그에서 1899년과 1907년 두 번 국제평화회의가 열렸다] 시작된 소소한 시도들, **인간의 얼굴을 한** 사람들이 저마다 원하고 그들을 대표하는 자들로부터 얻어낸 중재재판의 기관이나 약관은 어떻게 되었을까요? 볼테르는 어디에 있을까요? 오늘날 어디에서 목소리가 나올까요? 이 불붙은 세계를 저쪽으로 돌려 지구촌의 거악을 고발하고, 저주하며, 비열한 범죄로 인정하도록 하기 위해서는 얼마나 거대한 볼테르가 필요할 것인가요? 우리의 시대에 이것은 손가락으로 셀 수 있을 정도의 수형자나 희생자의 문제가 아닙니다... 그 수는 현대에서는 백만 단위를 셀 정도가 됩니다--칼라스와 슈발리에 드 라 발 같은 사람들은 수없이 많을 것입니다[옮긴이--칼라스, 슈발리에 드 라 발은 모두 부당하게 처형당했으나 볼테르의 노력으로 나중에 명예를 회복했다]. 그렇다고 하는 것은, 문제는 이제, 두세 개의 판결을 정정시키거나, 법을 조금 개정하거나 하는 문제가 아니라는 겁니다. 정치·경제의 세계 구조와 관련된 문제로서, 그러한 구조는 평화의 시대조차 안정되지 못하고 있으며, 완전히 새로운 수요가 예상외로 도입됨으로써 흔들리며, 과잉과 부족의 양극 사이, 습관이나 기득권이 가져올 타성과 신제품과 그로 인해 깨어난 새로운 상혼 사이에 휘둘려 전쟁이라는 세계적 화재의 먹거리가 되고 있습니다. 그리고 그러한 것들이 모두 정신의 눈으로 볼 때(때때로 우리의 정신이 본래의 눈을 되찾을 때) 여러 모순으로 이루어진 혼돈chaos, 운명의 역전이나 회귀의 연속처럼 비치는 것입니다. 정신은 2, 3개월 안에 희망이 절망으로, 가장 긴밀한 연합관계가 적대관계로, 승리가 패배로, 패배가 다시 승리로 바뀌는 것을 봅니다.

보다 강력한 행동 수단을 획득함에 따라, 자연상태를 이해하는 것이 적어지듯이, 자기 자신을 더욱 더 모르게 되는 인류의 상태를 앞에 두고, 볼테르는 과연 이러한 믿을 수 없는 광경에 대해서, 우리가 알고 있는 그 유명한 미소를 지었을까요? 아마도--만약 볼테르와 같은 불신자不信者에 대한 이야기를 이러한 말로 끝내는 것이 허락된다면--그의 머리에는 다음과 같은 엄정한 금언, 과거의 인간에 대해 말해진 것으로, 인간의 영위로서의 정치, 학문의 진보, 교설, 투쟁에 대해 말해진 가장 깊은, 단순하고 진실된 말이 떠오르지 않았을까요. 그는 분명 다음과 같은 분명한 금언을 중얼거렸을 것입니다. **그들은 자신이 무엇을 하고 있는지 모르고 있다고.**

해제

--Avant-Propos. 1931년 발간된 비평집 『현대 세계의 고찰 Regards sur le monde actuel』의 서문으로 쓴 글이다. 그는 이 책에 실린 그때 그때 "시의에 맞춰 쓴 글들"이 청일전쟁과 미서전쟁을 보고 유럽이 획득한 방법과 인식이 비유럽권에도 확산되었다는 것, 또 그것을 바탕으로 유럽에 대한 반격이 본격적으로 시작되었다는 것을 깨닫게 된 것에서 출발했다는 것을 밝히고 있다.

--Le Yalou. 발레리가 1895년 청일전쟁이 벌이지고 있을 당시에 쓴 글로 1928년에 초고복제 형태의 사가판으로 발표되었고 『현대 세계의 고찰』에도 수록되었다. 유럽의 청년인 '나'가 중국의 현인(중국의 테스트 씨?)를 압록강 하구에서 만나 대화를 나눈다는 가상적인 설정 아래 쓴 글이다.

--Une Conquête Méthodique. 이 글은 런던에서 간행되는 잡지 《뉴 리뷰》의 제16권 92호(1897년 1월)에 게재된 것이다. 25세의 청년인 발레리가 이 글을 쓴 것에는 후발국인 독일의 압도적으로 빠른 성장에 대한 위기감이 기본적으로 깔려 있다고 할 수 있다. 독일의 급성장의 원인을 적대세력에 대한 철저한 분석과 연구, 집단적인 규율의 준수 및 근면이라는 방법에서 찾고 있으면서, 다른 한편으로는, 그 발전이 개인적인 천재에 의한 것이 아니라 마치 기계처럼 주어진 계획을 묵묵히 수행하는 다수의 평범한 정신에 크게 빚지고 있다는 점을 강조하는 대목에서는 역시

발레리다운 비평안을 감지하지 않을 수 없다.

--La Crise De L'Esprit. 이 글을 이루는 두 개의 편지는 런던에서 발행되던 잡지《아시니움 Athenaeum》에 1919년 4월, 5월에 각각 영어로 발표되었으며 프랑스어로는《N.R.F.》의 8월호에 발표되었다. "첫 번째 편지"에서는 제1차 대전이 일어난 원인, 전전의 지적 상황 등의 분석을 통해 유럽적인 지성 혹은 정신이 붕괴될 수도 있는 위기를 지적하고 있다. "두 번째 편지"에서는 후진국이라 여겨지던 나라들이 선진국의 기술을 습득함에 의해 선진국을 추월할 수도 있는 상황에 있어서, 인구, 국토면적, 지하자원 같은 것들(지적인 힘과는 관계가 없는 것들)의 양적인 우열에 의해 앞으로의 세계의 세력판도가 결정되는 것은 아닌가 하는 위기감이 표명되고 있다.

--Note(ou L'Européen). 1922년 11월15일 취리히 대학에서 한 강연을 토대로 한 글로 1924년에 간행된 비평집『바리에테 I』에 "정신의 위기"에 이어 그 글의 노트라는 형식으로 실리게 되었고 그 후에 전집이나 다른 편집본에 실릴 때에도 이 방식이 그대로 답습되었다.

--La Politique De L'Esprit--Notre Souverain Bien. 1932년 11월14일 유니베르시테 데 자날에서의 강연을 토대로 한 글로《콘페랑시에》1933년 2월호에 수록되었다. 1934년에 발간된『바리에테 1』에도 수록되었다. 정신은 "무언가 다른 것으로 변환하는 힘"이라고 전제한 후에 그것은 일종의 수직적인 세계를 만들어내는 것이지만 그 세계는 항상 붕괴될 위험에 처해있다고 진단한

다. "정신의 위기"에서 표명된 위기가 근본적으로는 정신 자체에 내장되어 있다는 것을 침통하게 인정한 글이라고 할 수 있으며 그 명석한 필치에도 불구하고, 다가올 '재앙'에 대한 예감이 깊게 배어있는 글이다.

--L'Amérique, Projection De L'Esprit Européeen. 1938년 멕시코의 잡지 《신테시스》의 청탁을 받아 쓴 글로 프랑스에서는 1945년 잡지 《바리에테》에 실렸다.

--De L'Histoire. 1927년 《르뷔 드 비방 Revue de Vivants》에 실린 "유럽의 영광과 퇴폐"이란 글의 후반부에 해당되는 것으로 1931년 『현대 세계의 고찰』에 실릴 때 독립된 글로 수록되었다. 기지既知의 상황이 아닌 것에 부딪쳤을 때 역사적 지식이 얼마나 무력한 것인가를 강조하고 있다.

--Propos Sur Le Progrès. 1929년 12월에 《빛과 라디오 Lumiere et Radio》에 처음 게재되었고 단행본에는 1931년 발간된 『예술에 대한 글 모음 Pieces sur L'Art』에 수록되었다.

--L'Idée De Dictature. 안토니오 페로의 책 『살라자르-포르투갈과 그 지도자 Salazar, Le Portugal et son chef』가 1934년에 발간될 때 그 서문으로 쓴 글이다. 살라자르가 어떤 인물인가에 대해 잘 알지 못하고, 포르투갈에 가 본적도 없으므로 이 글을 제대로 쓸 수 없을 것이라고 하면서 독재가 어떻게 발생하는가 하는 일반적인 문제에 언급하겠다고 말한다. 시스템이 제대로 가동되지 않을 때 정신은 이 상황에 개입해 줄 '단 하나의 두뇌'의 필요성을 절실히 느끼지만 그 결과는 "인간에게 자유, 복합성, 변화 가

능성을 인정하지 않는 정신이 최대한으로 발달하게 되는" 그런 시스템으로 귀결되게 된다.

--Au Sujet De La Dictature. 계간지인 《우리 시대의 증언 Temoinages de notre temps》 1934년 6월호의 특집 "독재 정치와 독재자"에 실린 글이다. 앞의 글 "독재의 관념"이 독재가 어떻게 발생하는가에 초점을 맞추었다면 이 글은 독재의 높은 전염성을 언급하고 그러면서도 그 체재를 유지하는 것이 얼마나 힘든 것인가를 잘 설명하고 있다. 독재라는 것은 "만인에게 감득되는 위기 상황에 대한 가장 간결하고 가장 에너지 넘치는 반응"이므로, "스스로 떠맡은 사명이 좋은 성과를 거두게 되면 무용지물이 될 것이고, 말하자면 바로 소멸될 위험에 놓이게 된다"는 것이다. 그리하여 여러 모색 중에서 독재자의 이미지를 '계몽군주'의 의미지로 전환시키는 것도 권력 유지를 위한 유력한 방안 중의 하나가 된다는 대목은 그다운 통찰이 번뜩인다고 할 수 있다.

--Propos Sur L'Intelligence. 이 글은《르뷔 드 프랑스 Revue de France》의 1925년 6월15일자에 "지성의 위기에 대해 Sur la crise de l'intelligence"라는 제목으로 실린 것이다. 이해 4월부터 이 잡지는 장 라포르트의 주재로 "자유업은 위기에 처했는가"라는 앙케트를 실시했고 이에 대한 발레리의 대답이 바로 이 글이다. 1934년판 『바리에테 I』에 수록될 때 지금의 제목으로 바뀌었다.

--Inspirations Méditerranéennes. 이 글은 1933년 11월24일 유니베르시테 데 자날에서 행한 강연으로 1934년 1월 잡지《콘페

랑시에》에 게재되었다. 여기서 발레리는 자신을 정신적, 육체적으로 성장시킨 '지중해'라는 풍토를 노래하듯이 찬미하고 있다. 이 글 중간에 삽입된 "헤엄치는 것"이라는 일종의 산문시에서 그는 물이라는 물질과 헤엄치는 자신의 육체가 일체화되는 행복한 시간을 자랑스럽게 말하고 있는 것인데 이러한 감각의 자각과 의식화야말로 시인이자 비평가로서의 발레리의 출발점이라고 해도 좋을 것이다.

--Présence De Paris. 이 글은 1937년에 쓴 것으로 다른 작가들 및 화가들의 작품과 함께 파리의 주요 명소를 보여주는 호화장정본에 처음 실렸다가 1938년에 나온 N.R.F.판 발레리 전집의 한 권에 실렸다. 꿈에서 막 깨어난 상태, 의식과 무의식 사이의 상태에서, 밖에서 들리는 소음을 소재로 파리라는 도시를 '사유하고' 있다(이때 자동사인 penser를 목적어를 가진 타동사로 사용하고 있다는 것에 우선 주목해야 할 것이다. 파리에 대해 생각하는 것이 아니라 '파리를' 생각하는 것이다).

--Orientem Versus. 이 글은 《베르브Verve》의 제 3호(1938년 10월)에 실린 것이다. 지리적인 대상으로서의 동양이 아니라 '정신적인' 대상으로서의 동양을 떠올리면서 그 풍부하고 잡다한 동물과 식물들을 언급한 후에 '아라베스크의 예술가'로 귀결되는 대목은 발레리가 이상으로 삼는 예술가의 초상을 언뜻 엿볼 수 있다.

--Discours Aux Chirurgiens. 1938년 10월 17일에 파리대 의학부 대강당에서 한 강연을 토대로 한 글이다. 같은 해에 N.R.F.

판의 소책자로 간행되었고 1944년판 『바리에테 V』에 수록되었다. '비전문가'로서 전문가들 앞에서 말을 해야 하는 곤혹스러움을 개진하는 것에서 시작한 글은 많은 샛길을 거치면서도 어느 사이에 발레리에게 특유한 일종의 '손의 철학'에 이르게 된다. (거의 의도적이라고 할 정도로) 일종의 난관을 설정하고 이에 저항하는 방식으로 자신의 사유를 유도하는 것에서 그의 '방법'의 편린을 엿볼 수 있다.

--Voltaire. 독일군에 점령되어 있던 파리가 해방되고 4개월 후인 1944년 12월10일, 볼테르 탄생 250주년을 기념하기 위해 소르본에서 열렸던 행사에서 발표한 강연 원고이다. 재기발랄하고, 차가운 냉소가였으며, 우상파괴자였던 볼테르의 여러 업적들을 언급하면서도 발레리가 최대의 경의를 표하는 것은 만년에 '인류의 옹호자로서' 법정에서의 투쟁도 불사하던 볼테르였다. 지배적 권력 아래에서 활동하면서 그 지배적 권력을 항상 궁지에 몰아넣으려고 하는, 그 고독하고 위험한 활동에서 볼테르 나름의 '지성의 희극'을 발레리는 보고 있는 것이다.

옮긴이 후기

'위기'로서의 정신의 자기분열

일반적으로 '위기crisis'라는 단어는 '더 좋게 되거나 더 나쁘게 되는 갈림길'이라고 정의되곤 한다. 따라서 위기危機는 어떤 중대한 사안에 대해 (이쪽이냐, 저쪽이냐의) 결정을 내려야 하는 상태를 표현하는 것이며, 그런 점에서 '위기'라는 것을 하나의 '위급한[비평적인]critique 사건'으로서, 위험danger과 기회chance가 결합된 것으로 보는 것이 그리 틀린 것은 아닐 것이다.

이 위기라고 하는 것은 근대에 본질적인 현상으로 여겨지지만(물론 그렇다고 해서 다른 시대에는 발견되지 않는다는 것은 아니다), 그것은 우선적으로 위기에서의 시간의식과 관계되는 것이라 할 수 있을 것이다. 가설을 세우는 것이 허용된다면 위기는 과거-현재-미래에 대한 의식의 한 유형이다. 우선 위기감을 느낄 때 우리의 의식이 현재로 향한다는 것은 의심의 여지가 없을 것이다. 그것은 분열, 무질서, 퇴폐로서 현재를 파악하게 되고 '이대로는 안 되는 것이 아닐까?' 하는 생각이 위기라는 의식을 더욱 고조시킨다. 그러나 거기에서 더 근원적인 것으로 나타나는 것은 과거이다. 분열, 무질서, 퇴폐는 종합, 질서, 조화를 상기시키고(우리의 기억을 뒤져서 이를 소환한다), 연대기적 의미에서의 과거를 넘어서 '이렇게 되어야 한다'는 이상적인 과거를 만들어 내거나, 긍정적인 면모를 보여주는 과거를 이상화하기도 한다. 현재의 위기를 모면하기 위해서는 과거를 '되찾는' 수밖에 없다고 생각할 때 사람들은 쉽게 전통주의자가 된다. 한편, 훨씬 멀고 다루기 어렵게 느껴지는 것은 미래이다. 미래와 그 예측 불가능성은 이것이야말로 진정한 난관이라고 할 수 있을 정도의 것으로, 이것에 대해 제대로 말하는 것은 지금까지 성공한 적이 거의 없다고 해도 좋을 것이다. 전통주의는 미래를 과거의 연장을 통해 해결하려 하지만 그것을 통해 문제를 회피하고 있는 것에 지나지 않는다. 혁신주의 내지 진보주의라는 것이 있다면, 그것의 미래에 대한 비전들은 정의상 낙관적이기 때문에 현재의 위기감을 진정시키는 데에는 별 효력이 없다. 요컨대 미래와 그 예측 불가능성이야말로 위기의식을 불가피하게 만들고 있는 것이다. 현실주의자들은 '위기란 없다, 그것을 걱정하는 사람들이 머릿속에서 만든 것에 불과하다'고 말하는데, 확실히 위기는 사람의 의식 속에서만 나타나는 것이니, 그것은 일단 옳다고 해도 좋을 것이다. 그러나 그들은 현재를 긍정할 뿐, 역시 미래를 회피하고 있는 것은 마찬가지이다.

위기가 근대에 본질적인 현상인 것처럼 보이게 된 것은 근대에 들어와서 미래와 그것이 갖는 새로움이 우리에게 명확해졌기 때문이다. 이제부터 전개되는 시간은 (과거와는) 확실히 다를 것이라는 것이 명백히 의식되게 된 것이다. 더 이상 기지의 것의 반복으로서의 미래를 상정하는 것은 사실상 불가능하다. 그럼에도 여기에서 생기는 '위기의식'을 우리는 조금이라도 낯익은 어떤 것을 통해 해결하려 애쓴다. 자크 데리다는 유럽이 스스로를 위기의 지평에서 다시 보고, 자기 동일성을 되찾으려고 하는 유의 '회고적인' 담론에 대해서, "그 전통적 담론은 이미, 근대 서양의 담론이기도 하며", "이 담론은, 유럽이 지평선에 서 있는 자신을 본 그 순간, 다시 말해서 자신의 종말(지평선성은 그리스어로 한계를 뜻한다)의 순간, 자신의 종말이 임박한 순간으로 거슬러 올라간다"(『다른 곶』, 1990년 데리다의 강연을 엮은 이 책은 실제로 발레리의 '유럽 정신'에 대한 고찰을 동시대에 맞게 업데이트 한 시도라고 해도 좋다)고 말한다.

근대가 선조적線條的 시간의식을 특징으로 한다는 말은 흔히 하는 말이지만, 직선이 계속되는 한 그 끝이 가까운 것은 아닌가 하는 공포는 끊임없이 따라다닌다. 목표로 삼았을 터인 목적이 왜 동시에 종말의 두려움을 주는 것인가?

이 책의 키워드가 되는 '정신'을 조금 거칠게 말한다면, 고대로부터 현대까지 지적 업적을 꾸준히 쌓아 온 것, 즉, '문명'에 관련되는 것에서의 정신일 것이다. 그것은 때로 '지성'intellect, intelligence라고 바꿔 말해도 좋은 것이다. 그러나 '문명'이라고 하는 이상, 그것은 세계에 하나밖에 없다고 할 수는 없다. 통시적(역사적)이나 공시적(동시대적)이나 문명의 수는 복수이다. 따라서 발레리의 고찰은 자연스럽게 한 시점, 한 지점으로 좁혀지게 된다. 바로 이것이 제1차 세계대전 후 유럽이 전경화되는 이유이다.

폴 발레리(1871-1945)의 삶은, 그 생몰연도에서 확인할 수 있듯이, 프랑스 제3공화정의 흥망과 거의 맥을 같이한다. 제2제정기의 프랑스와 프로이센 왕국이 싸운 보불전쟁의 강화조약이 체결된 것이 1871년 5월 10일이고, 항전의 계속을 주장하는 노동자·혁명가들의 파리 코뮌이 제압당한 것이 5월 28일이었으며, 그 해 10월 30일에 발레리는 태어났다. 전후에 승자 측에는 프로이센을 맹주로 한 독일제국이 생겨났고, 패전국 프랑스에서는 공화파가 힘을 얻어 1875년에 제3공화제가 발족했다. 이후 발레리의 세대는 지속적으로 독일과의 불화를 겪는다. 독일에 대한 군사기밀 누설이 드러나면서 국론을 양분하게 했던 19세기 말의 드레퓌스 사건, 20세기에 들어 제1차 세계대전, 제2차 세계대전으로 잇따라 대규모 전쟁을 겪었지만, 적은 항상 독일이었다. 최초의 근대전에서 패해, 알자스 로렌을 넘겨주어야 했던 패전의 굴욕이 머리에 아로새겨진 세대였다고 해도 좋을 것이다. 그러나 세계대전이 가져온 상처는 단순히 불독佛獨의 갈등에 그치지는 않는다. 19세기 이래의 눈부신 과학기술의 진전에 따라 인류에게 밝은 미래가 약속되어 있는 것처럼 보였지만, 그것이 암전되어 미증유의 대량학살이 된 제1차 세계대전은 사람들의 눈에 '서구의 몰락'을 예고하는 역사적인 사건으로 비쳤다.

"우리 문명들은 이제… 우리가 죽을 운명에 처해있다는 것을 안다"는 유명한 구절로 시작되는 에세이 "정신의 위기"는 발레리의 글 중에서도 가장 유명한 것 중의 하나다. 이 글에서 실제로는 독일은 한 번밖에 언급되지 않는다. 문제는 이미 독일도 프랑스도 아닌, '유럽'의 문제로서 의식되며, '유럽'이 위험하다고 하는 시점에서 쓰여진 것이다. 잘 읽어 보면, 여기에도 '정신'이란 무엇인가에 대한 발레리의 성찰이 그 배경에 있다는 것을 알 수 있다. 그러나 그것과 별도로 유럽을 지구의 다른 부분과 비교하여 스스로의 본질을 묻는 자세와 그 물음에 대한 하나의 대답으로서 현재 직면하고 있는 '정신의 위기'와 관련된 보다 큰 규모의 해석, 발레리 자신의 표현에 따르면 준-정치적quasi-politique 해석이 제시된다. 그것이 가장 집약된 형태로 표현되어 있는 것이, 이 글의 '두 번째 편지'에 나오는 다음과 같은 질문이다.

유럽은 그것의 실제의 모습이 되어버린 것이 아닐까… 즉 아시아 대륙의 한 곳이 된 것이 아닐까?
아니면 유럽은 그것이 겉으로 그렇게 보이는 것, 즉 지구의 중요한 부분, 구체球體의 진주, 거대한 체구의 두뇌로 남을 것인가?

산업혁명을 거쳐 이른바 근대modern에 들어간 이후, 과학기술을 바탕으로 한 시장 자본주의/국민국가nation-state의 '유럽' 모델이 발전의 전범이 되어 전 세계에 전파된 것은 주지의 사실이다. 그런 의미에서 '유럽'은 세계의 두뇌 역할을 하는 것으로 간주되어 왔다. 지리적으로 보면 광활한 유라시아 대륙의 일부("작은 곳")에 불과한 '유럽'이 그렇게 될 수 있었던 것은 왜일까? 그 물음에 답하려고 한 것이, "정신의 위기"의 보론으로 전개된 "유럽인들"이다. 그런데 '유럽'의 위기의 배경에는, 급속한 '지식'의 이전이라는 문제가 있다. '유럽'이 스스로의 발전을 위해서 지혜를 결집해 만들어 낸 것이, 자못 아무렇게나, 무방비하게, 광대한 대륙의 동체부(아시아)로, 혹은 한층 더 지구의 반대편(미국)에까지 전달되어 그곳에서 모방됨으로써 그동안 개발을 기다리는 황야이거나 게으른 우중愚衆에 불과했던 것들이 질적 전환을 통해 반격할 힘을 키우기 시작했다. 그렇게 되면 자원이 부족하고 비좁은 곳에 불과한 '유럽'은 오히려 커다란 세력에 맞서는 약한 세력이 되어, 조만간 위기 상황에 빠질 것이라는 분석이다. 이는 훨씬 후 냉전시대에 '철의 커튼' 너머로 기술이전을 금지하려 한 그런 발상으로 이어지기도 한 것이지만, 발레리는 그러한 일종의 평준화가 세계적으로 확실하게 진행될 것이라고 보고 있을 뿐 신구 양세계의 교류를 차단할 것을 제안하지는 않는다. 미국의 강대화는 말할 것도 없고, 21세기 초의 오늘날의 중국이나 인도의 대두를 보면, 발레리의 예측은 정곡을 찌르고 있다고 하지 않을 수 없다. 본 에세이 뒤에 배치한 "정신의 정치학", "지성에 대하여" 등의 글들은 19세기 말부터 21세기인 오늘날까지 진행되어 온 세계의 '시스템의 원형'이라고 할 만한 것이 구축되는 과정에서 등장하는 '정신/지성'의 다양한 문제를 반영하고 있어 자극적이고 흥미로운 독서를 제공한다. 진정한 '지식인'이--그는 이를 '자유업'에 종사하는 사람들이라 표현한다--즉각적인 경제 우선의 사회에서는 그 거처를 잃고 오늘날의 용어로 말한다면 '멸종 위기'의 상태에 빠진다는 지적도 쉽게 흘려보내기 아깝다.

  "정신의 위기"의 바로 앞에 둔 "방법의 제패"는, 글 모두에 배치된 해제에서 기술한 것처럼 발레리가 아주 젊었을 때 쓴 글로서, 그가 아주 일찍부터 '정치'(및 '군사')에 관심을 가지고 있었다는 걸 말해준다. 이 에세이의 원제는 "독일의 제패"이며, 신흥 세력 독일의 위협을 분석한 것이다. 글의 마지막 부분에서 40년 후의 독일·일본·이탈리아 추축동맹의 성립을 예측한 것으로도 유명하지만, "정신의 위기"의 핵심을 이루는 기술이전에 의한 '세계의 평준화', '구세력[즉 유럽]의 상대적 쇠퇴'라는 아이디어가 간략하게 스케치되고 있다. 나중에 나온 발레리와 '정치'의 관계를 검증한 여러 연구에 따르면, 30세 전후의 발레리는 외교관으로 일하다가 정치가가 되고, 후에 (1909) 노벨 평화상을 수상하게 되는 데스투르넬 드 콩스탕 Paul d'Estournelles de Constant(1852~1924)과 친교가 있었다. 1904년에는 그의 발안으로 '국제화해위원회'에 결성되자 그 첫 모임에 게스트로 초청을 받았다고 한다. 당시는 무명의 청년이었으나 나중에 아카데미 회원으로 선출되어 제3공화제를 대표하는 논객이 된 발레리가 국제연맹 지적협력위원회 위원(때때로 위원장을 맡기도 했다)으로 활약하는 한편 남프랑스 니스에 설치된 '지중해대학센터'의 센터장으로 힘을 발휘하는 그 바탕이 이런 과거의 활동에서 마련된 것으로 보인다. 국가 간의 '충돌'을 피하기 위해 유럽의 지식인들이 교류를 돈독히 하는 것의 의미는 인정하면서도 발레리 자신은 그를 통해 전쟁을 회피할 수 있는 가능성에 대해서는 상당히 비관적이었던 것 같다. 데스투르넬 드 콩스탕에게 보낸 편지에는 "무엇을 하든 우리의 세계는 한정된 넓이밖에 갖고 있지 않습니다. 그에 비해 인구는 확실히 증대합니다. 그것은 틀림없이

옮긴이 후기

막다른 골목에 이르게 됩니다. 마지막은 반드시 메두사호의 뗏목이 될 것입니다"고 쓰고 있다. "메두사호의 뗏목"이란, 루브르 미술관 소장의 제리코의 그림으로 유명한 것인데, 1816년 아프리카의 모리타니아 앞바다에서 난파한 메두사호에서, 뗏목으로 분승해 탈출을 시도한 승객들의 몸에 닥쳤던 처참한 '약육강식'의 비극을 말한다. '정신의 위기'에 대한 발레리의 당시의 발언을 토대로 한 이상의 논의는 우선적으로 그 '위기'의 외재적인 요인이라고 불러도 무방할 것이다. '유럽의 정신'이 그 우위를 보증하는 것으로 만들어낸 '기술'은 본질적으로 모방 가능한 것이어서 결국에는 비유럽 국가들에 유출되어 유럽의 지위를 위협하게 된다. 실제로 미국 그리고 일본이 이것이 가능하다는 것을 전범적으로 보여준 바 있다.

발레리가 말하는 '정신'은 이처럼 과학을 낳고 여러 가지 기술을 발명해 왔다. 하지만 "정신의 위기"가 씌어진 1919년의 시점, 즉 제1차 세계대전이 종결된 시점에서 이 일은 너무나 고뇌에 찬 생각을 느끼게 하지 않을 수 없었다. '첫 번째 편지'에서는 그 고민이 절실하게 토로된다. '정신'의 구현자인 현대의 '지적인 햄릿'은 거기서 완전한 결정 불가능성에 빠져 있으며, 이 딜레마가 '정신'을 '위기'에 빠뜨리고 있는 것이다. 그는 두 심연 사이에서 비틀거리고 있다. 왜냐하면 두 개의 위험, 즉 질서와 무질서가 세계를 위협하는 일을 멈추지 않기 때문이다. 그러나 혼돈된 당시 세계의 '무질서'가 '위험'이라는 것은 이해할 수 있다고 하더라도 왜 '질서'까지도 '위험'이라고 불리지 않으면 안 되는가. 발레리는 이 편지의 첫 부분에 이렇게 쓰고 있다. "그러한 사례를 하나만 들겠다. 독일 국민들의 위대한 미덕은 나태가 만들어낸 악덕보다 더 많은 악을 만들어냈다. 바로 우리 눈으로 양심적인 노동, 견실한 학식, 진지한 규율과 실천이 끔찍한 목적에 맞추어 변용되는 것을 보았다. / 이처럼 많은 공포는 그와 같은 미덕이 없이는 불가능했을 것이다. 의문의 여지없이 그처럼 많은 사람들, 그처럼 많은 재산, 그처럼 많은 도시를 그처럼 짧은 시간 내에 파괴하려면 그에 상응하는 과학이 필요할 것이다. 하지만 그에 못지않은 도덕적 속성 또한 필요할 것이다. 그렇다면 지식과 의무에도 혐의를 두지 않을 수 없게 된다." 독일에게만 이처럼 제1차 세계대전의 책임을 떠넘기는 것 같은 서술이 과연 타당한가는 별도로 여기서 발레리가 말하고 있는 것은 전후의 폐허를 앞에 둔 '정신' 자신의 고뇌와 동요이다.

사상 최대의 전쟁이 '정신'과 '지성' 그 자체의 직접적인 귀결이었다는 것, 다시 말하면 세계에 하나의 '질서'를 찾아내어 그것을 '지식'으로서 구축하려는 '정신' 작용의 직접적인 결과였다는 것, 이 부정할 수 없는 사실을 '정신'은 도대체 어떻게 받아들여야 하는가. 셰익스피어의 햄릿과 마찬가지로 이 현대의 햄릿도 두개골에 말을 걸 수밖에 없다.

햄릿이 하나의 해골을 가지고 있다면 그것은 유명한 해골일 것이다.--누구의 것인가Whose was it? 그것은 레오나르도의 것이다. 그는 하늘을 나는 인간을 발명했다. 그러나 하늘을 나는 인간은 발명자의 의도에 완전히 부합하지는 않았다. 거대한 백조의 등을 타고 나는 큰 새는 우리 시대에는 뜨거운 날에 길거리 포장도로에 뿌리기 위해 산꼭대기의 눈을 가지러 가는 것과는 다른 목적을 가지고 있다. 그리고 또 하나의 두개골은 영구 평화를 꿈꾸던 라이프니츠의 것이다. 그리고 이것은 칸트이다. 그가 헤겔을 낳았고, 헤겔이 마르크스를 낳았으며, 마르크스는 다시 누군가를 낳을 것이다…

햄릿은 너무도 많은 해골로 인해 어떻게 해야 할지 모른다. 그런데 그가 이 모든 것을 다 버린다면!… 그는 혹시 그 자신이기를 관두는 것이 아닐까? ("정신의 위기")

햄릿도, 발레리도 정신을 버릴 수는 없을 것이다. '정신', 더 정확하게 말하면 '유럽 정신'이 거의 무한하다고도 할 수 있는 탐구를 가능하게 하고, 다양한 발견과 응용에 의해 생활을 풍요롭게 함과 동시에 세계에 대한 우리의 인식을 비약적으로 심화시켰음은 부정할 수 없다. 그리고 이 '정신'이 무엇보다도 비평성과 자유로운 사고를 함의하고 있는 이상 '정신'을 버리는 것은 자신의 자유를 팔아넘기고 스스로 일종의 예속 상태에 빠지는 것을 의미할 것이다. 그러나 그럼에도 불구하고 이 정신을 더 이상 소박하게 긍정할 수는 없다. 문제는 바로 레오나르도 다빈치의 '하늘을 나는 사람[鳥人]'이 파괴를 주목적으로 하는 전투기로 변했다는 것이며, 더구나 이러한 일이 결코 우연에 의해 일어난 것이 아니라 '정신'이 낳은 과학의 당연한 결과로서 생긴 것이라는 점이다. 뿐만 아니라 '정신'은 평화 시에도 '창조적 경쟁', '생산의 전투'인 경제전쟁을 일으킨다. 그것은 "극단적인 시도에의 욕구"에 몸을 태운다. 이렇게 해서 정신은 자기 회의에 빠진다. 현대의 햄릿에게 '후회'란 "우리의 영광의 모든 지위"이며 "그는 수많은 발견과 지식의 무게에 짓눌려 있다." 정신이 그 수많은 빛나는 발견('영광')끝에 가져온 결코 밝지 않은 귀결을 눈으로 보고 그리하여 햄릿은 '정신'이 낳은 과학의, 혹은 과학에 기초한 군사적 또는 경제적 활동의 그 "항상 혁신을 하고자 하는 광기"에 몸을 던질 수도 없고, 그렇다고 "과거를 재개하는" 것에도 '권태감'을 느낀다. 그것은 아마도 다시 한 번 역사를 새롭게 시작하더라도 역시 '정신'은 같은 귀결을 일으킬 것임에 틀림없기 때문이다.

이리하여 정신은 거의 해결 불가능한 아포리아에 빠지게 된다. '정신'을 버릴 수는 없다(왜냐하면 그 때에는 어떠한 비평성도, 사고도 존재하지 않게 되어 세계는 카오스가 될 것이기 때문이다), 그러나 다른 한편으로 '정신'을 소박하게 긍정할 수도 없다(왜냐하면 '정신'은 그 본질에 따라 필연적으로 파괴나 경제전쟁을 일으키기 때문이다). 이 아포리아를 받아들이는 것, 이것이 발레리의 비평에 있어서의 아마도 최선의 순간일 것이다. 그리고 우리가 현재에 있어서 최소한 해야 할 일도, 이 아포리아를 어떠한 단순한 형태로 환원하는 일 없이 받아들이는 것일 것이다.

그러나 발레리에 있어서, (그 외면적인 우아함에도 불구하고) 냉정하게 이것을 받아들이고 견디는 것이 그리 쉽게 완수되는 것 같지는 않다. 발레리는 지금 말한 바와 같이 '정신'이 가진 분리가 불가능한 양면성(양의성)을 절단하여 서로 다른 것처럼 말하는 경향이 있으며, 그리고 때에 따라 과학적인 내지 응용적인 '정신'을 칭찬하거나 혹은 비평적 혹은 탐구적인 '정신'을 찬양하기도 한다. 그리고 이는 전자의 '정신'이 압도적인 맹위를 떨치는 현대사회에서 후자의 '정신'이 '위기'에 빠진다는 인식으로 나타나기도 하면서, 이에 대해 고풍스러운 장인이나 예술가의 영혼을 환기시키거나 그것을 옹호하는 것으로 이어진다. 이러한 논의의 흔들림이야말로 발레리의 '애매함'의 원인이다. 아까부터 인용하고 있는 '첫 번째 편지'도, 이러한 '애매함'을 회피하지는 못한다. 햄릿의 독백의 최후는 '유령' 즉 다빈치 등의 두개골에 호소하는 다음과 같은 말로 끝나게 된다.

안녕, 유령이여! 세계는 더 이상 널 필요로 하지 않는다--나도 필요로 하지 않는다. 세계는, 진보의 이름에 치명적인 정확성의 경향을 부여하는 세계는 삶의 혜택에 죽음의 장점을 결합시키려 한다. 일종의 혼란이 아직 우리를 지배하고 있지만 시간이 좀 지나면 모든 것이 명확해질 것이다. 우리는 마침내 동물의 사회라는 기적이 도래하는 것을 보게 될 것인데 그건 완벽하고 결정적인 개미집과 같은 것이다.

이 문장 자체는 강한 어조에 다소 과장된 표현을 구사하고 있지만, 그 알맹이를 보면 오히려 약간 평범한 결론처럼 보일 정도이다. 과학적 모델에 기초하여 구축되는 군사, 경제, 사회제도

등은 더욱 더 정밀하게 조직되어 인간을 개성을 갖춘 개인으로서가 아니라 획일화된 관리해야할 '물건'으로서 취급하게 된다는 것이니 말이다. 인간은 '개미'가 될 것이며, 세계는 완전히 조직된 '개미집'이 될 것이다.(이 대목에서는 60년대 이후 프랑크푸르트 학파 등의 '관리사회'에 대한 논의를 미리 선취하고 있다고 보아도 좋을 것이다.) 1896년에 집필된 "방법의 제패" 이래 줄곧 독일을 염두에 두면서 서술하고 있는 이러한 현대사회의 정밀화와 개인의 획일화에 대한 경향은 그 자체로 오늘날에도 반복되는 주제로 결코 이해하기 어려운 주장이 아니다. 그건 어떤 의미에서 굳이 발레리를 읽지 않아도 알 수 있는 것이다. 그렇다면, 반대로 말하면, 발레리를 읽고 이 정도의 것밖에 읽지 못한다면, 발레리를 제대로 읽은 것이 되지 않는다고 해도 좋다. 실상 문제는 다른 곳에 있는 것이 아닐까 하고 따져볼 필요가 있다.

'첫 번째 편지'에 대해 말한다면, 이 '애매함'은 지금 인용한 문장 속에가 아니라, 이 문장과 '편지'의 다른 부분과의 연관성 속에 존재한다. 즉 여기에서 이제 무용지물로 여겨지는 '유령'과 '나'는 그야말로 '정신'을 가진 존재이지만, 정밀화되는 현대사회('세계')와 '정신'을 이런 방식으로 분리하는 것은 다름 아닌 '정신'이 세계의 정밀화('개미집')를 초래했다는 사실을 은폐하는 역할을 하게 되는 것이 아닐까. 가령 발레리가 다른 곳에서 반복해서 말하고 있듯이 정신이 야기시킨 정밀화의 결과가 정신에 반작용하고, 그 결과 정신이 '위기'에 빠진다는 논의를 인정한다고 해도, 그렇게 인정해 버린 순간 '정신'은 둘로 절단되어, 한쪽에게만 '정신'이라는 이름이 주어져 다른 측면은 그것을 억압한다는 것이다. 이런 논의의 위태로운 부분을 바로 발레리의 '애매함'이라고 부를 수 있을 터인데 이것은 '정신의 위기'의 내재적 요인이라고 해도 좋을 것이다. 그리고 이 위기의 내재적 요인에 있어 그 핵심적인 부분은 정신이 자신을 제어하는 것이 불가능하다는 점이 아닐까 하는 생각이다. 정신은 자신의 운동을 시작하면, 심지어 그 목적을 달성한 후에도, 그치지 못하는 특성이 있다.(이것을 발레리 식으로 표현한다면 "정신은 '운동 중'일 때에만 자신을 정신으로 알아본다"고 할 수 있을 것이다.) 그리하여 정신은 항상 '폭주'의 가능성을 안고 있는 것이고 그로 인해 생각지도 못하는 결과를 내거나 심지어는 사고 혹은 재난으로 귀결되기도 하는 것이다. 발레리 자신도 이러한 '정신의 폭주 가능성'을 당연히--오히려 지나칠 정도로--인지하고 있었다. 그는 어떤 기능을 수행하는 데 있어 충분히 의식적이기 위해서는 "때때로 반사적이어야 하고, 행위의 수행을 스스로 얻기 위해서는 자신의 정신을 빗나가게 하지 않을 수 없는 일도 발생한다"("외과 학회에서의 강연")고 했다. 그리하여 "살기 위해서는 정신은 산만해져야 한다..."는 자못 충격적인(!) 진술까지 하게 되는 것이다.

유럽의 근대문명을 만들어낸 것은 분명 유럽의 '정신'이지만 이 '정신'은 현대에 있어서 스스로 만들어낸 문명에 의해 거꾸로 압박을 받고 있다. 그리하여 '위기'를 낳게 되는 것인데 이것은 이처럼 정신에 내장된 어떤 것, 그러니까 그것의 본성이라고 해도 좋은 것과 관련을 갖는 것이 아닐까.

그런데 발레리가 말하는 '정신'이란 단적으로 '유럽 정신'이며, 이것이 유럽의 모든 산물의 근저에 존재한다고 생각되고 있다. 그러나 '정신'이란 도대체 무엇인가. "이 정신이란 말에 의해 나는 어떤 형이상학적 실체를 말하려는 것이 전혀 아니다. 여기에서 나는 극히 단순하게, 하나의 변환·변형력puissance de transformation을 말하려는 것에 지나지 않는다." 이러한 '변환·변형력'으로서의 '정신'이야말로, '인간'(그 중에서도 특히 '유럽인')을 특징지어 다른 생물로부터 구별하는 것이다.

내가 아는 한 다른 생물들은 그 균형을 자연스럽게 깨는 습성 같은 것은 없다. 가령 동기도 없고, 외적인 압력이나 요구 없이, 자신이 적응했던 기후를 벗어나는 일은 없다. [...]
하지만 인간은 내부에 환경과의 균형을 깨려는 충동을 갖고 있다. 인간은 자기 안에 품고 있는 것에 만족하지 않는 무언가를 품고 있다. 인간은 시시각각 변모한다. 인간은 욕구나 욕구의 만족으로 이루어진 하나의 폐쇄 체계를 구성하지 않는다. 인간은 만족하면 거기에서 그 만족감을 뒤엎을 만한 무언가 과잉의 힘excès de puissance을 끌어낸다. 몸과 몸의 욕구가 충족되자마자 안의 깊은 곳에서 뭔가가 작동하기 시작해 인간을 은밀하게 초조하게 만들고, 괴롭히고, 명령하고, 내몰고, 움직인다. 그것이 '정신'이란 것이며, 아무리 길러내도 결코 소진되지 않은 여러 문제들을 그 안에 내포한 '정신'이란 것이다... ("유럽인들")

여기서부터 유럽을 '최대한의 욕망'으로 간주하는 정의가 도출되게 되는데, 여기서 문제 삼고 싶은 것은 이러한 '욕망'의 기본방향, 특히 '욕망'과 '몽상'의 관계이다. 인간이 '욕망'을 갖는다는 것은 발레리에게 있어서 '자연'에서 이탈하는 것이었다. 정신이란 '욕망'이며, '반反자연'이며, '과잉된 힘'이며, '그 자신 자체ce qu'il est'으로부터 끊임없이 떨어지려하는 자기차이적인 무엇인가이다. 그것은 바꿔 말하면 '존재'나 '현실'과 항상 동일화하지 못하고 끊임없이 '몽상'에 의해, 즉 '존재하지 않는 것'에 대한 생각에 의해 이러한 '존재'나 '현실'로부터 벗어나려고 하는 것이다.

발레리의 텍스트는 곳곳에서 앞에서 본 애매함이 그대로 남아있다. 거기에는 (광의의) '정신'을 물질문명과 (광의의) '예술'로 분할하려는 욕망과, 그럼에도 불구하고 그러한 분할이 불가능하다는 '정신'의 본질에 대한 통찰이 공존하고 있다. 그러나 만약 '정신'이 이와 같이 두 개의 카테고리로 분할 불가능하다고 한다면, 발레리는 이 분할을 어떤 이론에 의해 설명할 수 있을 것인가.

여기에는 '욕망'과 '몽상'의 원천으로서의 '정신'과는 전혀 다른 기준이 도입되고 있는데, 그것이 예를 들면 '병'의 이미지 같은 것들이다. "정신연맹에 대한 편지"라는 글에서 발레리는 '정신'을 앞에서와 같이 '변환·변형력'이라고 규정하고 반사작용이나 기억이나 습관이 해결할 수 없는 어려운 상황에서 '정신'이 등장해 문제를 해결하는 기능을 갖는다고 한 후에 다음과 같이 덧붙이고 있다.

그러나 정신이 항상 이 일에 성공하는 것은 아니다. 때로는 우리에게 해악이 되는 것nos maux을 증대시키기도 한다. 심장 그 자체도 생체의 방위 활동을 위해 고동을 극단적으로 빨리 뛰면 생체를 위험한 상태에 빠뜨리곤 하지 않는가?

여기서는 '정신'을 두 가지 범주로 나누는 새로운 기준으로 그 활동의 '적정'과 '과잉'의 차이가 제시된다. 심장도 '적정'하게 활동하고 있을 때는 생체에게 있어서 유익하지만, 그것이 '과잉'으로 활동하면 위기를 일으킨다. 이 글의 이어지는 대목에서 발레리는 '정신'이 "수천 년에 걸쳐 아무렇게나 켜져 있던 불씨가 마침내 세계 전체에 퍼져 일체가 타오르고 튕겨지며 융해하는 것이 현대"라고 말하고 있다. 이것도 활동의 '과잉'을 나타내는 모습의 이미지가 된다. 이러한 '열병' 이야말로 '정신'을, '문화'를 위기에 빠뜨리는 원흉인 것이다.

현대 생활은 종종 지극히 찬란하고 매혹적인 외모 아래 문화의 진정한 병을 만들어 내고 있다.[....]
끊임없는 동요, 신기함, 뉴스. 진정한 욕망이 된 본질적인 불안정, 정신 자신이 만들어 내는 모든 수단에 의해 보급된 신경과민. 문명세계 삶의 열광적이고 피상적인 형식 속에는 자살적인 것이 존재한다고 할 수 있다. ("정신의 자유")

그러나 오히려 이 '병'은 '건강'과 결코 구별될 수 없는 것이 아닐까. 왜냐하면 이 병은 정신이 그 본성(욕망과 몽상)에 따라 활동했을 때 필연적으로 도달한 상태이기 때문이다. 거기서 '병'과 '건강', '과잉'과 '적정'을 구별하기 위해서는, '정신'과는 다른 기준이 필요할 것이다. 따라서 만일 발레리처럼 '정신'에서 벗어나지 않고, 이처럼 '정신' 이외의 '우상'을 신용하지 않는다면 이 병의 '처방전'은 존재하지 않는 것이 된다(왜냐하면 이 '병'은 '정신' 자체의 본성이므로 치료할 수 없기 때문이다). 할 수 있는 것은 결국 "정신은 그 정신 때문에 우리가 처하게 된 상태에서 과연 우리를 끌어낼 수 있을까"라고 묻는 것뿐이다.

발레리는 결국 '정신'을 얼마나 믿고 있었던 것일까? 발레리의 정신에 대한 태도는 어떤 한 지점으로 수렴되지 않으면서, 유예된 상태로 머무는 것처럼 보인다. 어쨌든 근대 유럽의 '정신'은 그 '욕망'과 '몽상'에 의해 현대사회의 위기를 필연적으로 초래했다. 그러나 이 '몽상' 자체야말로 사실 '정신'이 갖는 비평성의 조건이 아닐까 하는 생각이다. 왜냐하면 '몽상'이란 자기로부터 분리 혹은 유리되는 것이며, 그러한 경우에만 자기를 응시하는 것이 가능해지기 때문이다. 정신이란 바로 그럴 때에야 '사유의 자유'를 뜻할 수 있을 것이다. 문제는 그러니까 '정신'을 버리는 것도 아니고, 단순히 긍정하는 것도 아니며, 그것이 초래하는 아포리아를 의식하고, 그것을 견뎌내는 일일 것이다.